U0068212

陳懷宇 著

從普林斯頓到萊頓

中國史學走向世界

目次

　　本書的主體部分主要討論 1946-1956 年間全球學術史上的幾件大事因緣，但這些大事的起因和後續不能不放在整個 20 世紀的語境中考察。如果結合整個 20 世紀學術史，我們可以發現漫長歷史進程中的一些趨勢，並可以從中梳理出一些線索，比如在二戰以後儘管有一些傳統在延續，中國和歐美學術史都隨著不斷的反思和批判經歷了一些轉型。

　　迄今為止，我們可以看到中國當代學術界仍然非常推崇諸如伯希和（Paul Pelliot, 1878-1945）這樣的東方學前輩，他為研究西域死語言和從絲綢之路沿線古綠洲城市遺址中挖掘出的材料奠定了東方學基礎。然而，西方探險家和學者對所謂「西域」的癡迷，顯然帶著一些的殖民主義和帝國主義的色彩，比如賦予這個名詞帶有濃厚異國情調的東方名稱，如「塞林底亞」和「東突厥斯坦」。自 19 世紀末 20 世紀初以來，無論是具備現代考古技能的歐洲探險家，還是受過較少專業訓練的日本僧侶，都紛紛湧入西域地區，發現並掠走了大量的寫本和文物。基於這些新材料，他們釋讀了諸如犍陀羅語、于闐語、粟特語、吐火羅語、回鶻－突厥語等中亞死語言並整理了以這些語言書寫的諸多木牘和寫本文獻。他們的努力確實為世界復活了一些被遺忘的中亞歷史，增加了很多古代歷史文化的新知，常常是過去聞所未聞的故事。儘管東方學家們對古代寫本的閱讀和理解往往有缺陷，遠非完美，但他們對東方古代文化研究的開創性貢獻極為驚人，而且成就往往讓後人難以企及。

　　然而，快轉到 1950 年代，歐洲和中國學者之間出現了一些對傳統東方學的擔憂甚至不滿。例如，在 1950 年代，德國漢學家傅吾康（Wolfgang Franke, 1912-2007）努力說服德國東方學會（DMG）將《極東》（Oriens Extremus）雜誌納入學會附屬出版物名單，但東方學會不感興趣。這讓他對漢學在德國東方學中的邊緣地位深為不滿。他抱怨說，德國東方學長期以來都以小亞細亞和近東地區古代語言研究為主，只不過因為它們與歐洲基督教神學和印度學在文化上與印歐語言有聯繫。傅吾康對歐洲東方學表達了強烈不滿，希望去歐洲中心化。與此同時，蘇聯塔吉克學者加富羅夫（Bobojon Ghafurov, 1908-1977）不得不在第 25 屆國際東方學家大會上捍衛俄羅斯的東方傳統，以證明蘇聯從沙俄帝國那裡繼承的東方遺產有正當性。這些都是歐洲（西方）學者的看法。他們對東方地區作為研究對象的態度是將其客體化。「東方學者」則不一樣，比如中國歷史學家朱杰勤（1913-1990）在編撰亞洲近代史教材時則指出，西方探險家從中國領土上掠奪文物是為了服務於帝國主義和殖民主義。所有這些批評都發生在薩伊德（Edward Said, 1935-2003）發表他的啟發性著作《東方主義》之前。由於薩伊德自身的文化遺產來自中東，他對東方主義的揭示主要集中在西方和中東之間的衝突，而對遠東或東亞著墨甚少。

對於漢學或一般的中國研究而言，將中國和西域描繪為「他者」，可能存在三種類型的東方主義，即西方東方主義（Western Orientalism）、蘇聯或紅色東方主義（Soviet / Red Orientalism）、日本東方主義（Japanese Orientalism）。儘管中國在 19 世紀末 20 世紀初從未被完全殖民過，但西方列強和日本等帝國主義政權在大清帝國的一些港口城市中強行「租借」了許多領土。與此同時，他們派出了大量人員對中國和中亞地區開展大規模的考古、文化、人口和生態資源調查。這些調查通常由著名學者領導，可能以科學研究的名義打著客觀的旗號進行。除了中亞，日本還在作為其殖民對象的所謂「滿洲蒙古」地區和中國內地進行了全面細緻的考察，這構成了日本「東洋史」研究的田野調查根基。日本東洋史的這一傳統顯然有助於日本帝國將一些關於日本殖民東方的客觀知識納入其擴張議程。

薩伊德對西方東方主義的不滿很大程度上受到了 1960 年代和 1970 年代中東地區出現去殖民化運動的啟發。然而，在亞洲其他地區，去殖民化運動發生得更早，通常始於二戰結束。1940 年代後期，南亞、東亞和東南亞的許多地區漸次成為獨立的民族國家。印度帶頭組織了幾次亞洲國家會議，吸引了剛剛獨立的許多亞洲國家參與。冷戰的陰影並沒有阻止許多亞洲國家與蘇聯或美國保持距離，特別是 1955 年萬隆會議的召開，一些亞非國家明確提出與冷戰對立陣營保持距離。1953 年中國志願軍成功地幫助朝鮮將聯合國軍阻擋在北緯三十八度線以南，同年，史達林（Joseph Stalin, 1878-1953）去世，這讓中國獲得機會迅速取得在亞洲民族革命中的領導聲譽。這些政治變化的累積效應也對全球知識界學術界產生了很大影響。

我認為1950年代國際漢學和中國學領域出現了三個重要趨勢，讓中國的學術出現了強烈的去歐美中心化和去殖民化色彩，並挑戰前面提到的三種類型的東方主義。第一個引人注目的趨勢是中國近代史在世界範圍內的崛起。中國近代史的研究與西方進步主義視角下將中國客觀化為一種永恆帝國的停滯文明的傳統漢學大相徑庭。1949年中華人民共和國的成立給全世界政界和學界帶來了巨大的衝擊，這一事件讓許多國家的政治人物和學者均開始注意理解中國現代歷史的變化過程。而在中華人民共和國境內，中國科學院第三中國（現代）史研究所率先成立於1950年，比中國（早期）歷史第一研究所和中國（中世紀）歷史第二研究所（1954年）早得多。學習和教授中國革命史成為新成立的中華人民共和國政權建設工程的一部分。幾位著名的馬克思主義歷史學家如翦伯贊（1898-1968）、范文瀾（1893-1969）、呂振羽（1900-1980）、劉大年（1915-1999）等人領導了一場大規模的中國革命和中國現代史資料彙編運動，特別是整理歷史上西方列強侵略中國的各種史料。第三研究所出版了一系列關於現代中國的資料集，中國歷史學家還出版了許多教科書、專著和文章，為中國近代史研究的繁榮奠定了堅實的基礎。一些最初關注前現代中國的知名歷史學家，如周一良和邵循正等人，迅速轉向研究和發表有關中國現代史的論著。

在中國之外，眾所周知的大事是，美國學者開始研究美國如何以及為什麼「失去中國」，即在太平洋戰爭之後讓大陸迅速落入中共政權之手。在郭廷以（1904-1975）、費正清（John K. Fairbank, 1907-1991）、韋慕庭（Clarence Martin Wilbur, 1908-1997）等人努力下，福特基金會贊助臺灣的中央研究院近代史研究所與美國學界合作，開始蒐集整理資料，研究中國革命史與近現代史。在日本，許多歷史學家在日本傳統的東洋史學術和美國的社會科學方法之間掙扎。他們中的一些人轉向馬克思主義史學，並對中國近代史產生興趣，以瞭解中國革命的歷史根源。幾位以前主要關注中國前現代文明的著名日本漢學家如仁井田陞（1904-1966）等發表了關於中國革命的論文，他們熱情地接待了中國代表團的來訪，並會見了中國馬克思主義歷史學家。在蘇聯，蘇聯科學院東方研究所漢學研究組以研究中國傳統文化為重點，1956 年升格為中國研究所，重點轉向中華人民共和國政治、經濟、文化。在德國，也出現了研究中國現代歷史文化的趨勢，這在1955 年萊比錫東亞會議上體現得淋漓盡致。中國和捷克斯洛伐克學者發表了關於中國現當代語言、歷史和文學的論文。總而言之，這種對中國近現代史和中國革命的興趣與研究突然一下子變成了全球性潮流。

　　第二個趨勢是社會史的興起，它不能與第一個趨勢分開，因為這兩個趨勢似乎都在某種程度上接受了馬克思主義的影響。戴維斯（Natalie Z. Davis）已經指出社會史在歐美歷史學中的興起是因為它在 1950 年代和1960 年代試圖擺脫以前佔主導地位的傳統政治史和軍事史。漢學也不例外。在中國，許多馬克思主義歷史學家過去研究社會史，主要關注城市地區的工人階級和農村地區的農民。隨著 1940 年代中國革命的發展，這種趨勢迅速蔓延。早在 1947 年，普林斯頓就組織了一次遠東文化與社會會議，慶祝其成立 200 週年。許多政治學家和經濟學家以及社會歷史學家就地理環境、農業經濟、金融、交通和通訊系統、人口和社會福利等問題進行了討論。這些學者開啟了研究下層社會生活的新紀元，尤其是在近現代時期。它背離了美國漢學的文獻學傳統，即專注於文人階層產生的書面文件，並將中國投影為博物館般的文明。這些學者已經開始意識到中國是一個充滿潛力和可能性的充滿活力和革命性的國家。他們就社會經濟和人口結構以及政治制度如何塑造中國的未來進行了富有洞察力的討論。一些學者已經對中共的成功感到震驚，但誰也沒有料到，僅僅兩年後中華人民共和國即登上了歷史舞臺。

　　這一社會史趨勢在 1950 年代的歐洲漢學中更為明顯。二戰後，歐洲漢學產生了一些非凡的作品，的確改變了漢學作為東方學一部分的舊形象。1953 年，蒲立本（Edwin G. Pulleyblank, 1922-2013）在劍橋的就職演講中，對歐洲學者、中國學者和蘇聯學者對中國社會性質的研究提出的各種理論和方法進行了澈底的回顧。一些最傑出的學者包括白樂日（Étienne Balazs, 1905-1963）、謝和耐（Jacques Gernet, 1921-2018）、杜希德（Denis Twitchett, 1925-2006）和許理和（Erik Zürcher, 1928-2008），他們接受過傳統歐洲漢學的培訓，在 1950 年代都轉向社會與經濟史。1950 年代最激動人心的事件是在巴黎舉行的第九屆歐洲青年漢學家大會上，中國歷史學家和歐洲漢學家之間的辯論。這次會議的中心主題是中國歷史的分期。中國歷史學家試圖說服西方漢學家，社會經濟結構是確定中國傳統社會性質的最關鍵問題。儘管許多西方漢學家對此立場不以為然，但許多學者對中國的社會史產生了興趣。

　　第三個趨勢是亞洲主體性的興起。在 1956 年巴黎青年漢學家會議上，雖然與會人員有一些共同的興趣，交流了很多資訊，但不出所料，中國歷史學家和歐洲漢學家之間的衝突也不少。即使在中國歷史學家和蘇聯漢學家之間，也存在著強烈的緊張關係。蘇聯學者堅持認為，中國近代史應該從俄國十月革命開始，但這沒有得到中國同行的共鳴，反而讓人覺得蘇聯學者太霸權主義了。這一立場後來被當代中國學者視為乃是一種「紅色東方主義」（Red Orientalism）。中國和日本的學者都試圖避免被歸入蘇聯和美國之間的特定陣營。在政治和經濟上，蘇聯與中國結盟。中國的高等教育雖然採用了蘇聯模式，但為了適應中國的現實，不得不提出很多修正甚至創新，這包括摒棄「東方史」，提出「亞洲史」。同樣，許多日本歷史學家也反思了日本的東洋史傳統和日本被佔領期間美國所施加的影響。具有天主教神父和歷史學家雙重身分的學者方豪（1910-1980）在流亡台灣後指出，義大利左翼漢學家對台灣學者懷有敵意，因為他們在訪問中國大陸時受到了中共當局的熱烈歡迎。方先生強烈反對歐洲中心主義，同時與共產主義和東方主義作鬥爭，尤其是當他發現白樂日的國際宋史計畫沒有邀請任何兩岸三地的中國學者時，他發起了一場在台灣研究宋代的運動，以尋求更獨立的發展。

　　綜上所述，這三種趨勢雖然只出現在 1950 年代，但對全球學術界產生了長期影響，在 1960 年代和 1970 年代達到頂峰。一方面，這些趨勢似乎呼應了由於二戰後的政治和經濟後果，以及冷戰爆發後「社會史」在歐洲史學界的興起；另一方面，亞洲的崛起，特別是中華人民共和國的成立和朝鮮戰爭，以及亞洲國家的去殖民化，都促使這些趨勢的出現。中國史學的一些主要特點在 1950 年代通過幾次國際會議罕見地引起世界各地學者的關注，可以視為走向世界的開端，不過遺憾的是，隨著反右運動的展開和中蘇分裂，中國史學也失去了與世界進一步交流的機會。當中國學者發現可以再次進入世界學界時，已經是二十多年之後。

第一章
試析 1947 年普大遠東文化與社會學術會議

引言

　　1947 年 4 月 1 日至 3 日，普林斯頓大學為慶祝建校 200 週年（1746-1946），在校內組織了題為「遠東文化與社會」（Far Eastern Culture and Society，以下簡稱 1947 年普大遠東會議）的國際學術會議。[1] 這次會議意義深遠，頗有值得討論之處。這是 1949 年以前唯一一次美中兩國重要學者聚集一堂進行直接對話的會議。這次會議上承 1928 年全美學界團體理事會（American Council of Learned Societies，以下簡稱 ACLS）組織的促進中國學委員會第一次會議（first meeting of Committee on Promotion of Chinese Studies，以下簡稱「1928 年紐約中國學會議」），下啟 1955、1956 年西歐青年漢學家會議，為歐美學者與中國學者直接交流對話提供了一個重要平臺。雖然這次會議的標題是「遠東文化與社會」，但其討論的內容完全限於中國研究。這個會議乃是普大慶祝建校 200 週年所組織的 15 個國際會議之一，另一個與其相關的會議是 1947 年 3 月 25 日至 27 日舉行的「近東文化與社會」國際會議，主題為伊斯蘭和阿拉伯地區的文化與政治發展。其他會議則涉及數學、核子物理、生物化學、國際關係、教育等諸多方面。普大成立 200 年之際，為實現校訓所謂「服務國家、服務全世界」的理念，雄心勃勃召集全美相關學者對世界各地歷史、文化、社會做一個通盤的討論，很自然地舉辦兩個會議涵蓋東方，特別是近東和遠東。儘管當時普大僅有偏重中近東的東方學系，但因為太平洋戰爭的爆發，美中兩國成為政治和軍事盟友，美國國內許多學者意識到瞭解和研究中國的重要性，普大竟然在沒有遠東專業科系的條件下組織了這次遠東文化與社會國際會議，非常引人注目。

---

[1]　會議手冊：*Far Eastern Culture and Society*, Princeton University Bicentennial Conferences, series 2, conference 7, Princeton University, 1947.

　　這次會議是一次國際合作的典範，會議參與者來自世界各地，而這次
會議也是整個 20 世紀上半葉中國學者大規模參與國際學術對話唯一的機
會。值得從國際學術史、漢學史等角度進行多個層面的分析。第一個層面
是這次會議對於普大校史上中國研究發展的意義。普大固然在 1980-1990
年代成為舉世矚目的漢學重鎮，但在這次會議舉行的 1947 年，其漢學研
究幾乎處於空白狀態，而這次會議之後，漢學逐漸發展起來，尤其奠定了
中國藝術史的發展基礎。第二個層面是美國的中國研究在這次會議上出現
兩個特點，即從傳統以歐洲語文學為特徵的漢學傳統轉向以文化史和社會
史為主導的中國學，出現這種轉向的歷史和現實背景值得研究。第三個層
面是國際學術，這次會議是一次國際會議，美國學者和中國學者進行直接
對話，直接發表對中國藝術和歷史的看法，會議體現了兩國學者在學術上
的共同興趣和思想碰撞。

　　這次會議名稱雖然是遠東文化與社會，但其實質是討論中國的藝術與
政治。會議組織者是普大藝術史教授羅麗（George Rowley, 1892-1962）和耶
魯政治學教授饒大衛（David N. Rowe, 1905-1985）。而羅麗是從文化史看中
國藝術史 [2]，饒大衛則是從社會史看中國政治史。所以中國文化研究方面
的學者主要由羅麗組織邀請，與會的中國文化研究學者主要來自藝術、考
古、建築和哲學等領域，這與羅麗對中國文化的基本走向之認知有著密切
的關係。普大在舉辦這次會議的同時還開設了五個有關中國文物和文獻的
展覽，包括美國所藏中國青銅器展、[3] 明慕理所藏中國書畫展、[4] 羅麗所藏

---

[2]　George Rowley, "Art I at Princeton", *College Art Journal*, Vol. 7, No. 3 (Spring,
　　1948), pp.195-198; idem., "Art and History", *Record of the Art Museum*,
　　Princeton University, Vol. 19, No. 1, Special Numberin Honor of the Director
　　Ernest Theodore DeWald on the Occasion of His Retirement (1960), pp. 76-83.
[3]　展品主要來自紐約州布法羅科學館、紐約市大都會博物館、堪薩斯州納爾遜美術館、加
　　拿大皇家安大略考古博物館，以及一些私人藏家。
[4]　明慕理（DuBois Schanck Morris, 1873-1956）為普大1893級校友，下文將具體介
　　紹。展覽之前，普大出版了羅麗所撰《中國畫原理》一書，選擇了一部分展覽精品公
　　開出版，即George Rowley, *Principles of Chinese Painting* (Princeton: Princeton
　　University Press, 1947)，書上的朱印即顯示其中文名為「羅麗」。

石刻拓片展、彩繪圖書珍本和寫本展[5]、雕塑與建築照片展[6]。而饒大衛負責邀請中國社會研究方面的學者，這些學者大多關注中國社會變遷與政治變化之關係，多來自政治學、經濟學、社會學或歷史社會學等社會科學背景。

具體而言，本章關心的問題包括這些與會者因為怎樣的因緣聚集在普大參加這次遠東會議，這次會議上中外學者的交流具體表現在哪些領域，這種交流又對這些學者和各自的學校學科建設產生了何種影響，以及這些討論又受到何種政治和現實因素影響。為了回答這些問題，本章第一部分將提供與這次會議相關的普大遠東研究發展背景，以及這次與會者名單所體現的社會關係網絡。第二部分主要討論這次會議上美國中國藝術研究的文化史特點。第三部分則轉向會議所反映的中國政治社會史趨向。

第一節　會議的歷史背景與社會關係網絡

普大在舉行這次遠東文化與社會國際會議之前，儘管當時校內已有羅麗這樣已經開始研究中國藝術品的教授，但在學科設置上並沒有遠東研究科系和專業，也沒有遠東專業方向的全職教授職位。不過，普大的一些教師、學生、校友早在20世紀之初即與中國發展了不少聯繫。20世紀上半葉，普大與中國的聯繫不如哈佛、耶魯、哥倫比亞大學等同類學校那麼引人注目。哈佛燕京學社與耶魯雅禮學會均為聲名赫赫的中美學術和文化交流單位，而哥倫比亞則培養了大批活躍在中國政界、學界的留學生。普大畢業的中國留學生並不多，少數學者如何炳松（1890-1946）等人在回國之後也卓有成就，但普大的中國校友作為群體遠遜於哥大畢業的校友如顧

---

[5]　主要來自戰時北平國家圖書館寄存在國會圖書館的善本，由袁同禮協助借展，王重民負責編目，因王重民於1947年1月回國，由吳光清與恆慕義協助完成目錄布展。

[6]　主要展示了125幅梁思成帶來的照片；展覽分兩部分，一部分是四川一個石窟的雕塑，歷代人物和景觀風格的歷史概況；另一部分，也是最引人注目的，是宋代雕塑以及最早的帶有紀年的唐代建築。

維鈞（1888-1985）、胡適（1891-1962）、蔣廷黻（1895-1965）、馮友蘭（1895-1990）等人在中國政治、經濟、教育、學術、文化等各個領域的廣泛影響。

　　然而普大也與中國存在千絲萬縷的聯繫。其一，20世紀初普大的一些校友即受費城社（the Philadelphia Society）派遣，在基督教青年會組織下，到北京從事傳教活動。這些人之中有幾位後來與燕京大學合作，在1930年成立了燕京普林斯頓基金會（燕普社），在中國推動社會調查與研究，是中國社會學學科發展的奠基人。最富盛名的學者包括甘博（Sidney D. Gamble, 1890-1968）和步濟時（John Stewart Burgess, 1883-1949），[7]他們不僅幫助燕京大學創辦了社會學系，而且也帶領燕大學生在北京及其周邊地區進行了廣泛的社會調查。[8]

　　其二，1916-1917年普大歷史系教授麥克爾羅伊（Robert M. McElroy, 1872-1959）到清華留美預備學校擔任交換教授並遊學一年。他在清華和其他院校做了一系列演講，主要集中講授代議制民主的歷史淵源及其當代演變，同時也致力於鼓吹美國介入第一次世界大戰的契機和理由。他演講的內容對於剛剛告別帝制的中國學界十分重要，為清華青年學子在留學美國之前提供了理解世界歷史和政治形勢的思想資源。他在華期間也獲得了上海聖約翰大學榮譽法學博士學位。[9]

　　其三，雖然1947年普大舉辦遠東會議時，校內尚沒有成建制的遠東系，但實際上已經有了極為豐富的圖書資源，這便是葛思德藏品。葛思德（Guion Moore Gest, 1864-1948）在旅居中國期間收集了大量中國古籍，本來寄存在麥吉爾大學，1936年由洛克菲勒基金會出資收購，轉給普林斯

---

[7] Yung-chen Chiang, *Social Engineering and the Social Sciences in China, 1919-1949* (New York: Cambridge University Press, 2001), pp.25-77.

[8] 閻明，《一門學科與一個時代：社會學在中國》，北京：清華大學出版社，2004年，11-16頁。

[9] 陳懷宇，〈亂世洋師中國緣：麥克爾羅伊的生平與志業〉，《中國學術》第36輯，2016年，317-377頁。

頓高等研究院。1937 年起這些書籍抵達普林斯頓，存放在大學圖書館。自 1931 年起這批圖書的整理主要由哥倫比亞畢業的漢學家孫念禮（Nancy Lee Swann, 1881-1966）負責，她也隨著藏書一起搬到普林斯頓。[10] 這批藏品進入美國之後不久，即引起旅美中國學者的關注。1943 年 5 月，胡適前往普大花了兩天時間匆匆查看了這批藏書，並致信給王重民表達了自己的失望心情，認為文庫中的佛書和醫書都不甚出色，善本不多。不過，他認為這是美國東岸四大中文藏品之一，值得整理。[11]1945 年起，當時在國會圖書館幫助恆慕義（Arthur William Hummel, Sr., 1884-1975）整理善本書目的王重民，受孫念禮委託開始整理葛思德文庫的中文善本書，於 1946 年即編寫出一部草目。[12] 很可惜王重民在 1947 年 1 月不得不結束國會圖書館的工作回到北平，未能留下來參加 4 月初的普大遠東會議。1947 年普大遠東會議期間所展出的善本書，不僅來自普大，也有部分來自國會圖書館，袁同禮、王重民為這些參展善本書的擇取和目錄說明，提供了具體幫助。遺憾的是，袁、王二人並未參加這次會議。然而葛思德文庫（Gest Collection）持續引起中國學者注意。1950 年胡適重返普大擔任葛思德圖書館館長，開始比較從容地飽覽葛思德文庫。

　　1947 年普大遠東會議留下了完整的與會人員名單，從中可見其與會人員來自世界各地，具有廣泛的地域代表性。類似規模的大會，可以與 1928

---

[10] 顧鈞討論了孫念禮的學術生涯及其與葛思德藏書的淵源，見《美國第一批留學生在北京》，鄭州：大象出版社，2015年，153-162頁。

[11] 胡適致王重民，1943年5月25日，北京大學信息管理系、（臺北）胡適紀念館編《胡適王重民先生往來書信集》，北京：國家圖書館出版社，2009年，78-79頁。

[12] Martin Heijdra, "The East Asian Library and the Gest Collection at Princeton University," Zhou Xinping ed., *Collecting Asia: East Asian Libraries in North America, 1868-2008* (Ann Arbor: Association for Asian Studies，2010, pp. 120-135；中譯本《普林斯頓大學東亞圖書館與葛思德文庫》，周欣平等編《東學西漸：北美著名東亞圖書館1868-2008》，高等教育出版社，2012年，第119-132頁；何義壯：《普林斯頓大學中文善本編目之歷史》；美國普林斯頓大學東亞圖書館編《普林斯頓大學圖書館藏中文善本書目》，北京：國家圖書館出版社，2017年。

年紐約中國學會議相提並論。[13]和1928年會議一樣，這次會議也得到ACLS和洛克菲勒基金會的贊助，背後推手都是關注遠東研究的ACLS執行幹事格雷弗斯（Mortimer Graves, 1893-1987）。但是，與1928年會議相比，首先是這次會議有更多中國知名學者參與學術對話；其次，漢語語言教育與圖書資料建設已經不再是討論的重要議題，普大會議完全沒有請中文語言學者；再次，學者們更多關心的是藝術品收藏，而圖書收藏則關注善本與珍本；最後，與會學者以傳統漢學為主導轉向關注現實的社會科學為主導，社會經濟史相關議題獲得廣泛關注。

如果對與會者進行一些社會網絡的分析，可以瞭解當時會議參與者所構建的國際學術社會網絡之基本結構。1947年普大遠東會議的與會者大致可以分為以下三類：一是歐美各個大學的中國學名家，比如哈佛（費正清 John K. Fairbank, 1907-1991、賈德納 Charles S. Gardner, 1900-1966）、耶魯（饒大衛、賴德烈 Kenneth Latourette, 1884-1968）、芝加哥（顧立雅 Herrlee G. Creel, 1905-1994）、哥大（富路德 Luther Carrington Goodrich, 1894-1986、魏復古 Karl A. Wittfogel, 1896-1988）、約翰霍普金斯（拉鐵摩爾 Owen Lattimore）、康乃爾（畢乃德 Knight Biggerstaff, 1906-2001）、華盛頓（戴德華 George E. Taylor, 1905-2000）、賓大（卜德 Derk Bodde, 1909-2003）、[14]牛津（修中誠 Ernest R. Hughes, 1883-1956）、萊頓（戴聞達 J. J. L. Duyvendak, 1889-1954）；二是北美各地有中國藏品的美術館／博物館負責人；[15]三是

---

[13] 有關1928年會議的討論，參見陳懷宇，〈1928年紐約中國學會議及其啟示〉，《世界歷史評論》第3輯，2015年，175-210頁。

[14] 顧立雅、畢乃德、戴德華、卜德等人曾在30年代留學北京，參見顧鈞，《美國第一批留學生在北京》，第二、三、四章。

[15] 這些人包括：弗利爾美術館遠東藝術研究員艾威廉（Acker, William R.B, 1954-1974）、芝加哥大學藝術系Ludwig F. Bachhofer（1894-1976）、美國中國藝術協會會長Chauncey J. Hamlin（1881-1963）、紐約大都會藝術博物館副館長Horace H. F. Jayne（1898-1975）、密西根大學美術系James M. Plumer（1899-1960）、弗利爾美術館副館長John A. Pope（1906-1982）、大都會藝術博物館遠東藝術負責人Alan Priest（1898-1969）、哈佛大學美術系Benjamin Rowland（1904-1972）、紐約大學美術研究所Alfred Salmony（1890-1958）、納爾遜-阿特金斯藝術博物館

圖一｜1947年普大200週年校慶「遠東文化與社會會議」全家福：前排左起第七人梁思
　　　成、第十人馮友蘭、第十二人陳達；二排右起第六人瞿同祖、第七人陳翰笙；三排
　　　右起第二人陳夢家。

中國訪美學者，包括馮友蘭、陳夢家、梁思成、陳達（1892-1975）、王贛
愚（1906-1997）、瞿同祖（1910-2008）、陳翰笙（1897-2004）等人（圖
一）。從第一組中國學家名單可以看出，側重地區研究的學者漸漸佔據
上風，厚今薄古的趨勢較為明顯。1928年紐約中國學會議上最為活躍的
學術權威是代表歐洲東方學傳統的伯希和（Paul Pelliot, 1878-1945）與勞費
爾（Berthold Laufer, 1874-1934），而他們在這次會議舉辦時都已經去世。
1947年普大遠東會議邀請的歐洲漢學代表是以思想史為治學重點的萊頓漢
學教授戴聞達、牛津大學修中誠。賓大的卜德則是1938年在戴聞達指導
下獲得博士學位。偏重語文學傳統的一些代表性漢學家也沒來參加這次會
議，比如哈佛的魏魯南（James Ware）、柏克萊的趙元任、卜弼德（Peter A.

（Nelson-Atkins Museum of Art）Laurecne K. Sickman、斯德哥爾摩國家博物館喜
龍仁（Osvald Sirén, 1879-1966）、哈佛大學弗格博物館華爾納（Langdon Warner,
1881-1955）、弗利爾美術館（Freer Gallery）館長Archibald G. Wenley（1898-
1962）等人。

Boodberg, 1903-1972）。柏克萊的中國史學者賓板橋（Woodbridge Bingham, 1901-1986）也未與會。

當時一些在美訪學的中國學者也沒有與會，比如在耶魯任客座教授的法學家劉世芳、語言學家羅常培、民族學家李安宅等等。另外，據當時在聯合國任翻譯的楊聯陞1947年1月14日致胡適的信，1946年聖誕節期間一些中國學人曾在麻省劍橋舉行聚會，與會者包括趙元任、李方桂、洪業、任叔永、陳衡哲等人。當時洪業馬上要去夏威夷，而任叔永要回國。在耶魯訪問的羅常培、梁思成、丁聲樹三位先生也來參加聚會。馮友蘭從費城過來，談了許多學生運動的情形，李、羅兩位一吹一唱，崑曲之聲朝夕不絕於耳。[16] 這些中國學者在各自的領域內不可謂不知名，在當時北美中國學者也應該是很有影響的人物，但其中只有馮友蘭和梁思成參加了1947年4月的普大遠東會議，即說明他們被邀請很大程度上是羅麗的個人興趣。

相反，有些學校和研究領域則來了很多人，比如哥倫比亞不僅來了富路德，設在該校的中國社會史項目也來了魏復古及其助手瞿同祖。[17] 而與會者中，也有多位主要從事哲學與思想史研究，比如馮友蘭、修中誠、戴聞達、卜德等人。卜德是邀請馮友蘭到賓大訪問並請馮指點他英譯中國哲學史的學者。很有意思的是，1928年紐約中國學會議請了兩位曾在清華長期任教的學者譚唐（George H. Danton, 1880-1962）[18] 和麻倫（Carroll B. Malone, 1886-1973）[19]，而1947年會議與會中國學者也以清華教授為主，

---

[16] 胡適紀念館編，《論學談詩二十年：胡適楊聯陞往來書箚》，合肥：安徽教育出版社，2001年，90-91頁。

[17] 在哥大和魏復古一起做中國社會史項目的中國學者本來還有馮家昇，但普大遠東會議舉行時，馮已回國。據楊聯陞1947年2月21日致胡適的信說，韓壽萱、馮家昇、王重民都回去了，談學問的朋友越來越少，只有王毓銓還在哥大念書。1947年9月楊聯陞才正式在哈佛開始任教，每週講授「中國史專題研究」兩小時和「近代文選」五小時。當時洪業也在哈佛講授杜詩的歷史背景。楊先生開設的史學史（劉知幾至章學誠）因選課的人少而未開班。見《論學談詩二十年：胡適楊聯陞往來書箚》，98-99頁。

[18] 陳懷宇，〈譚唐傳奇：一個全球化時代的個體生命〉，《國際漢學研究通訊》第12輯，2016年，229-287頁。

[19] 陳懷宇，〈從清華到東海：麻倫與中國的不解之緣〉，《新學衡》第3輯，2017年，124-160頁。

包括馮友蘭、梁思成、陳夢家、陳達等人。清華學者之所以能受到這兩次
會議組織者的另眼相待，可能與清華出自美國退還庚子賠款設立留美預備
學校的背景密切相關。

1947 年普大遠東會議的與會學者也可以根據其所屬的學術組織和學術
社區重新分組。會議組織者之一饒大衛和洛克菲勒基金會關係密切，而洛
克菲勒基金會資助了陳夢家、馮友蘭、梁思成等人來美訪問。與會人員中
的紐約華美協進社（China Institute）社長孟治則和哥大的富路德關係密切，
1947 曾請富路德在協進社講中國文明對世界的貢獻。曾參與過太平洋關係
協會工作的與會人員則包括拉鐵摩爾、陳翰笙、陳達。

而新成立不久的美國中國藝術學會（Chinese Art Society of America）與
很多與會者都建立了密切的聯繫。該會成立於 1944 年 4 月，主要目的是
傳播有關中國藝術的知識，加強美國國內藝術家、研究者、工藝人員、出
版家之間的交流，促進國際學界在中國藝術史領域的合作。第一次大會於
1944 年 11 月 17 日在紐約大都會博物館舉行，胡適應邀做大會主題發言。
會長漢姆林（Chauncey Jerome Hamlin, 1881-1963），董事包括羅麗，而顧問
包括明慕理、孟治、拉鐵摩爾、顧立雅、華爾納等人。學會成立之後邀請
了一些知名學者舉行演講，其中包括參加了 1947 年普大遠東會議的薩蒙
尼、陳夢家和索普等人。[20] 這個學會也出版會刊，發表一些最新研究成果。[21]
很顯然這個學會乃是當時構建中美學術交流網絡的重要組織。

與會者中有些人身分較為特殊，社會關係也較為複雜，成為國際學
術界的紐帶，比如出身哥大的韋慕庭，他當時任職於國務院亞洲部研究

---

[20] 如1945年1月11日第二次會議邀請薩蒙尼（Alfred Salmony）講三座先秦時期鳥形青銅
器；1月25日邀請伯希和演講戰時法國的公私藝術品保存與保護；4月26日邀請羅麗，
11月30日第六次會議邀請陳夢家講中國青銅器的風格，1946年3月8日邀請陳榮捷，4月
26日邀請索普（Alexander Soper）。

[21] Edgar Bromberger, "Forward," *Archives of the Chinese Art Society of America*
vol. 1(1945/1946), pp. 9-10. 第1期期刊發表了Helen Chapin、陳夢家、Salmony以
及葉理綏紀念伯希和的文章。當時伯希和已被選為榮譽會員，因為他的去世，這一期獻
給他，稱他為傑出學者、探險家、外交家、國際主義者、法國愛國者。

局，是唯一來自美國聯邦政府的會議代表。他和多位與會者曾有交集。1941 年 6 月他在哥大遠東系獲得博士學位，由富路德、畢格（Cyrus Peake, 1900-1979）、王際真等指導。1943-1945 年在戰略服務處政治組與卜德一起負責中國戰場情報分析，在此期間他曾在芝加哥與費孝通過從。1945-1946 年他被派往中國從事情報工作，又與燕京大學的吳文藻夫婦往來，並認識了畢乃德。1945 年他在上海時曾為芝加哥菲爾德博物館收購不少中國文物，也曾與從東京趕來堪薩斯尼爾森博物館的亞洲藝術部負責人史克門（Laurence Chalfant Stevens Sickman, 1907-1988）見面，史克門邀請其到日本工作，被他拒絕。雖然他當時是戰略服務處特工，他計畫戰後去大學任教，寫信詢問 ACLS 的格雷夫斯以及他的導師富路德。1946 年他在上海時與中共工作人員有接觸，比如潘梓年、章漢夫、喬木、龔澎、陸定一等人，並與袁同禮的妹妹一同看過延安木刻畫展覽。[22] 他於 1946 年 5 月回到美國，轉入國務院工作，但在 1947 年春季已經獲知被夏威夷大學聘用為中國史教員，不過很快他的老師富路德聘他到哥大，接替他的老師畢格在東亞研究所任副教授。[23] 韋慕庭雖然在會議上作為官方代表極為低調，但顯然他和相當一部分與會者關係密切。[24]

第二節　中國藝術史的文化史研究

1947 年普大遠東會議前半部分主要討論中國的藝術與考古，這出於會議組織者普大藝術史教授羅麗的學術興趣。眾所周知，中國藝術史尤其繪畫史研究在歐美經過方聞、高居翰（James Cahill, 1926-2014）、班宗華

---

[22] 1946年9月18日至10月3日，「八年抗戰木刻展」在上海南京路大新畫廊隆重舉行，展出了113位版畫家的897幅作品。

[23] C. Martin Wilbur, *China in My Life: A Historian's Own History* (Armonk, NY: M. E. Sharpe Inc., 1996), pp. 55-103.

[24] 張朋園對韋慕庭在二戰後中美學術交流中的作用及其政治語境有詳細探討，見張朋園，《郭廷以、費正清、韋慕庭：臺灣與美國學術交流個案初探》，臺北：中研院近史所，2009年。

（Richard Barnhart）、雷德侯（Lothar Ledderose）、巫鴻、柯律格（Craig Clunas）等數代學者的不懈努力，早已遠遠超越了羅麗的時代，進入了非常繁榮並且分工極為細緻的階段。然而羅麗在北美是較早注意中國藝術史研究的學者，他在這次會議上更與中國學者馮友蘭、陳夢家等人進行了交流，這種交流直接對中美兩國中國藝術史學科在普大和清華的早期發展產生了十分積極的影響，值得表彰。

　　羅麗在積極組織這次會議的同時，也策劃了五個展覽。這些展覽展示了大量中國藝術品，特別是明慕理所藏中國書畫。明慕理 1893 年畢業於普大，隨後去哈佛、哥倫比亞深造，又先後轉入協和神學院和奧本神學院。1908 年，他成為牧師，1910 年被長老會海外佈道團派往安徽懷遠傳道。[25]他在華三十年，其所藏中國書畫曾於 1926、1930 年在普大展覽。[26]而考慮到羅麗 1925 年到普大任藝術史教授，這兩次展覽和他的努力分不開。明慕理藏品有大約五百件珍品，與弗利爾藏品並列全美最佳中國藝術藏品。在普大慶祝建校 200 年之際，明慕理宣布將藏品贈送給普大藝術博物館。捐贈時明慕理未到校參加典禮，但由其子參與並致辭，指出這些繪畫藏品正是連結中美兩國文化之間的紐帶之一，普大學生將通過這些藝術品來重新發現信仰以及民主，而兩種文化之間的道德與精神力量是兩國之間最強有力的紐帶。羅麗也指出明慕理曾告訴他，之所以把這些畫作帶回美國，也是一些中國朋友的建議，一是在戰亂頻仍的中國，這些畫作在美國可能更安全，二是這些畫作可以讓美國人理解這些作品完美表達的中國人的真精神。[27]

　　羅麗的受業弟子方聞指出，羅麗治學雖然出身中世紀與文藝復興研

---

[25] 見"Du Bois S. Morris to Marry," *The New York Observer*, October 6, 1910.

[26] 見"Du Bois Morris Chinese Paintings," *Princeton University Weekly Bulletin* vol. 15, no. 35 (June, 1926), 12; "Collection of Chinese Paintings on Exhibition in McCormick Hall," *Princeton Herald* vol. 7, no. 18 (7 March, 1930).

[27] 見George Rowley, "The Morris Collection of Chinese Paintings," *Record of the Museum of Historic Art, Princeton University* vol. 6, no. 1/2 (1947), pp.2-3.

究，卻很早即對中國藝術史發生濃厚興趣，自 1925 年起長達 35 年任教普大的職業生涯中，他對普大的東亞藝術史研究學科——特別是中國藝術史學科——的創立起到至關重要的作用，甚至長期是普大主要的東亞研究學者。[28] 方聞也極為讚歎羅麗在文學、法學、哲學和音樂方面的積累及造詣對其從文化史角度觀察藝術幫助甚大。[29] 在羅麗的時代，歐美學者對於中國藝術史的研究剛剛起步不久，不少學者忙於幫助博物館整理收藏品，主要工作是鑒定真偽、編撰目錄，以便用於展覽。而研究方法則遵循沃爾夫林確立的歐美藝術史傳統，偏重分析藝術品的時代風格。謝伯軻（Jerome Silbergeld）在回顧西方中國繪畫史的學術史時，從研究取向上將其分為四大門類，即風格研究（stylistic studies）、理論研究（theoretical studies）、內容研究（studies of content）、語境研究（studies of context）。[30] 在 20 世紀中葉，隨著中國繪畫作品大量流入西方，鑒賞性研究變得極為關鍵。正如羅樾（Max Loehr）指出的，不瞭解風格則難以辨別真偽，不能辨別真偽，則難以言風格之觀念。[31] 方聞更發展出一套獨特的有效方法：「特別注意對作品的結構與筆墨的分析和圖像意涵的解讀。結構與筆墨分析是鑒定作

---

[28] 余英時提示方聞的藝術史研究時說，「最後還有一個關鍵性的歷史背景應該特別指出：方聞一走進藝術史的園地，便得到了名師的傳授；這可以說是人生難得一遇的幸運。他在普大讀藝術史，始於本科時期，業師則是羅利（George Rowley, 1893-1962）教授，以研究西方中古藝術史馳名當世。方聞深受羅氏的啟發，所以在研究生階段決心追隨他研究歐洲中古畫史，並已選定中古基督教的『天使』（angels）畫像為博士論文的題目。但羅利雖不懂中國語文，卻對中國畫發生了很大的興趣。根據當時西方有關中國畫的介紹和研究，他在1947年竟出版了《中國畫原理》（*Principles of Chinese Painting*）專書，成為一部很能接引後學的著作。」余英時：〈方聞的藝術史研究〉，2016.12.10，見https://www.cafa.com.cn/cn/opinions/reviews/details/8310392。

[29] Wen Fong, "George Rowley 1893-1962," *Artibus Asiae* vol. 25, no. 2/3 (1962), pp. 195-196; Ernest T. DeWald, Wen Fong, and Rensselaer W. Lee, "George Rowley 1892-1962," *Art Journal* vol. 22, no. 1 (1962), p. 48.

[30] Jerome Silbergeld, "Chinese Painting Studies in the West: A State-of-the-Field Article," *Journal of Asian Studies* Vol. 46, No. 4 (1987), pp. 849-897.

[31] Max Loehr, "Some Fundamental Issues in the History of Chinese Painting," *Journal of Asian Studies* 23 (1964), p. 187.

品真偽和斷代的有效方法。它的主要工作包括：觀察、分析特定作品在構圖、造形、筆墨、空間和整體關係及視覺效果等各方面的表現特色。」[32]

　　羅麗對中國藝術史的研究取向，與傳統側重藝術風格的分析迥異，反而特別注重藝術品背後所反映的哲學、思想與文化特點。這與他所處的時代學術潮流正相適應，在他求學的早期，藝術史學界對藝術品的研究側重藝術風格分析。而羅麗在對中國藝術品發生興趣之後，其學術思想可能更多受到從歐洲流亡到普林斯頓的潘諾夫斯基影響，對藝術品所體現的哲學思想更感興趣。他將中國藝術品看作是中國文化特性的物質體現。羅麗認為藝術必須放在文化史上理解，藝術是哲學思想的表現。羅麗的藝術史思想可能受到潘諾夫斯基的藝術史思想影響，潘氏認為圖像是概念的象徵，必須在文化史中理解和闡釋圖像，藝術史乃是哲學的延伸。[33]

　　羅麗對明慕理藏品進行了細緻考察，出版了《中國畫原理》一書。他通過研究中國畫來探討所謂中國藝術原理，主要側重於三方面：一是中國藝術的文化趨向，二是中國畫家的書寫及繪畫批評，三是從西方美術風格分析角度來看中國繪畫的價值。[34] 羅麗在《中國畫原理》一書中從哲學、

---

[32] 陳葆真，〈方聞教授對中國藝術史學界的貢獻〉，《漢學研究通訊》，36:1（2017年），14-33頁。

[33] 潘氏既受到卡西爾的思想影響，認為人是象徵主義動物，同時也受到索緒爾的影響；有關潘氏藝術史思想的討論見Serge Trottein, "L'Idée des artistes: Panofsky, Cassirer, Zuccaro et la théorie de l'art," *RACAR: revue d'art canadienne / Canadian Art Review*, Vol. 37, No. 2, *Idea in Art/ L'Idée dans l'art* (2012), pp. 19-26; Keith Moxey, "Perspective, Panofsky, and the Philosophy of History," *New Literary History*, Vol. 26, No. 4, Philosophical Resonances (Autumn, 1995), pp.775-786; Christine Hasenmueller, "Panofsky, Iconography, and Semiotics," *The Journal of Aesthetics and Art Criticism*, Vol. 36, No. 3, Critical Interpretation (Spring, 1978), pp. 289-301; Bernard Teyssèdre, "ICONOLOGIE: Réflexions sur un concept d'Erwin Panofsky," *Revue Philosophique de la France et de l'Étranger*, T. 154 (1964), pp. 321-340.

[34] 在準備他的論著時，喜龍仁（Osvald Siren）和魏禮（Arthur Waley）幫助他翻譯了一些引文，而Ch'i-ch'en Wang幫他識別並翻譯了印章。幫他審閱書稿的人是Albert Matthias Friend與Alexander Coburn Soper，見George Rowley, *Principles of Chinese Painting*, pp. ix-x.

思想、宗教角度比較了中國藝術與希臘藝術的特點，這主要基於他對藝術的基本認識。在他看來，藝術與宗教一樣的地方在於都處理內在的真實，藝術家在於揭示生活的內在而非外在。他借用西方中世紀學者的話，指出藝術家的創造正如精神與物質的聯姻（wedding of spirit and matter），所以他用來理解和分析藝術作品的概念圍繞自然、人、神，中國對應的是天、地、人，他甚至認為這些概念適用於任何文化中的藝術。他認為中國人看待生活的主要方式並非通過宗教、哲學、科學，而是通過藝術。這與印度主要通過宗教看待生活與藝術、希臘通過理性和肉體美看待生活和藝術、西歐通過處理物質與技術問題來看待生活與藝術不同。他認為中國傾向於生活在世界中的藝術而非宗教中的藝術，傾向於投身於詩學與想像的思維而非理性化，傾向於追求占星術、煉丹、堪輿與算命的奇異而非科學。中國藝術從未成為宗教（除了外國來的佛教）的僕役，也避免了像希臘那樣的理性陷阱，並逃脫了西歐藝術中那種在表現主義、浪漫主義和超現實主義所反映的對個人自我（the personal ego）的榮耀化（glorification）。中國藝術的文化氣候主要來自兩個本土的生活信念，即儒家和道家，正如西歐藝術深受基督教和希臘化傳統影響一樣。他特別強調道家和理學對宋代藝術的影響。他認為西方藝術存在物質與精神、神與人、唯心與自然、古典與浪漫、傳統與進步的二元對立，而中國藝術卻常常試圖走中道路線，避免極端。[35] 羅麗的中國藝術史研究著眼於中國文化特性的藝術表達。在羅麗看來，中國藝術更強調一種調和性，而非衝突，比如人與自然、人與神、神與自然之間的調和，精神與物質、理想與自然、古典與浪漫、傳統與進步之間的調和，而且中國藝術更強調對歷史傳統的尊重和再創造，而非以顛覆傳統另起爐灶來達到創新目的。

　　羅麗在研究了這些明慕理的藏品之後，認為中國藝術領域最重要卻最少為人知的問題是中國史上變化過程的概念化。他關心中國藝術史的如何

---

[35] Rowley, *Principles of Chinese Painting*, pp.3-4.

分期，是何種變化讓這些不同時期彼此區分開來。羅麗認為中國藝術史大致可以分為三期，唐以前、唐宋時期、明清時期。不過，這樣的理解並未在會議上達成共識。對中國繪畫進行分期是歐美中國藝術史研究中的一個主要領域，引起了許多學者的興趣。比如 1964 年羅樾在《中國繪畫的階段與內容》中，將中國繪畫史分為三期，包括從漢代到南宋再現自然的藝術、元代超再現主觀表演藝術、明清作為藝術史之藝術。而方聞則在《心印：中國書畫風格與結構分析研究》中，將中國繪畫按照時代風格分為漢至宋再現性（representation）繪畫、元代自我表達性（self-expression）繪畫、明代早中期復興主義（revivalism）繪畫、晚明至清中期集大成（synthesis）的繪畫四個時代。[36]

羅麗起初打算將中國哲學視為與藝術平行的歷史發展，但後來決定組織一個專門的討論組，主題為中國哲學作為藝術與社會科學之間橋樑的基本文化走向。正是因為他這樣的考慮，才請來了對中國哲學和思想史頗有研究的馮友蘭、戴聞達、修中誠、卜德等人。

羅麗與馮友蘭就哲學與藝術之關係在會上進行了對話。馮友蘭在發言時引用孔子的話「智者樂水，仁者樂山，智者動，仁者靜，智者樂，仁者壽」，來闡明古代中國農業文化的特徵與希臘海洋文化的不同。他指出中國農業文化植根於社會和經濟思維，而希臘與英格蘭的思維方式以商業為主導。對土地的依賴使得中國思想有兩個趨勢，道家和儒家深受其影響。道家將鄉土生活的簡樸和原始理想化，而儒家則將家庭視為社會的基礎。儒家強調社會責任，道家則榮耀自然，追求自然。對儒家而言，藝術乃是道德教育的工具，而對道家而言，藝術是與宇宙之道溝通的手段。馮友蘭

---

[36] 有關北美中國藝術史研究學術史的梳理，參見劉怡瑋，〈北美中國藝術史研究初探：比較方法論、實驗主義及其質疑精神之萌芽〉，張海惠主編《北美中國學：研究概述與文獻資源》，北京：中華書局，2010年，543-556頁；Cary Y. Liu, "Art History: Comparative Methodology, Pragmatism, and the Seeds of Doubt," in *A Scholarly Review of Chinese Studies in North America*, edited by Haihui Zhang et al. (Ann Arbor: Association for Asian Studies, 2013), pp.455-466.

感到驚訝的是，希臘哲學家將「無」（non-being）與「無限」（unlimited）看得要比「有」（being）和「有限」（the limited）弱，而中國哲學的立場正好相反。[37] 在有關中國藝術、宗教、哲學相互關係的議題上，羅麗與馮友蘭、卜德一樣，將宗教和科學在中國的地位看得不如哲學那麼高。[38]

馮友蘭是1946年9月應卜德邀請由洛克菲勒基金會資助到賓大做訪問研究，主要是為了和卜德合作翻譯他的《中國哲學史》。他後來回憶說，1947年是普林斯頓大學建校200週年，清華收到請帖，普大請派代表參加慶祝大會。清華即派在費城的馮友蘭為代表就近參加。當時馮先生對美國學者的「中國學」並不以為然，認為他們是把中國文化當作一種死的東西來研究，他在《三松堂自序》中說：

> 當時在西方，研究古代文化的有希臘學、埃及學等等，研究中國文化的稱為中國學。這些「學」都是把他們的研究對象作為博物館裡的東西來研究。這也難怪。因為在解放以前，外國學者來中國的，中國也無非是讓他們看看長城、逛逛故宮。除了這一類古的東西之外，再也沒有什麼新的東西可看。當時我有一種感覺，我在國外講些中國的舊東西，自己也成了博物館裡面的陳列品了，心裡很不是滋味。[39]

實際上，這一年馮友蘭在美國的學術活動非常豐富，也和多位中美

---

[37] *Far Eastern Culture and Society*, Princeton University Bicentennial Conferences, series 2, conference 7, Princeton University, 1947, p. 13.

[38] 馮友蘭在《中國哲學簡史》中表示贊同卜德所說的「中國人不以宗教觀念和宗教活動為生活中最重要、最迷人的部分。……中國文化的精神基礎是倫理（特別是儒家倫理）不是宗教（至少不是規的、有組織的那一類宗教）。」並且認為「在未來的世界，人類將要以哲學代宗教。這是與中國傳統相合的。人不一定應當是宗教的，但是他一定應當是哲學的。」《馮友蘭全集》卷六，鄭州：河南人民出版社，2001年，6-9頁。

[39] 馮友蘭：《三松堂自序》，《馮友蘭全集》卷一，鄭州：河南人民出版社，2001年，108頁；以及蔡仲德編《馮友蘭先生年譜初編》，鄭州：河南人民出版社，1994年，289-299，313-319頁也提到了他這次美國之行的由來與感想。

學者進行了學術交流。據他自己後來的回憶，他於 1947 年 4 月前往普大接受名譽文學博士學位，並代表清華參加該校建校 200 週年紀念活動，同時參加者還有梁思成、趙紫宸。他也在紐約訪杜威，並應邀為紐約中國社（China Institute）講清華北大戰後復員情況。4 月 29 日參加中國社清華同學會，慶祝清華校慶活動，遇張彭春、林語堂、蔣廷黻、王浩。馮友蘭也應恆慕義之邀，訪問國會圖書館並見到王重民。[40]

　　儘管馮友蘭在回憶中提到了一起去普大參加活動的梁思成和趙紫宸，卻沒有提到陳夢家。實際上正是因為他和梁思成、陳夢家一起參加普大的這次會議，才促成後來藝術史學科在清華的成立。1944 年陳夢家也是因為得到洛克菲勒基金會資助，到芝加哥大學東方研究所從事研究工作，主要是搜集和整理全美收藏的青銅器。1946 年 5 月，馮友蘭帶去梅貽琦簽署的聘書，聘陳夢家為清華中文系教授，聘期為 1946 年 8 月 1 日至 1947 年 7 月 31 日。所以 1947 年陳夢家在普大參加會議時也是清華大學中文系教授。1947 年 12 月陳夢家回到清華與梁思成、鄧以蟄共同推動了藝術史學科在清華的制度化建設。[41] 而當時馮友蘭是清華文學院院長。1946 年 4 月，梁思成完成《圖說中國建築史》英文初稿[42]。1946 年秋，梁思成赴美（1946-1947 年耶魯大學美術訪問教授）考察建築教育[43]。這一年清華設立了建築系。

　　梁思成、陳夢家赴普林斯頓開會直接促使兩人倡議在清華設立藝術史學科。梁思成、鄧以蟄、陳夢家三人向清華校方提交了由陳夢家起草的《設

---

[40] 這一年修中誠譯《新原道》在倫敦出版。早在1943年修中誠在昆明即與馮友蘭商量英譯《新原道》。見蔡仲德編《馮友蘭先生年譜初編》，316-319頁。

[41] 姚雅欣、田芊，〈清華大學藝術史研究探源——從籌設藝術系到組建文物館〉，《哈爾濱工業大學學報》（社科版）2006年第4期，18-24頁。

[42] 《梁思成全集》第8卷。Li Shiqiao, "Writing a Modern Chinese Architectural History: Liang Sicheng and Liang Qichao," *Journal of Architectural Education*, Vol. 56, No. 1 (Sep., 2002), pp. 34-45.

[43] 1947年4月26日梁思成致Alfred Bendiner的信，附有學術簡歷，《梁思成全集》第5卷，7-10頁。

立藝術史研究室計畫書》，其文詳細規劃了藝術史學科的設置：

> 民國三十六年四月，美國普林斯登大學二百週年紀念，舉行中國藝術考古會議，其主題為繪畫、銅器與建築。會議中表現國外學者對於中國藝術研究之進步，並寄其希望於國人之努力與發揚光大。近二十年來，中國藝術之地位日益增高，歐美各大博物院多有遠東部之設立，以搜集展覽中國古物為主；各大學則有專任教授，講述中國藝術。乃反觀國內大學，尚無一專系擔任此項重要工作者。清華同人之參預斯會者，深感我校對此實有創立風氣之責。
>
> 文學院應設立藝術史系，教授藝術史、考古學及藝術品之鑒別與欣賞。注重歷史的及理論的研究。本系以研究中國藝術為主，但為明瞭中國藝術在全世界藝術中之地位起見，必需與西洋藝術及初民藝術作比較研究，故亦兼授與此兩方面有關之課程。在未成立系以前，將分散於各系之功課重新有組織的配合，使有志斯學者得選習此類課程之全套。並應在研究院中增設藝術史部，招收本校及其它專門藝術學校畢業之學生，並使其有出國深造之機會。
>
> 在系未成立以前，先成立研究室，作為同人工作之中心，同時為小班講堂實習閱覽之處。博物館籌備期間，陳列工作亦暫附於此室。[44]

其設備包括圖書、照片、幻燈片、模型，而工作範圍包括古物之調查與發掘，資料之研究與公布、公開講演與展覽等等。1947 年 12 月 18 日清華大學第十三次評議會原則通過設立藝術史研究室。1948 年 4 月 2 日下午馮友蘭主持文學院會，討論在美設立一個漢學研究機構。4 月 3 日與朱自清、陳夢家察看圖書館北側，擬以此作為博物館館址。4 月 9 日出席美術

---

[44] 見《梁思成全集》第5卷，3頁。

史會，決定 4 月 29 日為博物館成立日。

　　1948 年 4 月 25 日，陳夢家在天津《大公報》發表〈清華大學文物陳列室成立經過〉一文中寫道：「民國三十六年四月，美國普林斯頓大學為紀念該校二百週年，曾舉行一國際的東方學術會議」，「清華大學藝術史教授鄧以蟄先生，因時間倉促不克赴會。當時筆者與同校的馮芝生先生、梁思成先生因皆旅居該邦，得以與會。」

　　1948 年 10 月 7 日馮友蘭作為文學院院長出席教授會，會議決定於文學院添設藝術史系。[45] 儘管陳夢家在《大公報》的文章誤把普大遠東會議寫成東方學會會議，但他與同行者在清華倡議並組織成立藝術史學科的過程十分清楚。

　　清華最初創立的藝術史學科也深受 1947 年普大遠東會議影響，有以下這些特點：強調藝術史學生學習哲學的重要性；藝術史學科與考古的密切關係，博物館與考古研究室為藝術史研究提供資料採集、整理方面的支持；藝術史系注重歷史的和理論的研究；藝術史系雖然以中國藝術品為主要研究對象，卻注重與西洋藝術進行比較研究。這些特點無疑大多數是源自於馮友蘭、梁思成、陳夢家等人與羅麗在開會期間交流所受到的啟發。

第三節　中國政治史的社會史研究

　　1947 年普大遠東會議的另一個主題是遠東社會，實際上主要指中國社會史研究。這一主題受會議組織者之一饒大衛個人興趣、學術背景、現實關懷影響，其討論主要圍繞中國從傳統專制社會向現代民主社會的轉型展開。饒大衛 1927 年畢業於普大政治學系，1935 年從芝加哥大學獲得博士

---

[45] 同月21日下午第十八次評議會，梅校長彙報，本校商准於文學院添設藝術史系，暫分藝術史及音樂兩組，業經正式呈請備案。11月9日，梅校長彙報教育部令，本校增設藝術學系，分設藝術史、考古、音樂三組，應將學系名稱改為美術學系。見《馮友蘭先生年譜初編》，330-331頁。

學位，隨後在哈佛遠東系進行博士後研究，補充中國史方面的訓練。1938年回到普林斯頓任教。但隨著太平洋戰爭的爆發，1941-1942年被戰略服務處派往重慶協助美國大使從事戰時情報工作。此後陸續撰寫了一些有關國際關係史的論著，這些工作幫助他在二戰結束後獲得耶魯教職。因為出身普大的關係，他受託與羅麗一起組織這次遠東會議，邀請了一批政治學家、經濟學家、社會學家、歷史學家參加會議，主要運用社會科學理論和方法來討論中國歷史。

　　當時美國整體上學術追求與現實需要密不可分。1947年普大遠東會議正值二戰結束不久，美國整個學術正逐漸走出戰時體制，但是戰爭體制對學術的影響是極為廣泛而深遠的。科學和工程學科迅速與軍事和工業結盟，成為聯繫緊密的三角複合體（military-industrial-academic complex）。[46]美國科學和工程研究的組織和資金甚至學科設置和研究方向，也深受軍事和工業的塑造。二戰和隨後出現的冷戰中，大學研究在滿足政治和軍事需要方面表現優異，美國政府和工業界對大學投入大量資金，故大學事業發展前所未有地與政權、軍事和工業緊密結合在一起。[47]這一點也在普大慶祝建校200週年的一系列會議主題以及參與者的組成上有相當鮮明的體現。比如1946年10月召開的第一系列第一個會議，主題是核科學的未來（The Future of Nuclear Science）。會議組織者韋格納（E. P. Wigner）在會議手冊前言（1946.10.25）中說：「科學家對於戰爭努力的各方面貢獻已經強力推動普通公民急切地意識到科學對於國家生活的重要性。」

　　他也指出，由於科學家在戰爭中的貢獻，使得他們贏得了廣泛的尊

---

[46] Stuart Leslie, *The Cold War and American Science: The Military-Industrial-Academic Complex at MIT and Stanford*, New York, 1993.

[47] Roger L. Geiger, *Research and Relevant Knowledge: American Research Universities since World War II*, New York, 1993; Paul Forman, "Behind Quantum Electronics: National Security as a Basis for Physical Research in the United States, 1940-1960," *Historical Studies in the Physical and Biological Sciences* 19 (1987), pp. 149-229; Joel Isaac, "The Human Sciences in Cold War America," *The Historical Journal* 50: 3 (2007), pp. 725-746.

敬。政客們不僅向科學家諮詢科學問題，甚至也在非科學議題上問計於科學家。他主張必須重新認識科學家在社會中的責任和角色。這次會議的參與者雖然以科學家為主（比如費米、波爾、狄拉克、奧本海默、依西多・拉比、韋爾等等），同時也聚集了一批大學領導人和工業界研究部門負責人。[48]

　　戰爭結束之後，隨著美軍在歐洲和亞洲的節節勝利，美國國內學界也逐漸關注被美軍戰後接管地區的研究。美國中國學家的現實關懷，在這次普大遠東會議上體現非常明顯。這種關懷背後是二戰的大背景，1941 年日軍偷襲珍珠港，導致美國公開宣戰，太平洋戰爭爆發，美國也很快捲入歐洲戰場。但在太平洋戰場上，美國尤其需要大量專家從事亞洲情報工作，瞭解在太平洋戰場的敵人，瞭解太平洋戰場的盟友中國。很多在戰爭時期從事情報工作的美國學者在戰後逐漸回到學界任教。但這些人由於過去的戰時經歷，仍然與亞洲保持密切關係，他們的研究很自然地帶有關懷亞洲現實和未來發展的特點。因此在普大會議上，中國研究很自然地凸顯出其政治關懷。[49]

---

[48] *The Future of Nuclear Science*, Princeton University Bicentennial Conferences, series 1, conference 1, 1946, pp. 32-34. 比如大學和研究機構領導人包括哈佛大學校長James B. Conant、華盛頓大學校長Arthur H. Compton、麻省理工校長Karl T. Compton、加州理工學院校長Lee A. DuBridge、哈佛天文臺臺長Harlow Shapley、瑞典皇家科學院物理研究所所長Manne Siegbahn、法國原子能委員會總幹事Frederic Joliot（法蘭西公學院物理學教授，及其夫人Irene Curie-Joliot）、美國國家標準局局長Edward U. Condon等，還包括幾個主要工業企業的研究負責人，如貝爾電話實驗室Karl K. Darrow、C. J. Davisson、IBM純科學部門主任W. J. Eckert、GE研究實驗室助理主任Albert W. Hull、GE副總裁Zay Jeffries、GE副總裁兼研究主任C. G. Sutts、Eastman Kodak公司副總裁兼研究與發展主任C. E. K. Mees、Monsanto化學公司中央研究主任Charles A. Thomas、Radio Corporation of America研究實驗室副主任V. K. Zworykin等人。

[49] 年輕學者如畢乃德、柯睿格（Edward A. Kracke）、饒大衛、卜德、戴德華等人都利用自己的專業知識協助政府和軍方收集情報和分析戰況。參見張鎧：〈美國中國史研究專業隊伍的形成及其史學成就——第一次世界大戰至第二次世界大戰〉，《中國史研究動態》1995年第7期，2-10頁。1947年普大遠東會議上並無人提及冷戰，冷戰並未正式開始。奧維爾在1946年3月10日發表文章稱1945年12月莫斯科會議之後，蘇聯開始與大英帝國進行冷戰（The Observer of 10 March 1946）。但作為美蘇對抗的冷戰一詞正

　　應該特別指出的是，這次會議體現出濃厚的經濟史、社會史特點，正是 1950-1960 年代歷史學轉向注重經濟史、社會史的先聲。我們今天回頭來討論 1947 年普大遠東會議，必須放在一個廣闊的 20 世紀史學發展的長時段之中，方可對其進行現代史學史的準確定位。1950-1960 年代在全世界各地幾乎都是社會史、經濟史大放異彩的時代。[50] 僅以中國史而言，不僅中國國內以馬列主義為指導思想的革命史學注重社會經濟史，即使在歐美也是社會經濟史大行其道。比如歐洲 1950-1960 年代完成博士論文奠定學界地位的幾位重要漢學家，無一不是以經濟社會史為主要治學方向，如萊頓的許理和（Erik Zürcher, 1928-2008），即以社會階層對佛教的接受為取向，探討宮廷佛教（court Buddhism）到士族佛教（gentry Buddhism）的進化歷程；而巴黎的謝和耐（Jacques Gernet, 1921-2018）則利用敦煌文獻樹立了研究中古時期寺院經濟史的典範；倫敦的杜希德（Denis Twitchett, 1925-2006）側重梳理和探討唐代財政史。[51] 在巴黎漢學界，傳統的語文學研究地位雖然穩固，然而白樂日（Étienne Balazs, 1905-1963）的經濟史研究，卻被年鑑學派的布勞岱爾（Fernand Braudel, 1902-1985）注意到其重要貢獻，將其和研究印度經濟社會史的名家桑納（Daniel Thorner, 1915-1974）一起網羅到高等研究實踐學院（École Pratique des Hautes Études，簡稱 EPHE，1868 年創建）歷史學部從事合作研究，使得漢學家的貢獻可以進入到更廣闊的歐洲史學傳統之中。而 1950 年代美國漢學也從傳統的漢學研究轉向重視政治社會史，這種治學特點在 1947 年普大遠東會議上的討論之中早已初

式出現在1947年4月16日Bernard Baruch的講話之中。

[50] 相關史學潮流的梳理，參見Natalie Zemon Davis, "Decentering History: Local Stories and Cultural Crossings in a Global World," *History and Theory*, vol. 50, no. 2 (2011), pp. 188-202.

[51] 儘管何炳棣說：「1948年我尚無機會系統地翻檢西方漢學著作，但已經知道他們的長處在物質文明、宗教、歐亞大陸諸民族及其語言、中西交通等方面個別性的專題研究，百餘年來積累的成果可觀，但不能對中國歷史上幾度動態大演變加以分析、解釋、論斷。」《讀史閱世六十年》，桂林：廣西師範大學出版社，2009年，247頁。從普大遠東會議來看，何先生的觀察並不全面準確。

現端倪。[52]

　　1947年普大遠東會議上，與會者關注的焦點問題是中國社會的轉型以及現代國家的建立和強化，而要回答這些問題，則需要瞭解中國社會階級、經濟、人口、社會結構、社會分層、階級流動等等社會科學議題。而國際漢學界對這些議題的關注，導致1950、1960年代中國社會史、經濟史的興起和繁榮，包括中國在內，當時國際學界對中國社會性質的關注和討論持續不斷，歷史學、社會學、人類學家都展開了對中國社會結構的研究，各國學者之間也相互對話。[53]

　　與探討中國社會性質和社會結構相聯繫的學術議題也包括中國現代政權的創建與重建，因為政權產生的性質取決於社會結構。普大遠東會議的與會者大多認為民主政體的未來深受社會結構的影響，[54]而多位學者尤其關注士人（literati）或知識人（intellectuals）的角色、地位和責任，以及在社會中的角色。多位學者指出知識人似乎偏向與統治集團結盟，而非與下層民眾結盟，他們關注知識分子與誰結盟將對中國造成何種影響，這也牽涉到人口問題、人口的識字率與教育問題。

　　與會學者對一些知識人與統治階級結盟的看法，可能很大程度上來自他們對當時國民政府統治下政治和教育形勢的認知和判斷。1940年代初，

---

[52] 1930年代一些研究中國問題的社會學家即主張漢學家與社會學家進行合作，但似乎社會學家對這種合作的興趣遠遠大於漢學家。見曾長期任教聖約翰大學的美國社會學家的呼籲，Maurice T. Price, "Sinology and Social Study: Cooperative Research between Sinologists and Other Academic Specialists," *Pacific Affairs* vol. 5, no. 12 (1932), pp. 1038-1046；同作者"Social Science Materials in Far Eastern Culture," *American Journal of Sociology* vol. 37, no. 5 (1932), pp. 748-759.

[53] 陳懷宇：〈國際中國社會史大論戰：以1956年中國歷史分期討論為中心〉，《文史哲》2017年第1期，41-69頁。

[54] 如在哥大參加魏復古中國社會史項目的瞿同祖，即主要受到社會學和人類學訓練。他後來回憶說：「1943年同學費孝通先生應美國國務院之邀赴美訪問，晤魏復古時為我聯繫，魏氏來電邀我去該校任研究員。我偕同妻趙曾玖及子女二人於1945年春抵達紐約。王毓銓先生和我的任務均為漢史的研究。他的課題為經濟史。而我的研究範圍則限於社會史。我利用在哥倫比亞大學擔任研究工作之便進修，選讀了社會學系與人類學系幾位著名教授的課程多門。」2007年3月訪談錄，見瞿同祖、趙利棟：〈為學貴在勤奮與一絲不苟——瞿同祖先生訪談錄〉，《近代史研究》2007年第4期，149頁。

陳立夫出掌教育部之後，逐漸強力推行黨化教育，宣揚一個主義、一個領袖、一個黨、一個政府，要求教育界、學術界忠誠於三民主義、蔣介石、國民黨、國民政府，以便集中力量對付日本侵華勢力。二戰期間，費正清給國務院發報告，認為西南聯大教授生活困苦，要求美國政府予以援助，培養戰後認同美國價值觀的中國知識人。而國民政府教育部在陳立夫指示下反對西南聯大的教授接受美援，認為接受美援有辱民族氣節。[55] 在抗戰時期，國民政府的這種黨化教育宣傳固然有出於團結一致抗日目的，但也讓相當一部分學者認同國民政府。

抗戰結束後，國民政府計畫開國民大會，有一些知識分子被國民政府拉下水，進入政界。胡適身為北大校長，對黨化教育非常不滿。1947 年 3 月蔣介石邀請胡適擔任國府委員，但胡適不想直接參政。胡適跟蔣說：「現時國內獨立超然的人太少了，蔣先生前幾年把翁文灝、張嘉璈、蔣廷黻、張伯苓諸君都邀請入黨，又選他們（廷黻除外）為中委，這是一大失策。」

胡適 3 月 18 日訪問英國大使史蒂文森（Ralph Stevenson）時談到：「這次國民黨結束訓政，是一件政治史上稀有的事。其歷史的意義是國民黨從蘇俄式的政黨回到英美西歐式的政黨。這是孫中山遺訓的復活。中山當日接受了共產黨的組織方法，但他終不認一黨專政為最後階段，只認為過渡到憲政的一個階段。國民黨執有政權二十年，今日宣告結束訓政，故是稀有的史實。」[56]

胡適對這種學者依附國民政府的現象抱持很大警惕。

另一方面，中共方面也在密切注意知識人的動向，除了在國內利用統一戰線團結知識人之外，在海外也派駐了一些學者型幹部積極參與國際學術活動，對知識人進行統戰。其中最傑出的代表之一是陳翰笙，他當時以

---

[55] 詳細討論見張朋園，《郭廷以、費正清、韋慕廷：臺灣與美國學術交流個案初探》，臺北：中研院近史所，1997年。

[56] 胡適著，曹伯言整理，《胡適日記全編》第七冊（1938-1949），合肥：安徽教育出版社，2001年，649頁。3月，蔣介石要胡適參加國民政府委員會，作無黨無派的一個代表。胡適再三申說不可之意：國府委員會為最高決策機關，應以全力為之，不宜兼任。

跟拉鐵摩爾做訪問學者為名在約翰霍普金斯大學從事學術工作，他和拉鐵摩爾早在 1936 年就接上了頭。1935 年蘇聯情報人員為防止在東京的身分被暴露而撤往國內，陳翰笙也從東京逃到莫斯科。當時拉鐵摩爾任太平洋協會機關刊物《太平洋事務》主編，請蘇聯推薦一位助理。蘇聯即將陳翰笙推薦給拉鐵摩爾，此後直至 1939 年陳翰笙在紐約協助拉鐵摩爾工作，由此建立了與拉鐵摩爾的密切聯繫。1947 年普大召開遠東會議時，他和拉鐵摩爾也都就近參加，不過他在會議上較為低調，發言並不積極。

1950 年代至 1980 年代以來，歐美中國經濟史學界基本上達成一種共識，即中國經濟在大約 17 世紀以來即與西歐資本主義經濟分道揚鑣了，而中國農業雖然可以養活日益增長的大量人口，但生產力並無顯著提高，生產方式也限於家庭內作業，難以促進城市化的質變。比如伊懋可（Mark Elvin）認為中國經濟被高度均衡制約，晚期帝國以來的人口增長帶來廉價勞動力，鼓勵了勞動密集型生產方式，而導致生產力停滯。黃宗智則提出所謂中國經濟史上所謂「過密型／內卷化」經濟發展道路，即持續增長的農業產出建立在大量投入勞動力的基礎之上，導致勞動力產出滯後，持續增長的人口和耕地面積減少強化了這種趨勢。然而在 20 世紀末葉，彭慕然（Kenneth Pomeranz）與王國斌等人則認為中國和西歐的分流出現在更晚的 18 世紀後期。彭慕然試圖超越歐洲中心主義立場，提出英國的新能源開採是一個異常發展。無論如何，這些經濟史學者都關注人口與經濟發展對社會轉型的影響。[57] 而這種關注實際上在 1947 年普大遠東會議上早已開始。與會者主要圍繞這麼一些問題展開了討論，地理環境對經濟與社會發展的影響、政治與社會哲學對制度的影響、人口與經濟和社會發展，以及中國現代政權的建設及其未來政治發展等等。

在探討經濟史與社會史的論題時，與會者首先討論了傳統中國展示了

---

57 艾仁民（Christopher Isett）撰，陳晰譯、蔣樹勇校，〈社會史以及關於清史和世界史大分流論辯之反思〉，張海惠等編《北美中國學》，260-267頁。彭慕然係其自用中文名，現坊間多作彭慕蘭。

人們的生活與氣候、資源、地理位置等環境因素之間的互動，特別是地理條件對經濟與社會發展的影響。克萊西（George B. Cressey）認為古代中國乃是一個巨型綠洲，被大海和山脈包圍，北方則有長城阻隔，只有到了現代，太平洋才成為中國開放接受西方貿易和思想的高速公路。他特別強調人多地少導致農業資源匱乏將帶來嚴重的問題，即生產的糧食難以支撐龐大的城市人口。不過，他和其他學者都相信，隨著農業技術的提高，這個問題將會得到解決。拉鐵摩爾則從中原、西北、華北地理因素角度來討論中國文化搖籃即黃河流域的農耕經濟向南方長江流域等地的發展過程，他特別提示了魏復古和冀朝鼎的研究。魏復古認為黃河流域文明得益於當地的土壤和氣候條件，初級農具和小規模灌溉仍可促進農業繁榮。後來這一農耕文化向南拓展，長江流域土地更為肥沃，技術上也有更廣泛的汲水、灌溉和運水系統，因為動員大量勞動力從事大型公共工程而發展了社會控制能力。中國逐漸成為一些經濟區的組合，這些經濟區主要圍繞河流和運河發展起來，所生產的充沛穀物足以支持軍隊和官僚系統。當政治尚穩定時，這些經濟區在帝國官僚制度下糾合在一起。當朝代衰落時，這些地區逐漸變成獨立區域或自治地區。拉鐵摩爾也提示了冀朝鼎所謂的一些基本經濟區。他最後指出社會變化已急速地改變了地理因素的價值，而工業化將改變傳統經濟重心。

魏復古在會上質疑最近學界傾向於將中國社會視為封建社會的說法。他認為，傳統中國應該被看作是一種帶有反映農業勞動分工結構的東方社會，這個社會要求大規模的水利工程、防衛、運輸等工程建設，這使得政府必須大規模控制農業勞動力，而統治階級的權力和財富主要來自對大型工程和勞動力的控制，而非來自軍事功能以及私人地產。在傳統中國，政府進而發展出各種機制，比如強調使用高度複雜化文字的能力來強化這種控制權力。魏復古的這些基本觀點，後來都在十年後出版的《東方專制主義》（*Oriental Despotism*, 1957）一書中進行了更詳盡的闡述。

人口問題乃是與會者關注的一大關鍵。陳達主要介紹了中國國內人口調查工作，但指出其樣本只涉及百分之四的人口。[58] 而韋慕庭則注意到中國走向人口過多的趨勢，因為傳統大規模農業生產需要龐大的人力，中國歷史的週期性危機主要來自資源與人口之間不能維持平衡。在長期社會動盪引發的鬥爭中，中國傳統社會總是將家族責任置於公共責任之上。他也認為中國社會經濟潛力很低，也比較穩定，很難出現質變，中國社會存在穩定和重複的文化理想起了一定作用，而且政權被理想化為社會秩序穩定的保障者，而不是社會變革力量。社會學家湯姆森（Warren S. Thompson）預測，隨著社會和經濟變化，中國在未來數十年人口將又巨型增長。他認為西方的經驗以及其他一些亞洲國家的經驗表明，經濟的提高將帶來死亡率的下降。他擔心人口的巨型增長將抵消經濟生產力增長能給中國帶來的社會收益。經濟史家奧查德（John E. Orchard）作出了一個總體估計，他和其他學者一樣，都注意到中國農業產出十分巨大，但技術落後，主要依賴人力。但他認為中國具備充足的自然資源和勞動力供應來進行工業化，不過，政治失序和內戰會帶來障礙。他也指出中國要想實現工業化，需要大量進口國外的機器和技術。而要進口大量設備和技術，中國面臨兩方面挑戰，一是投資需要足夠的儲蓄用於流動，二是足以提供對外貿易出口的創造。前者面臨人口的壓力，後者是目前中國缺乏出口的供應商品。哈佛經濟學家林賽（Michael Lindsey）認為要有更多元的生產發展模式，才可以減少人口壓力。中國如果成為第一流的軍事強權，其生產力必將大幅度提升，因為軍事工業對政府而言非常重要。而國內經濟發展不僅需要工業和農業的發展，也需要提高交通運輸的平行發展。

與會者都注意到長期內戰造成資源的巨大損失，以及國民黨政府的無能和管理混亂。與會者認為經濟發展不僅需要有效的官僚系統，而且也需

---

[58] 他當時已在太平洋關係協會出版有關移民的研究，見Chen Da, *Emigrant Communities in South China: A Study of Overseas Migration and its Influence on Standards of Living and Social Change*, New York: Institute for Pacific Relations, 1940.

要大規模經濟規劃及管理技術。[59] 這些學者所指出的生產力問題、人口問題、基礎設施建設問題，實際上後來都被新中國陸陸續續在半個世紀以來的不同歷史階段解決了，比如大規模的工業化、農業機械化、人口控制、出口貿易。

多位與會的哲學、思想史學者討論了中國的政治與社會哲學對中國社會發展的影響。戴聞達為會議提供了一個儒家好政府原則的形而上學概要，在他所認知的中國政治哲學中，人與天、地是夥伴關係，應該與自然秩序和諧共處，這種人與自然之間的和諧將回饋人類社會，而社會關係方面則表現為人們應該履行與自己社會地位相稱的權利和責任。質言之，儒家致力於建設權利關係的和諧，法家則與這種德治封建理想唱反調，從現實主義出發，強調個人資質以及法治的必要性，這種法家政治哲學提供了秦漢以來政權維持強大和穩定系統的統治框架，而儒家倫理被逐漸融入法律之中，規範人們的日常行為。隨後與會者討論了儒家理想主義對法家實用主義取得優勢地位的各種原因。卜德強調研究哲學與經濟、社會、政治現實關係的重要，建議哲學家和物理學家、社會學家合作研究哲學演進過程中歷史條件的實際影響，以及哲學對日常事務的影響。他也希望學者們更多關注中國思想家的非哲學作品，比如書信、史論、回憶錄等等，這些材料都有助於揭示政治與個人判斷以及與思想家個人哲學原則的關係。[60]

1947年普大遠東會議最後的討論著眼於中國的未來，與會者大多認為國共兩黨的衝突只會加劇，而美國應該採取中立立場，不應該支持任何一

[59] *Far Eastern Culture and Society,* Princeton University Bicentennial Conferences, series 2, conference 7, Princeton University, 1947, pp. 15-18. 與會者達成一個共識，即傳統中國基本上是一個官民兩個階級對立的社會，無產階級的政治影響力極小，除非在發生危機的一些特殊時刻。與會者也注意到，當時在中共解放區開始吸收農民進入政權，而士兵與商人的權力也在上升，這些新的發展進一步削弱了傳統知識階級的政治地位。

[60] 與會者也關注西方思想的介紹、社會與政治思想在中國的交流和傳播。饒大衛號召對文化交流與適應進行更多研究，運用社會心理學中的科學概念和計量技術來進行考察。*Far Eastern Culture and Society,* Princeton University Bicentennial Conferences, series 2, conference 7, Princeton University, 1947, pp. 18-20.

方。而費正清的發言體現出了相當具有預言性質的睿見。對於中國的政治前途，費正清認為美國將在未來的東亞實施強權政治，美國出於對共產主義的恐懼，將支持像中國這類亞洲國家的反動政權。在他看來，專制政府如果對那些可能受共產黨領導的群眾運動進行鎮壓，可能反而會讓它們更強，美國人民有義務幫助亞洲國家發展自由政治和經濟制度。他認為三個因素影響中國的前途：一是增加食品供應和其他物質條件的提高，將給中國更高的生活標準提供可能性，然而反動政府和統治階級不太可能將技術進步用於社會福利，這導致美國支持反共政權會擴大廣大民眾的貧困和不幸。二是國民黨威權政府受中國中央集權傳統和政治壟斷的影響，仍然維持著官民二分的社會系統，官員只對政府而非人民負責，知識階層無法與農民大眾結盟來抗衡官僚系統的統治地位，反而被吸收進官僚階級。他也注意到中共更關心大眾福利，熟練運動組織大眾的戰術，並從農民中提拔官員。不過，他指出中共雖然試圖避免蘇俄式一黨專政，但恐怕難與高度中央集權絕緣。三是隨著識字率的擴大，中國古典傳統中的中國文化優越感將會以一種現代愛國主義的形式獲得新生。中共善於運動大眾啟蒙的現代工具，發展出新的大眾文化，從而獲得大眾廣泛支持。王贛愚回應了費正清的發言，對中國未來能否走向民主非常悲觀。他認為中國歷史上漫長的絕對君主制造成統治者看重以武力維持其壟斷的政治權力，國民黨政府甚至強化了這一專制的軍國主義統治模式。[61] 後來的歷史發展基本上證實了這些學者的判斷。

---

[61] *Far Eastern Culture and Society*, Princeton University Bicentennial Conferences, series 2, conference 7, Princeton University, 1947, pp. 27-28.

結語

　　前文已經提示了 1947 年普大遠東會議與 1928 年紐約中國學會議的一些異同，在經過以上的一些梳理之後，也許再將 1947 年普大遠東會議與 1949 年以後的歐美漢學會議進行比較會更有旨趣。這次普大會議之後，中國內戰進入白熱化階段，很快在 1949 年成立了新政權，並隨著朝鮮戰爭的爆發，中國學者在最初幾年並沒有機會與歐美學者進行面對面的直接交流。不過，1955 年在萊頓、1956 年在巴黎西歐青年漢學家會議上，中國先後派出翦伯贊、周一良、夏鼐、張芝聯等歷史學家參加會議，與歐美漢學家進行直接對話。正如我在以前的研究中所言，[62] 當時歐美的學者十分關注中國的新出土文獻與文物，這種關注可以和 1947 年普大漢學會議聯繫起來看，即歐美學者十分關注中國出土的新史料。1947 年普大遠東會議之所以特別注重藝術史的研究，也是因為當時大學藉校慶的機會獲得明慕理捐贈的大量中國書畫精品。隨著羅麗個人對這批新材料的整理以及開始研究他本人收藏的中國拓片，而使得中國藝術史研究在隨後的歲月裡成為普大的學術重點。

　　1947 年普大的遠東會議上關注中國的一些社會科學家，出於對中國現實政治發展的興趣，對中國傳統社會的政治制度、權力構建、經濟與社會發展進行了深入討論，這種討論正是歐美 1950-1960 年代深受左翼政治和社會思潮影響的社會史成為學界主流的先聲。歐美 1950-1960 年代嶄露頭角的青年漢學家如許理和、謝和耐、杜希德等人大多以經濟史、社會史研究作為其治學重點，並因為這種預流而將漢學研究貢獻融入到歐美史學主流之中，成為歐美史學史的重要組成部分。而歐美漢學家對中國社會史

---

[62] 陳懷宇，〈冷戰下中西史家的首次接觸：1955年萊頓漢學會議試探〉，《文史哲》，2015年第1期，69-84頁；〈國際中國社會史大論戰——以1956年中國歷史分期討論為中心〉，《文史哲》，2017年第1期，41-69頁。

的重視，正好與中國史學界轉為以馬列主義為指導思想的革命史學存在共鳴，從而在 1955 年、1956 年的西歐青年漢學家會議上形成中外歷史學家之間的對話和論戰，這些論戰集中討論中國歷史發展時期的社會性質與分期。

第二章

冷戰下中西史家的首次接觸：
1955 年萊頓漢學會議試探

引言

　　冷戰結束後的三十年，國際史學交流呈現出前所未有的深度和廣度，今天已經很難用單一的史學傳統來概括任何一個國家的史學發展，中國史學在世界各地也逐漸形成異彩紛呈的局面。尤其值得注意的是，二戰時期和冷戰初期成長起來的各國學者陸續出版了回憶錄，早年的日記、書信在半個世紀後也陸續問世。比如中國學者周一良（1913-2001）先生、美國學者牟復禮（Frederick W. Mote, 1922-2005）先生和德國學者傅吾康（Wolfgang Franke, 1912-2007）先生的回憶錄都是在最近三十年問世，而他們本身現在都已成為歷史人物，這些回憶錄也成為我們瞭解他們青年時代國際學者研究中國文史的珍貴史料，儘管這些回憶錄詳略得當不一，史料價值各有千秋，仍值得放在一起比對和研讀。本書的起源正是來自這些新材料的出現。當我注意到周先生和牟先生在回憶錄中敘述同一件事卻有很大差異時，開始關注不同國家學者對當時同一事件的觀察、體會、敘述，如何體現出他們不同的歷史記憶和觀念。由於敘述者所處的環境和地位不同，他們的關注點也不同。對周、牟二先生回憶錄的研讀，讓我對 1950 年代初期中外史學家之間的交流產生了濃厚興趣。

　　一些近現代名人回憶錄、日記陸續出版，為後人瞭解一些事件的細節提供了不少材料，但作者在事後的追述實際上不完全是歷史的真實反映，而是一種對事件的追憶以及對這種追憶的重新敘述。這樣的追憶實際上帶有作者的主觀性、選擇性與片面性，甚至常常根據追憶時作者的認知來改寫過去。回憶錄常常只會留下作者想給讀者看的內容，所以回憶錄實際上是單向度敘事，和歷史的真實之間存在很大的差距。作者寫回憶錄也常期待讀者能接受這樣的敘事並理解作者的處境。如果數位當事人都在回憶錄裡談及一個事件，我們可以對比他們的不同敘事，一方面將細節拼接起來，另一方面探求不同敘事出現的緣由及其歷史、文化背景。本章要討論的 1955 年在萊頓召開的西歐青年漢學家會議就是這樣一個事件。這次會議邀請了兩位中國學者參加，使得冷戰開始後中外學者第一次有機會坐在一起討論學術。然而有趣的是，數位中外與會者陸陸續續在半個多世紀中發表了他們對這次會議的回憶，為後人留下了一些珍貴的記錄。這些記錄值得我們對照閱讀，幫助我們考察這些學者的關注點、性情、人格魅力，甚至政治和思想偏見。同時，通過比對這些出自不同視角的資料，也可以從中略窺 1950 年代冷戰形勢下國際上中外政治和學術之間的微妙關係，這種關係實際上很真切地體現在學者們的交往之中。

　　1955 年在萊頓舉行的第八次西歐青年漢學家會議，雖然主要由西歐學者發起，卻也邀請了中國和蘇聯的一些學者參加，而參加大會的學者也不僅僅限於青年漢學家（圖二）。正是因為這次會議參與者來自歐洲、亞洲、美洲，我們在討論這次會議時也不得不將目光投向這三個洲所保存的有關這次會議的資料。有關萊頓青年漢學家會議的史料是很有意思的，相關的直接史料和間接史料在前後半個世紀陸續出現。有關這次萊頓漢學會議的直接史料，只有當時留下來的由會議主辦方編製的英文會議程序手冊 [1]，以及會議與會人員合影等圖像資料 [2]。會議過程中的討論記錄並沒有公開出版，也許萊頓大學漢學圖書館保留有一些當時的紀錄，不過我們甚至不清楚當時開會的全程是否會留下任何文字記錄。但關於這次會議的一些間接史料卻在半個世紀中陸續問世。最早的間接史料是周一良先生參加完會議回國後，於 1956 年在《歷史研究》上發表的一篇中文短訊，對這次會議有極為簡單的介紹。而更多的間接資料來自當事人特別是北京大學周一良、哈佛大學費正清、普林斯頓大學牟復禮等三人的回憶錄。其中，費正清的英文回憶錄《費正清對華回憶錄》1982 年出版，周一良的中文回憶錄

---

[1] *Proceedings of the 8th Conference of the Junior Sinologues Held at Leiden: 28th August---3rd September 1955.*

[2] 這些圖像資料曾經出現在麻省大學阿默斯特分校（University of Massachusetts, Amherst）白牧之（Bruce Brooks）和白妙子（Teako Brooks）主持的戰國研究計畫（The Warring States Project）網站上，但現在其所在網址已經不能訪問。

圖二｜1955年萊頓西歐青年漢學家會議，前排左起第五人翦伯贊、翦伯贊後排左側為周
一良。

《畢竟是書生》1998 年出版，牟復禮的英文回憶錄《中國與 20 世紀之史
學志業》2010 年出版。將這些出現在中國北京大學、荷蘭萊頓大學、美國
哈佛大學與普林斯頓大學的中文、英文文獻對照閱讀，其實也相當於二重
證據法之所謂以域外胡語文獻與吾國固有之中文文獻相互參證。不過，這
些文獻所出現的中外政治、文化背景相當不同，寫作時面向的讀者對象也
不同，因為這種不同，它們所想表達的內容也就有取捨的不同。

　　最近二、三十年來，漢學史的研究蔚然成風，其中既有改革開放之後
中外學術交流日益密切的影響，也有學術界不斷反思學術史的直接因素。
但是海內漢學史的研究，比較常見的模式是討論一些著名的海外漢學人物
及其代表作。[3] 對於漢學會議的討論還不夠重視，即便涉及，討論也不充

---

[3]　中國大陸的北京外國語大學、北京大學、華東師範大學、中國人民大學、蘇州大學等都有
　　相關研究機構和學者對漢學史進行廣泛研究。港臺也有不少機構研究海外漢學，這裡不一
　　一列舉。

分。對於漢學史的研究，從學術史的角度來說，不僅要研究漢學發展的思想文化背景、漢學人物的學術事業和成就、學術出版的成果，也要討論漢學機構、漢學組織等制度和結構的形成與發展，而漢學會議這樣的漢學組織方式也值得討論。這次萊頓會議，多位參與者都在回憶錄裡提及，而每個人提及的內容又不完全一樣，每個人談到的人也不完全一樣，回憶有選擇性，深受回憶者的知識背景、生活經驗、關注點影響。當時會議舉行的細節已經不可能復原了，但是將這些當事人的記錄放在一起比較，則相當有趣。很多學者一生中會參加很多次學術會議，但不同的會議顯然對不同的學者有不同的意義。這可能是周先生一生中相對來說較為特別的會議，以至於他多年以後還特意提起來。他回憶錄裡提到的費正清、牟復禮也都在自己的回憶錄談到了這次會議，也都提到了周先生。

　　在下文的討論中，我將有關萊頓漢學會議的中英文直接和間接史料一一列出，通過分析這些史料的不同性質及其「再現」的歷史來考察這些史料的生產者所處的歷史語境，同時對這次會議的國內外政治和學術史背景略加疏解，以便幫助讀者對這次會議有更全面而深入的瞭解。

第一節　周一良與楊聯陞筆下的萊頓會議

　　周一良先生的回憶錄《畢竟是書生》出版後，一直受到廣大讀者的矚目。現在任教於加拿大約克大學的東亞學家傅佛果（Joshua A. Fogel）已將其譯成英文出版[4]，也許會吸引一些英文讀者的興趣。這本回憶錄提到許多和他有交往的學者，雖然只是吉光片羽，卻提供了諸多較有價值的線索。周先生早年在哈佛陸軍特別訓練班教中文時教過的美國學生牟復禮的回憶錄也在 2010 年出版，裡面有一節是專門回憶 1955 年的萊頓漢學會議。[5]

---

[4]　Joshua A. Fogel trans., *Just a Scholar: The Memoirs of Zhou Yiliang (1913-2001)*, Leiden: Brill, 2013.

[5]　見Frederick W. Mote, "Random Recollections of the Junior Sinologues Meeting,

　　兩人的回憶錄在敘述萊頓會議時都提到了對方，兩文對照閱讀，實在是很有趣。在《畢竟是書生》中，周先生對自己參加西歐青年漢學家會議期間的一些行為做了很深刻的檢討：

> 在萊登和巴黎開會時，翦老運用他在國統區進行活動的經驗，靈活機智，爭取對新中國友好與可能友好的人，取得很好成果，也使我學到不少知識，對以後外事活動起了作用。但由於政治這根弦繃得特別緊，我們也因此做了一些蠢事，失去了一些朋友。如對於來自美國和港臺的學者，都表現出壁壘森嚴，拒人於千里之外，極不明智，如對美國費正清教授、牟復禮教授（當時還是青年），香港的羅香林教授、饒宗頤教授和在巴黎求學的臺灣青年陳荊和教授等。牟復禮是哈佛陸軍特別訓練班學員，他在萊登約我聯名給在美國的趙元任先生寄一張風景畫片致敬，被我婉言拒絕。幾十年之後，除羅香林教授早已逝世外，我與上述諸學人都有機會重晤，或重溫舊誼，或切磋學術，同時不免深有感慨：早知今日，何必當初。[6]

　　這個回憶值得做一點討論。這段話最重要的詞是「政治」，最重要的句子是「政治這根弦繃得特別緊」。考慮到《畢竟是書生》是周先生晚年所寫的回憶錄，從這本回憶錄的標題來看，至少可以從兩方面來理解，一是周先生將自己定義為書生，即他認同自己的社會身分是書生，而書生安身立命的主要活動應該是讀書、寫作、教書；二是周先生想澄清自己「畢

Leiden, Mid-September, 1955," *China and the Vocation of History in the Twentieth Century: A Personal Memoir*, Princeton: Princeton University Press, 2010, pp. 185-189, 該文實際寫於2004年7月。傅佛果早年以出版研究內藤湖南的英文著作《政治與漢學：內藤湖南之個案研究》（*Politics and Sinology: The Case of Naito Konan, 1866-1934*, Harvard University Press, 1984）知名。

[6] 周一良：《周一良集·雜論與雜記》，瀋陽：遼寧教育出版社，1998年，第374頁；1984年周先生在北大舉行的翦老紀念大會上回顧了翦老的生平和事業；見北大歷史系編《翦伯贊學術紀念文集》，北京：北京大學出版社，1986年，1-4頁。

竟是書生」，所以上了政治的當，畢竟在政治上比較天真，沒有洞察到統治者的政治用心。取這個書名實際上帶有懺悔、反思的性質。周先生這是試圖回憶一生經歷而為自己曾經參與政治活動進行反思，特別是向知識界反思，向瞭解他一些政治活動的知識界同行反省。雖然這本書出版後，天下人都能看到，但不同讀者對周先生瞭解的程度不同，自然對這本回憶錄的體會和理解也會存在很大的差異。在撰寫這本回憶錄時，周先生已經經歷了反右、社教（編案：社會主義教育運動）、四清、文革，在文革中他參加了「梁效」（編案：「兩校」的諧音，即北京大學、清華大學）批判組，文革結束後受到了政治審查，在北大歷史系也早早就退休了。反思這些經歷在他一生中的影響是他撰寫回憶錄時的一條重要線索。他所謂「早知今日，何必當初」正是這種反思心境的寫照。

萊登現在一般都寫作萊頓，而周先生提到的萊頓學術會議，正是 1955年在萊頓舉行的第八屆西歐青年漢學家年會。當時朝鮮戰爭結束不久，冷戰正酣，東西方學術界缺乏來往。這是一次不同尋常的會議，主辦者也通知了中國。剛成立不久的中國科學院哲學社會科學學部第一次派出兩名代表翦伯贊和周一良，深入西歐參加主要由資產階級學者主導的學術會議。翦老當時是學術兼行政負責人，作為中科院學部委員和北大歷史系主任出席這次會議，周先生是陪同翦老參加。

這次會議是西歐青年漢學家會議，主要參與者是西歐研究中國的學者。按道理中國應該派出北京大學中國史教研室主任才算是最強陣容，才可以展示新中國的史學成就和力量。換言之，從制度上說，周先生不是最適合參加這個會議的人選，因為他當時任系副主任兼北大亞洲各國史教研室主任，其實從制度上、學科分野上說算是「外國史」專家。雖然周先生原本做魏晉南北朝史，但 1952 年調入北大歷史系之後按照系主任翦伯贊的安排，轉換方向改做日本史，在系裡負責協調亞洲各國史的教學工作。他在這一段時間關注的重點是日本史。曾在北大歷史系聽過周先生講日本史的王仲殊在回憶錄也有所說明。王先生在晚年一次訪談中追憶了他和周先生在 1950 年代初的接觸：

> 1949 年我轉學到北京大學歷史系，經常聽周一良先生講授日本歷
> 史。我曾想畢業後作為周先生的研究生，專攻日本史。只因校方相
> 關的機制、計畫而未果。我進入考古研究所工作伊始，梁思永副所
> 長聽來訪的周一良先生說我對日本語文的造詣頗深，便要我翻譯日
> 本考古學家梅原末治的論文。以備測驗前來投考的青年學生們的日
> 語水準之用。[7]

這裡提到了梁思永，實際上根據《竺可楨日記》1950 年 3 月 3 日的記錄，
在周先生調入北大之前，在清華歷史系上班時，梁思永曾有意聘請周先生
到新成立不久的中科院考古所，而當時剛好趕上中科院人員緊縮，沒有辦
法提出聘用計畫。[8]王先生的回憶則提供了周先生拜訪梁思永先生的細節，
說明當時周先生很關注將日本學者的學術成果介紹到國內。無論如何，當
時魏晉南北朝史僅算周先生的副業。而周先生在萊頓漢學會議上發表的文
章也正是他的主業，即介紹中國亞洲史教學。

　　儘管周先生當時主要做日本史，但他之所以被派出，可能至少有以下
兩個原因：一是他外語好，英語、德語都可以和西歐學者自如交流，可以
為翦老提供幫助；二是他當時是預備黨員，政治上靠得住，上級不怕他出
國之後滯留不歸，組織上也能接受翦老的領導，不會有抵觸情緒。

　　其實，當時北大中國古代史教研室主任是鄧廣銘先生。鄧先生在 1949
年前做過胡適的秘書。因此他實際上被翦老當作是胡適在老北大歷史系的
舊部，當時鄧也不是黨員，因為翦老要團結未追隨胡適離開大陸的舊部，

7　〈見微知著博通中西——王仲殊先生訪談記〉，《南方文物》，2007年第3期，第
　　17-18頁。
8　《竺可楨全集》第十二卷，《竺可楨日記》，上海：上海科技教育出版社，2007年，第
　　44頁。

才任命他做教研室主任。中國近現代史教研室主任是邵循正。他曾由陳寅恪等人推薦去英國留學，回國後在清華任教。院系調整後和周先生一道從清華調入北大，翁老認為他是蔣廷黻舊部，因邵在 1930 年代是蔣廷黻的學生。其實邵先生在抗美援朝時表現頗為積極，發表多篇大作批判美帝國主義的侵略行徑，政治上已經沒有太大問題。周先生原本算燕京大學歷史系洪業舊部，1946 年自哈佛返國打算重返燕京歷史系，但因洪先生去了夏威夷，周先生遂未能獲其照拂如願回到燕京歷史系任教，數年來一直在燕京外文系教書，1947 年轉入清華外文系，直至 1949 年才由新上任的系主任吳晗引入清華歷史系[9]，1951 年接替調任北京市副市長的吳晗任系主任，1952 年因院系調整進入北大，當時積極要求入黨，政治上比較可靠。

　　周先生回憶錄裡這段話只提到兩位西方學者：費正清、牟復禮，一位長期任教哈佛大學，一位長期任教普林斯頓大學。他們之所以被提到，跟周先生寫回憶錄時，他們兩位在北美漢學界的地位有很大關係。而這兩人也和周先生有淵源。周先生沒有提誰組織了這次會議，也沒有提到費正清和牟復禮以外的其它西方學者。雖然這次會議在萊頓召開，並且參會者以西歐漢學家為主，但周先生在回憶錄裡卻只提了兩位美國學者費正清、牟復禮，其他西歐學者全部未提。這是有緣由的。最主要的原因在於，周先生和費、牟都和哈佛有淵源，在萊頓會議上見面亦可算他鄉遇故知。費正清 1936 年獲得牛津博士之後回哈佛任教，1941 年太平洋戰爭爆發後投筆從戎，從事情報工作。二戰結束後復員回哈佛任教。而周先生 1939 年進入哈佛學習，對費並不陌生。而牟復禮則在二戰時因在哈佛陸軍特訓班

---

[9]　王永興先生在〈悼念周一良先生〉一文中提到，1948年春節過後，陳寅恪先生派他去當時清華歷史系系主任雷海宗先生家，希望將周一良先生調入清華歷史系，「果然不久，一良先生到陳寅恪先生家中說，他已調入清華歷史系。」見周啟銳編：《載物集：周一良先生的學術與人生》，北京：清華大學出版社，2003年，第9-10頁。從王先生的話來看，似乎是陳寅恪幫助周一良先生進入清華歷史系。不過，這是追憶文字，似乎是不準確的。因為周一良先生在1949年秋才調入清華歷史系，而當時雷海宗已經辭職，去西南參加土改運動。當時清華歷史系的主任是吳晗。周先生自1947年即進入清華外文系任教，何以在兩年多之後才在陳寅恪支持下進入歷史系？較為可疑。

學習中文與周先生有一些過從，當時周太太鄧懿在趙元任先生主持的哈佛陸軍特別訓練班中文課程中擔任口語助教。周先生在《畢竟是書生》特別提到哈佛陸軍訓練班有學生牟復禮、柯迂儒（James I. Crump）等人（兩人1943-1944年在特訓班）後來成為漢學家。[10]

　　在萊頓會議召開之前，周先生發表〈西洋漢學與胡適〉一文批費正清是文化特務，這篇文章登在《歷史研究》1955年第2期。他大概當時沒想到秋天會出國到萊頓，竟然會這麼快就遇到費正清本人。另一方面，從周先生回憶錄的書名《畢竟是書生》便可以看出，這是人到老年對以前的人生經歷進行反思的記錄，也多少有為自己過去的行為進行解釋甚至辯解的意味。所謂「做了一些蠢事，失去了一些朋友」之說，這失去的朋友自然包括美國的費正清、牟復禮等哈佛舊交。

　　最後我們說說周先生在回憶錄中簡單提示的他和羅香林、饒宗頤等學者的恩怨。萊頓會議上周先生並沒有機會和香港華人學者接觸，因為這次香港沒有派代表參加。但轉年在巴黎舉辦的第九次青年漢學家會議則邀請了香港代表羅香林、饒宗頤等人。翦伯贊發表了〈第九次青年漢學家會議紀要〉，對當時會議上和香港學者之間的衝突有詳細記錄。據這份紀要，香港大學羅香林在會上作了題為《中國社會的演進和中國歷史分期的關係》的報告，由馬來亞大學講師學者賀光中翻譯。周先生提問，認為羅香林所說的歷史分期實際是胡適的觀點，而歷史分期的標準應該主要看社會經濟結構特別是土地所有制形態。賀光中請主席制止周先生發言，翦老見狀當即指出想要限制中國代表發言則是對新中國不友好，向大會提出抗議，最後會議組織者白樂日和會議主持人史華慈都支持允許周先生繼續發言[11]。這便是所謂「做了一些蠢事、失去了一些朋友」的由來。

---

[10] 哈佛特訓班的中文教學主要由趙元任負責，而胡適、楊聯陞、費孝通等人都曾應邀為特訓班學生講課；見陳懷宇：〈哈佛陸軍特訓班與中國學家〉，《文匯報》，2013年12月16日「文匯學人」版。

[11] 翦伯贊：〈第九次青年漢學家會議紀要〉，《歷史研究》1956年第12期，第89頁。這份紀要寫得非常生動，很仔細地描述了當時發生的衝突，很有現場感。

　　早在寫回憶錄之前，周先生從萊頓回來之後便寫了個短訊，題為《我國歷史學家參加在荷蘭萊登舉行的青年「漢學」家年會》[12]，發表在1956年的《歷史研究》第2期上。該短訊對這次萊頓會議作了簡要報導，內容雖然也很簡單，但遠比回憶錄詳細。提到：「我國歷史學家、中國科學院哲學社會科學學部委員、北京大學歷史系主任翦伯贊和北京大學歷史系亞洲各國史教研室主任周一良也應邀參加了一九五五年的會議。」

　　這樣的文字可以看出當時學術報導即已經很重視學者的頭銜了。而這個短訊主要介紹了翦老和周先生兩位發表的文章，基本上可以看作是周先生向上級提交的工作彙報，學術價值非常有限。這篇短訊沒有寫成會議綜述，僅僅提供了會議論文的目錄，很多論文的主旨沒有詳細說明，十分可惜。幸好我們能看到當時留下來的會議程序手冊上保存的論文摘要。

　　當時翦老在會議上作了「新中國歷史、考古、語言學研究工作概況」和「18世紀上半期中國的社會經濟性質」兩個報告，周一良作了「新中國關於亞洲國家歷史的教學和研究」的報告。翦老的第一篇會議文章和周先生的文章算是綜述文章，並非反映原創研究的論文。周先生一生實際與日本研究緣分不斷。他對於日本史的興趣起源很早，他從小在家塾中學習時便跟日本京都文科大學的牧野田彥松先生學了日文，後來十幾歲時又喜讀明治以來的小說，本科畢業論文寫的是《大日本史》研究。後來拿哈佛燕京學社獎學金去讀博士，導師又是第一個從東京帝大畢業的西方日本學家葉理綏。1946年他回國後主要在燕京大學教日文。1952年院系調整之後，他回應上級指示，幫助北大建立亞洲史教研室，按照蘇聯教學計畫培養人才[13]。所以從1952-1955年，他的教學和研究重點實際上完全在日本和亞洲史方面。這些因素正是他在萊頓漢學會議發表有關新中國亞洲史教研文章

---

[12] 周一良：〈我國歷史學家參加在荷蘭萊登舉行的青年「漢學」家年會〉，《歷史研究》1956年第2期，第49頁。

[13] 周一良：《周一良學術論著自選集》自序，北京：首都師範大學出版社，1995年，第2-5頁。

的背景。

翦老第二篇文章是用《紅樓夢》作材料來討論 18 世紀上半期清朝的社會經濟性質。僅以翦老關心的這個問題而言，《紅樓夢》並非是重要史料。當然《紅樓夢》現在已是北美新文化史研究的寵兒，賓州大學 2001 年有專門會議討論，2012 年出版了增補其他論文的論文集，而歷史學者蘇成捷（Matthew H. Sommer）、羅友枝（Evelyn S. Rawski）、韓書瑞（Susan Naquin）等人均發文予以探討其所反映的性別、物質文化議題。[14]

周先生的短訊也提到會議對翦老的報告進行了討論。翦老解答了聽眾關於「中國只有官僚，沒有封建地主階級」、「關於運用馬克思列寧主義研究中國歷史和新中國學術研究中的批評與自我批評」等問題。周先生提到的這些問題也主要是與翦老擅長的歷史唯物主義以及當時國內主流意識形態密切相關的問題，政治宣傳色彩較濃。正如王學典先生指出的：1950 年代初入主北大的翦老主要任務是注釋和宣傳毛澤東的史學理論，並以闡釋歷史唯物主義史學理論的權威這一身分出現在學界，充當新中國史學發展的監護人，把整個中國史學的發展當成自己的事業[15]。他的這一姿態在萊頓會議上也有體現，儘管也表現出他很謹慎的一面。

至於這次會議上是否有討論其他特別學術的問題，周先生的短訊未提及，後人也無從得知。中國馬克思主義史學的興起，本來在歐美不太受重視，但隨著 1949 年新中國成立，美國外交政治上的「失敗」促成美國學界反思中國革命的意義，也開始重新審視馬克思主義史學。其中中國歷史分期問題尤其受重視，很多歐美學者都參與了討論。

我這裡僅舉蒲立本為例略加說明。蒲立本當時是英國劍橋大學漢學教授。1953 年他上任時發表漢學教授就職演說，其題目即是《中國史與世界

---

[14] 即*Approaches to Teaching the Story of the Stone (Dream of the Red Chamber)*, eds. By Andrew Schonebaum and Tina Lu, Modern Language Association of America, 2012年12月。

[15] 王學典：《翦伯贊學術思想評傳》，北京：北京圖書館出版社，2000年，第11-12頁、第22頁。

史》[16]。蒲立本回顧了中國馬克思主義學術陣營對中國歷史分期的看法，因為他注意到馬克思主義的中國歷史分期理論自1925年以來在西方、俄國、中國和日本都變得炙手可熱，而其中的爭論焦點首先是何謂亞細亞生產方式。蒲立本指出，俄國一些學者從馬克思主義經典著作出發，認為它指東方的特殊社會結構形態，其特徵是土地私有制的缺乏、與灌溉有關的大規模的公共工程、村莊公社、專制主義。這種看法很快被德國學者魏復古（Karl August Wittfogel, 1896-1988）接受並將其加以發展，後來魏復古流亡到美國，任教於哥倫比亞大學，又將這種看法介紹到美國。1940年代中期，魏復古和在哥大訪問的費孝通均受哈佛大學社會學教授帕森斯邀請去哈佛演講。他在哥大期間也和馮家昇合作，於1949年出版了《中國社會史：遼代》（History of Chinese Society: Liao, 907-1125）一書。魏復古有關所謂古代東方社會的理論探討最終於1957年以《東方專制主義》（Oriental Despotism: A Comparative Study of Total Power）一書出版。

　　不過，正如蒲立本指出的，魏復古這種看法在遠東地區並不流行，因為這種看法使得遠東史看起來死水一潭、缺乏進步，而當地不斷發展的革命政治拒絕這一看法。1927年中共中央便聲稱它要革所謂「亞細亞社會」的命。1928年中共中央將「亞細亞社會」改稱為「封建社會」。郭沫若最初稱之為「原始社會」，此即馬、恩所謂「亞細亞社會」，後來他改變主意，認為中國史發展也存在馬、恩所謂五個階段。儘管關於亞細亞社會的爭論很多，但一般最為人接受的看法是它是一種特殊形態的奴隸社會。而東方專制主義則逐漸成為與這一社會形態剝離開的政治統治形式。因為意識形態的需要，中共聲稱它在為反封建社會戰鬥，因為一般歷史唯物主義學者均認為封建主義在不同政治形態下作為經濟社會結構長期延續。這些

---

[16] Edwin G. Pulleyblank, "Chinese History and World History," 初刊 *Sarawak Museum Journal*, 1956, 收入其文集 *Essays on Tang and Pre-Tang China*, Variorum Collected Studies Series, Aldershot, Hampshire, Great Britain; Burlington, Vt.: Ashgate, 2001, pp. 1-20.

蒲立本的回顧顯示出他試圖找出馬克思主義理論影響下的中國古史發展的線索。儘管他主要是一位語文學家（philologist），但卻對中國史和漢學有較為全面的思考，並試圖將中國史放在世界史視野中考慮。

　　根據翦老1956年發表的〈第九次青年漢學家會議紀要〉，1956年9月3日巴黎漢學會議上，蒲立本做了題為「上古、中古和近古」的報告，首先指出這三個詞早就出現在劉知幾《史通》一書之中，而在明治維新之後，日本史學家才開始仿照西洋史將中國史也分為這樣三期。不過，在蒲立本看來，分期只是為了敘述史事方便，並不認為各個時期有其獨特內容。而1914年起日本學者內藤湖南才開始認為各個歷史時期自有其特異之處。再後來馬克思主義者則用獨特的社會發展階段來討論這三個時期。這次會議上，中外學者關於歷史分期問題的爭論進入白熱化，萊頓的何四維也發表〈略談中國史的分期〉的報告，他認為馬克思主義者按照社會性質劃分歷史時期是公式化，猶如馬氏文通用拉丁文法來套中國文法。慕尼黑大學傅海波（翦老稱為赫・傅蘭克）報告「歷史分期的意義和無意義」，認為歷史家應該多多致力於搜集史料和分析史實，而不必浪費精力空談歷史分期問題。在翦老看來，這些顯然都是為了挑戰馬克思主義史學。其他如蘇聯學者郭瓦廖夫、美國學者史華慈等在巴黎漢學家會議上也都討論了歷史分期問題。

　　周先生也提示說與會者對於新中國出版的學術刊物表示非常注意和重視，希望能夠大量供應他們的需要。從1956年巴黎漢學會議與會者的反應來看，當時與會者尤其感興趣的是考古與文博類刊物，他們很想瞭解新資料在中國的出土情況。這比較符合當時歐美學者的想法。歐洲學者特別是法國漢學長期以來之所以得以迅猛發展，和他們曾大量獲得來自中國所出土的文獻、文物不無關係。伯希和便是最典型的例子，他從敦煌拿走了最有價值的寫本。他在敦煌和中亞的發現，在當時世界各大報紙都有報導。[17] 而德國的探險隊也在葛蘭威德爾、勒柯克等人帶領下從吐魯番拿走

---

[17]　如《紐約時報》1909年11月28日即以特別電報報導了伯希和在中亞的重大發現"Rich Find of Buddhist Lore: Paul Pelliot Brings back 30000 volumes from Chinese Turkestan."

了大量的胡語寫本，也成為德國東方學特別是吐魯番學繁榮的資料基礎。只有美國來晚了，沒有掠走那麼多出土文獻，古典漢學一直沒有發展起來。1949 年以後，一些在西方受過良好訓練的重要考古學家繼續在考古所從事研究，如梁思永、夏鼐等人。所以當時歐美都很期盼獲得正式考古發掘而公佈出來的資料。

　　周先生的短訊列出了大部分與會學者的名字及其報告的論文題目，但根據現在看到的會議程序冊，也有少數漏網之魚。根據周先生的短訊，當時與會者所作的專題報告包括：「中國學者關於近代史分期的看法」（蘇聯科學院東方研究所副所長郭瓦烈夫），「抗日戰爭時期的民歌」（蘇聯科學院東方研究所研究員馬雪蘭），「中國語言的借字」（蘇聯科學院東方研究所研究員伊凡諾夫），「中國軍閥的經濟基礎」（法國巴黎大學謝諾），「道教的靈寶」（法國巴黎大學康登馬），「唐代佛教寺院的節日」（英國大英博物館勃琳），「明代的學習」（西德漢堡大學格禮姆），「哈佛大學漢學的教學和研究中的問題」（美國哈佛大學費正清），「商代玉的雕刻」（英國劍橋大學鄭德坤），「突厥與中國的文化關係」（西德哥廷根大學劉慕才），「越南歷史上一件新史料」（法國巴黎大學陳景和）[18]。周先生在短訊中還指出，這次萊頓的最後一天會議上，在英國倫敦大學的范登司普連克教授提議和法國巴黎大學巴拉施（即白樂日）教授附議之下，全體通過歡迎中國、蘇聯和美國學者參加 1956 年在巴黎舉行的第九次青年漢學家年會。這個會議上中外學者又發生激烈交鋒，戰線甚至延伸到參加會議的港臺學者那裡。

　　當時會議論文並未結集出版，好在一個會議程序手冊保存了下來[19]。

---

[18] 該文實際主要討論日本江戶學者林春勝所撰《華夷變態》一書。周先生短訊中的一些漢學家名字現在已不通行，甚至有誤，如康登馬現在一般作「康德謨」，劉慕才應是「劉茂才」，陳景和應是「陳荊和」。2013年香港中文大學中大史學五十年學術討論會上，濱下武志發表文章討論東京大學東洋文化研究所出版，由陳荊和編校的《校合本大越史記全書》。

[19] 即*Proceedings of the 8th Conference of the Junior Sinologues Held at Leiden: 28th August---3rd September 1955.*

兩者對照，周先生列舉論文專題報告的順序與會議手冊上的發表順序略為不同，有兩位學者並未出現在周先生的短訊之中，我們沒有完整的會議參會人員名單。很可能這兩位學者沒有親自出席會議。我們現在看到的會議程序手冊可以算作是文獻傳統（textual tradition），只有字面上的意義，不能確認是否上面列出的與會者名單便是真正最後與會的學者。而周先生的短訊可以看作是田野筆記（field notes）加上口述傳統（oral tradition），這一傳統是周先生通過親身參與、親眼所見、親口所說、親手所寫，從而留下來的記錄，文獻傳統和後面兩種傳統之間存在資訊重疊，但也存在資訊差異。

　　萊頓會議保存下來的程序手冊列出的順序是 8 月 28 日劉茂才、鄭德坤、費正清發言，下午四點在萊頓大學有招待會；8 月 29 日弗里斯（Heinz Friese，周先生未列此人）[20]、陳荊和、謝諾、勃琳發言，下午五點半參觀民族學博物館；8 月 31 日白天參觀荷蘭圩田和海牙，晚上蘇俄學者馬雪蘭、郭瓦烈夫發言；9 月 1 日翦伯贊、周一良、康德謨發言，下午四點參加萊頓市長在市政廳舉行的招待會；9 月 2 日格禮姆、翦伯贊、馬克斯（K. Marks，周先生未列此人）、伊凡諾夫發言。馬克斯來自漢堡，發言主題是「近來有關中國古代奴隸和封建主義的理論，」作者關心的問題是中國現代革命如何帶來歷史觀念的變化，其實主要是介紹范文瀾在《通史簡編》中用馬列主義研究中國奴隸社會的結束與封建社會的開端，以及吳大琨對范的挑戰。馬克斯說之所以選擇范乃在於他曾是新時代精神的官方代表，當時中國革命史學家認為解釋中國歷史最好的辦法是運用馬列主義原則探討各個歷史發展階段的生產力條件和特點。不過，遺憾的是在論文摘

---

[20] 他1959年出版了一本研究明代財政管理的書，見Heinz Friese: *Das Dienstleistungs-System der Ming-Zeit (1368-1644)*, Mitteilungen der Gesellschaft für Natur-und Volkerkunde Ostasiens (OAG), Bd. XXXVA, Hamburg: Gesellschaft für Naturund Völkerkunde Ostasiens e.V.; Wiesbaden: Kommissionsverlag Otto Harrassowitz etc., 1959；參看杜希德（D. C. Twitchett）的書評，載 *Bulletin of the School of Oriental and African Studies*, Vol. 25, No. 1 (February 1962), pp. 185-186.

要中看不出太多馬克斯自己的看法。也許這個題目由熟悉馬列主義史學的翦老來講會有很大不同。

這個短訊裡沒有提到其他與會的重要學者，比如萊頓的漢學家何四維（Anthony F.P. Hulsewé, 1910-1993）、許理和兩位會議主要組織者，也沒有提到未發言的其他三位與會美國學者葉理綏、拉鐵摩爾、牟復禮。讀者從周先生的短訊介紹中看不出是誰組織了這次會議。何四維在萊頓漢學會議前後和中國學界的關係值得在此略作梳理。當時何四維剛剛接替去世的戴聞達開始在萊頓教漢學，1956 年才正式成為教授。但這次會議對何四維有很大影響，本來他是研究漢代法律的，這次會議上因為接觸中國馬克思主義史學家的緣故，他隨後對中國馬克思主義史學發生興趣，後來在 1965 年發表文章專門討論了中國馬列學者對秦漢政治和社會制度的解釋[21]。何四維提示說中國學者郭沫若和陳夢家對新出土的青銅器做了較廣泛和深入的討論。他指出較早用馬列主義概念探討秦漢政治組織的重要研究是陶希聖和沈任遠 1936 年發表的《秦漢政治制度》，而將呂思勉、勞榦、錢穆列為早期以非馬克思主義模式解釋秦漢帝國興起的學者。然後轉入分析郭沫若、侯外廬、楊向奎、張舜徽、尚鉞、呂振羽、范文瀾、李劍農、楊寬、何茲全、漆俠、賀昌群、翦伯贊等人對秦漢社會性質的爭論。總之，這篇英文文章系統全面地向西方學界介紹了中國第一代馬列史學家對秦漢問題的探討。但他的結論是，這些討論並沒有對秦漢帝國的建立提出新的解釋，甚至很少超過郭沫若《中國古代社會研究》的理論模式。他也注意到 1956 年在「百花齊放」運動中，雷海宗已經批評了這種僵化地理解中國古代史的模式。[22]

1955 年萊頓漢學會議舉辦時，許理和（Erik Zürcher，1928 年生）尚是

[21] Anthony F. P. Hulsewé, "Chinese Communist Treatment of the Origins and the Foundation of the Chinese Empire," *The China Quarterly*, Vol. 23 (September 1965), pp 78-105.

[22] Hulsewé, "Chinese Communist Treatment of the Origins and the Foundation of the Chinese Empire," p.102.

27 歲的年輕博士生，他正在何四維指導下繼續寫博士論文，所以這位年輕人似乎完全沒有引起周先生注意，也就沒有理由出現在周先生發表的會議短訊裡。許理和直到 1959 年才因出版《佛教征服中國》拿到博士學位，其學術聲譽也是在這部大著出版之後才開始日益增長。周先生 1955 年到萊頓開會之前，和何四維、許理和兩人大概是不太熟悉的，因為以前也不太可能有什麼交集，何四維的治學重點是秦漢史，許理和雖然當時論文是寫漢魏南北朝佛教史，從專業興趣上來說與周先生接近。但因為他當時尚是不起眼的年輕人，似乎也就沒有理由吸引周先生的特別注意。通過這次萊頓會議，周先生算是和他們正式結識了。許理和這本書出版以後，周先生仔細讀了，並在 1964 年給許理和提供了詳細的更正意見。許理和先生在 1972 年該書第二版序中專門感謝了周先生的指正。[23] 此誠為中外學術交流史上之佳話。

　　周先生寫短訊時，牟復禮（1922 年生）尚是一位剛取得博士學位不久的年輕學者，當時正在萊頓訪學。他算是剛出道的美國青年學者，在會議上並不引人注目，所以也沒有理由出現在周一良先生寫的會議短訊裡。牟先生在到萊頓之前，1954 年才從華盛頓大學在衛德明指導下獲得博士學位，之後 1954-1955 年在臺灣做研究，1955-1956 年拿美國聯邦政府的傅爾布萊特獎金在萊頓做博士後。1956 年回到美國進入普林斯頓大學任教，1959 年即升為副教授，很快又在 1963 年升為正教授。[24] 等到周先生寫回憶錄時，牟先生已是北美中國史重鎮，著作等身，弟子遍佈全美。這說明萊頓會議時周先生其實對自己以前的學生而當時尚是剛出道的年輕學者的牟復禮其實並不太在意，也就沒有在短訊中提及。等到後來牟先生成了學界

---

[23] Erik Zürcher, *The Buddhist Conquest of China*，第三版，太史文撰寫前言，2007年，第xi頁；周先生的更正意見吸收進了許理和的更正筆記，第471-472頁。

[24] 有關其生平經歷，參見其回憶錄：Frederick W. Mote, *China and the Vocation of History in the Twentieth Century: A Personal Memoir*, Princeton: Princeton University Press, 2010；追憶文字見陸揚：〈花前又見燕歸遲——追憶牟復禮先生〉，《當代》第211期，2005年，第44-51頁。

重要人物，自然而然地周先生也就在回憶錄裡提到了牟先生。

周先生 1989 年 5 月去普大訪問時見了牟復禮，也見了余英時先生，後者贈給他一本《陳寅恪晚年詩文釋證》。周先生讀完這本書之後，受其啟發，撰文懷念自己的老師，在文章中表示，雖然對余先生的一些解讀不是完全同意，認為求之過深，但認為余先生的解讀是觸及陳先生心事的，研究晚年陳寅恪的人不可不讀。[25]

周先生的短訊正式發表於 1956 年，但其實際寫作短訊的時間並不清楚。在他參加完萊頓會議到回國後發表短訊之間這段時間，實際上還有一條材料提及這次會議。這便是目前已知有關萊頓會議最早的中文史料，這條史料實際上來自周先生的哈佛老同學楊聯陞。

萊頓漢學會議舉行的時間是 1955 年 8 月 28 日至 9 月 3 日，很快楊先生便在 1955 年 9 月 28 日致胡適的信中提到了這次會議，也提到了費正清。楊先生說：「今夏在萊頓舉行的少壯漢學家年會，中共派翦伯贊、周一良參加。正好葉理綏、費正清也去了，都與周一良談過（周一良在《歷史研究》那篇〈西洋漢學與胡適〉中曾說費正清是文化特務，見了面倒很客氣），今天葉理綏給我看一張照像，裡面有周一良，他比以前好像胖多了。站著的時候頭項有幾分向前彎，還是他從前常有的那個姿勢（他那篇文章裡，沒罵哈燕社，哈佛的人除費外，只罵了魏楷一人，說他在中日戰爭時曾公然發表應聽任中國亡於日本之謬論。對西洋漢學者好像只捧了 Arthur Waley 一人）。」[26]

從楊先生的信來看，當時哈佛學者葉理綏和費正清也一併參加了這次會議。楊先生當時任教哈佛，也只提到從哈佛去萊頓開會的葉和費兩個熟人，其他人一概未提。這說明他心裡首先關心的人還是哈佛的熟人，而與

---

[25] 周一良：〈從《陳寅恪詩集》看陳寅恪先生〉，《讀書》，1993年第9期；收入《周一良集》第5卷《雜論與雜記》，瀋陽：遼寧教育出版社，1998年，222-232頁。

[26] 胡適紀念館編：《論學談詩二十年──胡適、楊聯陞往來書箚》，合肥：安徽教育出版社，2001年，第284-285頁。

會的哈佛熟人也是他瞭解這次會議情況的主要資訊來源。

　　魏楷是 James R. Ware，漢名也用魏魯南，1930 年代初曾在北京留學，畢業後留校任教，曾任哈佛遠東系中文教授，協助老師葉理綏編輯《哈佛亞洲學報》，1930 年代給陳寅恪翻譯兩篇論文發表在該刊。他也是哈佛燕京學社成立後培養的第一個漢學博士，早年也做南北朝佛教和道教史，畢業後主要幫助葉理綏在哈佛教中文，學術成果並不算特別突出。周先生也對南北朝宗教史感興趣，未赴哈佛以前已經開始留意魏楷的作品，1937 年在《史學年報》第 2 卷第 4 期發表文章評論魏楷的英譯《魏書釋老志》。[27]葉理綏主要是日本學家，似乎別人都沒提到他參加了萊頓漢學會議。楊先生信中所謂周先生「捧了 Arthur Waley 一人」，是指周先生在〈西洋漢學與胡適〉裡說有少數漢學家對中國文化抱友好態度，對中國文化帶著欣賞的眼光來介紹給西方，如亞瑟・韋雷（現在通譯作魏禮）把《詩經》、《老子》、《西遊記》等作品譯成英文，介紹給西洋讀者，對文化交流起了正面的作用。

　　1950 年代儘管冷戰已經開始，但海內外通信還不是特別困難。1956 年 5 月 14 日楊先生在給胡適的信裡說他當天收到周一良先生給他和王伊同、鄧嗣禹的信，告知一些國內老朋友的近況，發動他們幾個回國報效。這封信要是能找到，應該會比較有意思，可以一窺周一良先生第一次出國參加萊頓漢學會議回國之後的一些想法，以及他如何勸海外同學回國報效國家。看當時楊聯陞和胡適之間的通信，可知楊先生當時仍然在繼續研究魏晉南北朝史，關注道藏、佛藏的研究。

　　而反觀周一良先生，已經很少做魏晉南北朝史的研究，儘管他 1951 年也在《文物參考資料》第 2 期上發表了〈敦煌壁畫與佛經〉一文，但主要精力是研究亞洲史，比如 1950 年他發表了兩篇論文〈東學黨——朝鮮

---

[27] James R. Ware, "Wei Shou on Buddhism," *T'oung Pao* 30: 1-2, 1933, pp. 100-181; "The Wei Shu and the Sui Shu on Taoism," *Journal of the American Oriental Society*, 53: 3, 1933, pp. 215-250.

的反封建反帝鬥爭〉（《歷史教學》1、2 期）、〈從印刷術看中朝文化交流〉（《進步日報》1950 年 12 月 26 日），1951 年他在開明書店出版了《中朝人民的友誼關係與文化交流》一書，從題目就能看出這是冷戰下為了回應抗美援朝所出版的應景之作。這本書出版之前他在 1951 年 2 月 13 日至 14 日的《人民日報》發表了〈中朝人民的友誼關係與文化交流〉一文，還在《歷史教學》第一卷第五期發表了〈推進愛國主義歷史教育的幾個具體問題〉。1955 年 9 月他又在上海人民出版社出版了《中國與亞洲各國和平友好的歷史》一書。這之後，他還出版了《亞洲各國古代史》上冊（高等教育出版社，1958）和《明代援朝抗倭戰爭》（中華書局，1962）兩書。這些書基本上都應看作是比較通俗的歷史書，並不能反映出周先生真實的亞洲史研究水準。

　　這一時期他真正有學術價值的論著還是那些討論中日關係的論文，後來結集成《中日文化關係史論集》（江西人民出版社，1990 年）出版。反觀他 1946 年回國之後到 1949 年秋進入清華之前，所發表的論文大多是魏晉南北朝史研究，如〈乞活考──西晉東晉間流民史之一頁〉、〈《牟子理惑論》時代考〉、〈跋敦煌寫本《法句經》及《法句譬喻經》殘卷三種〉、〈北朝的民族問題與民族政策〉等等 [28]。他在 1950 年代政治壓力下而非自願進行的學術轉型無疑是令人惋惜的。這與他老師陳寅恪先生一生的「史學三變」完全不同。[29]

---

[28] 這些論文很多都收入中華書局1963年出版、1964年發行的周一良《魏晉南北朝史論集》；其出版過程見徐俊：〈周一良《魏晉南北朝史論集》出版軼事〉，《書品》2010年第5期；1997年北京大學出版社重印了此書；1998年又收入遼寧教育出版社出版的《周一良集》第1卷。

[29] 余英時：〈試述陳寅恪的史學三變〉，《陳寅恪晚年詩文釋證》，臺北：東大圖書出版公司，1998年增訂新版，第331-377頁。

第二節　牟復禮與費正清筆下的萊頓會議

　　牟復禮先生晚年一直在撰寫回憶錄，但並未最後完成。這本未完成的回憶錄是由他在普大的同事南希（Nancy Norton Tomasko）編輯出版的，讀者對象是美國的漢學家和對漢學有興趣的學人，所以正如其書名《中國與20世紀之史學志業》所揭示的，該書的敘述重點是牟先生回憶一生如何與中國史研究結緣。這是我們閱讀這本回憶錄應該注意的特點，它不是一部全面的漢學學術史研究，而是個人漢學學習和研究生涯的歷史回顧與點滴記憶。

　　牟復禮先生在 1955 年萊頓漢學會議上只是一位觀摩的青年學生。但他晚年留下的回憶錄提供了更多有關這次會議的有趣細節，而且這些細節特別提示了他和與會中國學者翦伯贊和周一良的交往。在他 2004 年寫的這次會議的回顧中，翦伯贊甚至是主角。這反映了牟先生將這次會議看作是他和新中國馬克思主義學者接觸的重要歷史事件。牟先生是在 1944 年參加哈佛陸軍訓練班時開始學習中文，也開始對中國文化和歷史感興趣。而他當時的中文老師是趙元任和特訓班的助教鄧懿。他在特訓班時和周先生、鄧懿夫婦都有來往，毫無疑問，周先生夫婦對他瞭解中國文化和歷史起了啟蒙老師的作用。後來牟先生進入美國戰略服務處工作，曾被派到京津一帶幫助國民政府接受日軍投降，與國共兩黨都有接觸。復員後他又回到中國進入金陵大學學習，自此正式進入漢學領域。1940 年代前後兩次逗留中國，使得他對中國的感情很深。

　　牟先生在回憶錄中說，萊頓大學漢學教授戴聞達（1888-1954）在 1952 年訪問了華盛頓大學，瞭解到即將畢業的牟先生的情況，主動邀請他申請富布賴特獎學金以便在萊頓學習一年。牟先生 1954 年獲得博士學位，之後到臺灣遊學，在遊學期間申請了，意外獲得這個獎學金。可是戴聞達在萊頓的繼任者何四維告訴他，他以前聯繫的接待人戴聞達教授已故去，如果他不能來萊頓也沒關係。但牟復禮還是決定按計劃去萊頓。並且在開學前就到了萊頓，正好趕上參加青年漢學家年會。據他回憶，大約四十位歐洲漢學家參加了會議（加上家屬，總共約一百人左右），而紅色中國第一次派出代表參加這樣主要由西歐漢學家出席的會議。與會者是著名的社會主義史學家翦伯贊和中年學者周一良，當時周先生專攻佛教和六朝史。

　　他對周先生專業的回憶很有意思，可以看出完全是事後追憶。因為在2004年牟復禮寫回憶錄時，周先生以研究佛教和六朝史知名於歐美漢學界，並非以日本史研究知名。周先生當時以日本史專家的身分去萊頓開會的形象，在2004年牟先生的回憶錄裡完全看不到了。牟先生也完全沒有提及周先生在會上發表的論文是介紹新中國的亞洲史教學和研究，更沒有提到周先生轉向這樣的新方向是當時院系調整之後中國歷史學界學習蘇聯教學模式導致的結果。總而言之，這是很典型的回憶者以寫回憶錄時的認知來「改寫」過去發生的事的例子。

　　據牟先生回憶，翦老和周先生到達萊頓漢學院的當天，何四維便請牟復禮去他辦公室與兩人見面，以便讓牟復禮幫助招待他們。但讓牟復禮感到意外的是，周先生的反應就像兩人根本不熟一樣。翦老注意到牟先生主動打招呼，而周先生反應冷淡，便問周先生，「這人是誰？你認識他嗎？」周先生回答說，牟先生二戰時曾在哈佛培訓，算有一點認識。很明顯周先生對其美國歲月感到十分不安，不想讓翦老深究他的歷史。周先生隨即轉而言他，不再理會牟先生。牟先生猜測周先生因為出身名門而最近才轉投革命陣營，這使他在翦老這樣一位黨的高級學術領導面前感到十分不自在。

　　但是翦老卻友好地問了牟先生一些問題，請牟先生夫婦陪同他一起參加會議。在接下來的三天時間裡，牟先生一直陪著他，給他解釋會上發生的種種事。有趣的是，他們在大街上遇到英國學者秦瑞和法國學者謝諾，兩人當時都是共產黨員身分，試圖和來自他們所嚮往的社會主義中國的翦老套近乎，但當得知陪著翦老的牟先生是美國人時，兩人便迅速改變步伐，試圖避開牟先生。牟先生記下的這個細節非常有趣，從中可見即便是在歐美，左、右翼學者之間亦有心結，而這種心結正是和當時整個歐美的冷戰大背景分不開的。即使是歐美學界內部，左右翼學者之間也存在一條很深的鴻溝，在學術制度相對完善的學界，學者們之間仍然可能因為政治立場的不同而缺乏相互理解、寬容和接觸，更不要說認可了。學術和政治在冷戰下的歐美也緊密聯繫在一起。

牟先生也特別提到，謝諾和秦瑞在會議上與白樂日發生了激烈的爭論。白樂日說他的研究當然是基於假說，但不像馬克思主義學者那樣頑固堅持自己的立場，而是願意根據研究的結果來放棄或修正自己的假說。翦老對這些爭論很感興趣，當即拜託牟先生幫他翻譯，但翦老聽了之後表現謹慎，並未立刻提出自己的判斷和立場。這次會議上，牟先生也見到了費正清、拉鐵摩爾、傅吾康、龍彼得，但感到這些人在會議舉行討論時不算活躍，主要在會下和青年學者交往。不過，牟先生在回憶錄裡沒有提到他曾和周先生相約一起給趙元任寫明信片的事。

前文已經說過，趙元任是牟先生在哈佛陸軍特訓班的中文教授。趙元任自 1947 年起就一直在加州大學柏克萊分校任教，1952 年獲聘為阿加西講座教授，1954 年 6 月又獲得古根海姆獎，所以 1954-1955 年趙元任應該是享受學術休假一年。據他回憶，1954 年他曾想約瑞典漢學家高本漢（1889-1978）見面，但高本漢恰好有事外出，約見未果。當時看來趙先生借拿古根海姆獎而進行學術休假之機在歐洲遊歷，曾到過瑞典，故而想見高本漢。他又說當時在哥本哈根有個會議，高本漢按說應該到場，卻因病未去，結果又沒見到[30]。1955 年秋大概趙先生休假結束，從海外遊歷回到了加州。這正是牟先生在萊頓會議上提議和周先生合送明信片給趙先生的背景。

---

[30] Chao Yuen Ren, *Chinese Linguist, Phonologist, Composer and Author: Oral History Transcript*, interviewed by Rosemary Levenson, The Bancroft Library, University of California, Berkeley, 1977, pp.139-140.

　　牟復禮在與翦老的接觸中，感到翦老是一位友好和直接的人，跟他談話很有意思。[31] 牟先生也瞭解到翦老曾在 1924 年夏至 1925 年底留學加州大學，因志不在此而沒有拿學位即回國。時至 1955 年，翦老的英文已基本忘光了。周先生的英文和日文都很好，也會法文和德文，來萊頓顯然是要做翦老的翻譯。牟先生後來也聽說翦老和周先生參加了 1956 年在巴黎召開的第九屆年會，那時周先生的舉止更為放鬆和自然。而在第九屆年會上，東西方學者之間發生了更為激烈的衝突。

　　實際上，考慮到周先生 1956 年春正式入黨，而一般預備黨員考察期為一年，則 1955 年 8 月下旬他訪問萊登時正好是預備黨員考察期。可能當時在頂頭上司翦老密切關注下，他比較小心，出國訪問時處處實踐周總理所謂「外交無小事」指示，生怕出問題，以免黨員轉正一事泡湯。當時氣氛之緊張可見一斑。

　　萊頓漢學會議是新中國成立後，中外學者第一次共聚一堂，討論學術，所以在多位與會者心中留下了深刻的印記。另一位與會者費正清晚年也回憶了這次會議。1982 年，參加過萊頓會議的美國學界代表費正清在晚年回憶錄中也特別提到了這次漢學會議和中國學者見面的情景。不過，從他的回憶來看，也帶有很強的選擇性。在本章討論的若干中外學者之中，他是唯一一位特別提到青年漢學家會議舉辦緣由的人。他略述了萊頓漢學會議舉辦的緣由：

> 在萊頓召開的是第八屆年輕漢學家代表大會，會議地點設在位於城邊一座環有護城河的中世紀的古堡裡，這座古堡當時已被改建為一個青年旅館和會議中心。那些年輕的漢學家們其實都已是中年人了，他們之所以選用這個會議名稱是為了避免邀請那些年長資深的

---

[31] 從牟先生的敘述看，翦老在萊頓開會似乎還是比較謹慎的。這與他在國內作為「燕京攝政王」的地位所體現出的霸氣很大不同。王學典先生說他坦白正直、剛烈急躁，見《翦伯贊學術思想評傳》，北京：北京圖書館出版社，2000年，第17-18頁。

　　漢學專家和其他知名學者來參加會議，否則這些人恐怕會壟斷整個
會議的發言。[32]

　　這段話給讀者解釋了為何會議取名為青年漢學家會議，實在是為了怕老一
代壟斷會議發言。費正清回憶錄也提供了青年漢學家會議主要推動者的名
單，主要包括劍橋的范登司普連克、杜希德、龍彼得、巴黎大學的白樂日、
慕尼黑大學的傅海波、布拉格大學的普實克（Jaroslav Průšek）和漢堡大學
的傅吾康。這些人當中，從當時的合影來看，至少范登司普連克、龍彼得、
白樂日、傅海波、傅吾康都參加了這次會議。另外還包括何四維與謝和耐。

　　和牟復禮類似，法國學者謝和耐（Jacques Gernet, 1921-2018）當時也是
年輕人，萊頓漢學會議舉辦時，他正在跟戴密微做博士論文。1956年他在
河內法國遠東學院出版《五至十世紀中國社會中佛教之諸經濟面向》（Les
Aspects économiques du bouddhisme dans la société chinoise du Ve au Xe siècle）一書，[33]
正式獲得博士學位，之後進入高等研究實驗學院任教。周一良先生的回憶
錄沒有提到他。這有點奇怪，因為謝和耐當時正在寫佛教社會史的論文，
而周先生在哈佛完成的博士論文也是有關中國中古佛教史的。況且周先生
的導師葉理綏繼承的是法國東方學的傳統，是伯希和的學生。

　　費正清在回憶錄中也特別談到了翦老和周先生，不過他對翦老和周先
生的描述有些奇怪，竟然記錯了周先生的專業。他回憶的重點是翦老和白
樂日之間的衝突：

---

[32] 費正清：《費正清對華回憶錄》，陸惠勒等譯譯，上海：知識出版社，1991年，
　　第453頁；2013年中信出版社又刊出新譯《費正清中國回憶錄》。按，此書原題為
　　Chinabound: A Fifty Year Memoir。
[33] 此書1987年由耿升譯成中文，名為《五至十世紀中國佛教經濟概況》，由甘肅人民出版
　　社出版，2004年中譯本改名為《中國5-10世紀的寺院經濟》由上海古籍出版社重印；英
　　譯本由傅飛嵐（Franciscus Verellen）完成，加入很多作者的修訂和補充，1995年由
　　哥倫比亞大學出版社出版，題為*Buddhism in Chinese Society: An Economic History
　　from the Fifth to the Tenth Centuries*.

　　出席這次會議的還有兩位來自中華人民共和國的歷史學家——一位是已上了年紀的翦伯贊，他用馬克思主義理論指導寫了一部通史。[34]還有一位是曾在哈佛學習過的宋史專家周一良，他那時在北大修改和編寫教科書。有一次在會議討論發言時，歐洲的權威學者巴拉斯（即白樂日）不住地向翦老先生搖指頭表示自己的不同意見，翦老先生對他這種教訓式的態度極為反感，覺得自己受到了侮辱，於是我們不得不為這種冒犯人的西方式的辯論態度向他道歉，以消除他的慍怒。我們解釋說，在谷登堡以前，歐洲人在自己的大學裡已經爭論了好幾百年，而中國的學者們在此期間卻一直在使用紙張、印刷和出版書籍。[35]

　　費正清說周先生是宋史專家明顯有誤，不知道從何處得知的消息。那個時代，一般瞭解周先生的學者都會認為他是魏晉南北朝史專家。費正清沒有提及他和周先生在會議下是否有交流。從周先生的回憶來看，他是迴避美帝國主義學者費正清的，而且他不久前剛剛在《歷史研究》撰文批判胡適時附帶說到費正清是文化特務。我們不清楚萊頓會議時費正清是否已經看到周先生這篇批胡文章。可能不一定看過，畢竟他不像楊聯陞那樣關注中國國內發生了什麼，何況這種文章也不是嚴肅的學術論文，不一定會引起他的注意。他當時在美國也只是剛剛擺脫麥卡錫主義的影響。費正清提到了白樂日和翦老有關中國史學由誰書寫、怎樣書寫的爭論，這事倒是在其他記錄中得到印證，比如我們下文將看到《翦伯贊傳》中有關於翦老和白樂日爭論的詳細資訊。

　　費正清在回憶錄中也專門談到，他當時問翦老和周先生中國打算如何來防止人口過剩。兩位中國學者回答說，所謂「人口過剩」是馬爾薩斯和帝國主義者的觀點，是錯誤的。根據馬克思主義我們知道，人類的一切都

---

[34] 此處所說的翦著中國通史，或即指兩卷本《中國史綱》。
[35] 《費正清對華回憶錄》，第453-454頁。

是由人的勞動力創造的，因此對我們來說，人口越多越好。

　　隨後費正清帶有挑釁性地在回憶錄中評論道：「我始終沒有忘記這次和他們的交談。中國的人口就這樣像滾雪球一樣，在 1950-1980 年的 30 年中翻了一番，而經歷了毛澤東的革命後，人民的生活水準卻幾乎是原地踏步，沒有什麼提高。馬克思的反馬爾薩斯主義的理論導致了人類歷史上一次最可笑的失敗。」

　　這個評論發生在 1980 年代初，也是在費正清 1972 年隨尼克森、1979 年隨蒙代爾兩次訪華之後，正是因為他目睹了中國三十年的人口變化，才會始終記得這次在萊頓和中國學者的交談。這樣的細節，正是我們從周先生的回憶錄和短訊都看不到的資訊。中美學者在國際漢學會議上就人口問題直接交鋒，這可能是 1949 年新中國成立後第一次。因為會議在西歐的萊頓召開，翦老和周先生赴會可說是深入「白區」，翦老回答費正清的質疑帶有很強的防衛性則完全可以理解。

　　很可惜，翦老參加完會議回國後沒有專門發表文章介紹這次萊頓會議。翦老弟子張傳璽教授編著的《翦伯贊傳》（北京大學出版社，1996 年）參考了周先生在《歷史研究》上的短訊，介紹了會議的大致經過，但也提供了周先生、費正清回憶錄中沒有的資訊，比如翦老和白樂日之間、翦老和費正清之間的爭論等等。

第三節　翦伯贊傳記中所見萊頓會議

　　周先生、牟復禮回憶錄對萊頓會議上的論爭談得比較少。費正清回憶錄略有涉及，但語焉不詳。唯有 1996 年出版的《翦伯贊傳》特別提供了一些中外學者交鋒的細節，尤其敘述了白樂日和翦老就中國是否有學術自由發生的衝突，內容最為豐富。[36]《翦伯贊傳》說：「在會議進行中，有

---

[36] 翦老弟子張傳璽先生編著的這本翦傳側重翦老的生平和史學活動；王學典先生的評傳則全面評述了翦老的史學思想；見王學典：《翦伯贊學術思想評傳》，北京：北京圖書館

一位法國籍的匈牙利學者巴拉士（即白樂日）在發言中，大談新中國沒有學術自由，進行無中生有的政治性攻擊。德國漢堡大學研究明史的教授格拉姆也攻擊我國研究學術沒有自由。翦伯贊進行了駁斥。」

根據《翦伯贊傳》的敘述，白樂日還聲稱以後中國的歷史不能靠中國人寫。如果只靠中國人寫就會沒有胡適等人的傳記。翦老認為這是誣衊、攻擊行為，立即還擊說：「聽說你是宋史專家，你應該是讀過《宋史》的。《宋史》上不是既有《岳飛傳》、也有《秦檜傳》嗎？請你放心，中國的史學家是會為胡適等人立傳的，會給他們以實事求是的評價，其中有些人是會遺臭萬年的。」

當時國內正值批判胡適的熱潮，周先生也剛發表〈西洋漢學與胡適〉一文，這些批判活動看來都引起了西洋漢學家的注意，白樂日顯然對這一批判胡適的政治運動十分不滿，故而當面向翦、周倆人發難。白、翦之間關於胡適的對話倒是說明當時國內批判胡適的戰線顯然延伸到了萊頓。白樂日是匈牙利人，早年在德國柏林大學求學，導師是福蘭閣（Otto Franke）。也算是陳寅恪在柏林大學的同學。他在柏大求學期間，曾到法國留學，追隨馬伯樂。他早年對魏晉南北朝思想史感興趣，後來轉向社會經濟史研究。1950年代受法國年鑒學派史學家布勞岱爾邀請加入高等研究實踐學院，著力推動宋史研究計畫。[37]

《翦伯贊傳》也略述了會上中美學者交往的態度和方式：「參會的美國學者拉鐵摩爾和費正清都反對馬克思主義，對新中國採取不友好的態度。翦伯贊和周一良都未主動與上兩人打招呼。後來，主持會議的萊登大學教授何四維主動做了介紹，翦與周同拉鐵摩爾進行過交談。拉鐵摩爾講

出版社，2000年。
[37] 有關白樂日的治學經歷和研究取徑，參見陳懷宇：《在西方發現陳寅恪：中國近代人文學的東方學與西學背景》，北京：北京師範大學出版社，2013年，第70-87頁；以及 Harriet T. Zurndorfer, "Not Bound to China: Étienne Balazs, Fernand Braudel and the Politics of the Study of Chinese History in Post-War FranceAuthor," *Past & Present*, No. 185 (2004), pp. 189-221.

到在美看到周一良批評費正清的文章，說周先生對費有誤解。」[38]

　　如果聯繫當時美國的情況，1950年代初，因為受麥卡錫主義影響，美國政界開始檢討所謂「失去中國」問題，拉鐵摩爾處在風暴中心[39]。儘管在美國拉鐵摩爾和費正清一度都被認為是親共學者，但在當時中國學者眼中，他們卻是帝國主義反華學者。這真是相當具有諷刺意味，說明兩國之間當時受到不同意識形態影響，在對學者的認識上存在政治和學術的巨大鴻溝。當時拉鐵摩爾剛剛擺脫麥卡錫主義迫害的困境，獲准出國，他先到英國參加學術活動，正準備去羅馬和其他歐洲城市參會和訪學，到萊頓開會是順道訪問。

　　《翦伯贊傳》指出，翦老和周先生在萊頓會議期間並未主動與費交談，費好像也有所迴避。這一敘述是不準確的，前文所引楊聯陞給胡適的信中說，葉理綏告訴楊，他自己（葉理綏）、費正清均與周先生談過。費正清與周先生談過的記錄也可以在費氏的回憶錄中得到印證。不過，《翦伯贊傳》倒是提到拉鐵摩爾在會上和翦老、周先生有接觸。拉鐵摩爾在美國已看到周先生在〈西洋漢學與胡適〉中說費正清是文化特務，認為周先生對費正清有誤解。但交談中翦老很鄭重地跟他解釋說：「批評與自我批評，在我國已是普通事了，在學術上也是這樣。費正清的書不能說沒有錯誤。他替帝國主義說話，攻擊新中國，就是錯誤。周先生寫文章批評他的書，不能說是誤解。」

　　翦老更願意將周先生對費正清政治立場的批評限定在學術批評範圍之內，但其政治立場優先於學術立場是確定無疑的。周啟博先生在〈鄰家小兒話翦老〉一文中提及，1956年巴黎漢學會議上翦老則是背著周先生單獨見了拉鐵摩爾。話說回來，費正清1942-1943年在華逗留期間，雖然使用了三個頭銜，美國駐華大使特別助理、國會圖書館代表、美國學術資料

---

[38] 張傳璽編著：《翦伯贊傳》，北京：北京大學出版社，1996年，第280-283頁。

[39] 見Robert P. Newman, *Owen Lattimore and the "Loss" of China*, Berkeley: University of California Press, 1992.

服務處主任，為國會圖書館收集資料，但是 1942 年 10 月一度在組織上被劃歸美國戰略情報局駐華首席代表梅樂斯管轄[40]，所以也確實可以稱之為「文化特務」，儘管他力圖遠離秘密情報工作。當然，目睹重慶政府的腐敗和低效，1940 年代初費正清在政治立場上實際上更為偏左，對國民黨政府的腐敗低效相當失望。他曾給美國國務院發報告要求國務院援助在饑餓和貧困中掙扎的西南聯大的教授，並通過個人關係獲得一些美製奶粉、牛油、罐頭等食品，想要分給聯大教授。但當時國民政府教育部長陳立夫卻極力推行黨化教育，推行一個領袖、一個主義、一個民族、一個國家的意識形態教育，認為中國學者接受美援將有損民族尊嚴，拒絕接受美國援助。[41] 但實際上陳立夫是怕擔當虐待教育部所屬大學教授的責任。

《翦伯贊傳》對當時英法左翼學者試圖接近翦老有所提示，「當時英國共產黨漢學家秦瑞夫婦，法國共產黨漢學家謝諾對中國代表都有很大幫助。」

這本傳記也同時指出翦先生還是「比較善於團結一切可以團結的人，他對美國代表態度比較友好積極，也是為了團結他們，向他們宣傳歷史唯物主義。」如果參照牟復禮的回憶錄，實際上在會議上翦老似乎和秦瑞與謝諾等英、法兩國的共產黨員學者交流並不多，秦瑞和謝諾看到翦老和美國學者牟復禮在一起時採取了迴避策略。只不過翦老和他們在意識形態上同屬於一個陣營，自然而然有了親近感。但《翦伯贊傳》中也說到何四維介紹翦老、周先生與美國學者見面交談，以及翦老善於團結一切可以團結的人，對美國代表態度友好積極，這些倒是都可以在牟復禮的回憶錄中得到印證。

---

[40] 梅樂斯後來負責重慶中美特種技術合作所，協調中美對日情報工作，見其回憶錄，Milton E. Miles, *A Different Kind of War: The Little-Known Story of the Combined Guerrilla Forces Created in China by the U.S. Navy and the Chinese During World War II*, Garden City: Doubleday, 1967.

[41] 張朋園：《郭廷以、費正清、韋慕庭：臺灣與美國學術交流個案初探》，臺北：中央研究院近代史研究所，1997年，80頁。

　　翦老是中國革命史學的代表人物，其史學很早即引起美國學者的注意。1968 年艾德蒙茲（Clifford G. Edmunds）在芝加哥大學完成了一篇長達兩百頁的碩士論文《共產中國的官僚制、史學與意識形態：1949-1958 年的翦伯贊之個案研究》[42]，探討從建國到反右期間翦老史學與政治之關係。翦老不幸於 1968 年 12 月去世，未能看到這篇論文。不過，這篇論文並未提及這次萊頓會議，也未提及 1956 年的巴黎漢學會議。

　　翦老傳記收入的材料大多數涉及的內容都反映了翦老在革命和學術兩方面的貢獻，所以有關翦老在萊頓會議的敘述也主要是關於翦老對歐美漢學家又團結又進行有理有利有力鬥爭的資訊，其他方面的資訊則大概都暫時忽略了。這是可以理解的，因為傳記的作者是翦老的弟子，這部傳記多少有頌揚翦老、為翦老建立歷史地位的目的。

結語

　　這次會議上中外學者之間的爭論可謂是冷戰學術史上第一次交鋒。鐵幕落下後，中外學者在意識形態上的分歧也導致他們分化成不同學術陣營[43]。在萊頓會議上，很明顯，意識形態上分屬兩個陣營的學者在學術上也各自支持自己陣營的學者，西歐共產主義學者想結交中國共產主義學者，比如秦瑞、謝諾等人一直試圖接近翦老。翦老當時在中國史學界位高權重，出國帶著團結和統戰帝國主義學者的任務，所以不但和秦瑞、謝諾

---

[42] Clifford G. Edmunds, Jr. "Bureaucracy, Historiography, and Ideology in Communist China: The Case of Chien Po-tsan, 1949-1958"，未正式出版；1976年艾德蒙茲將其碩士論文抽出一部分在美國亞洲學會中大西洋地區分會年會上發表，後來收入F. Gilbert Chan, Harlan W. Jencks eds., *Chinese Communist Politics: Selected Studies*, Asian Research Service, 1982，第三章。

[43] 吳原元先生對1949-1972年之間的美國中國學從學理上做了很清晰的梳理，見《隔絕對峙時期的美國中國學》，上海：華東師範大學出版社，2008；雖然將這一時期稱為隔絕對峙時期，實際上從萊頓和巴黎漢學會議上看，對峙是有的，但未必真正隔絕，兩國學者仍有機會在國際會議上進行學術交流，儘管這種交流帶有很強的冷戰色彩。

等人來往，也對牟復禮等美國學者表現得比較友好。翦老所發表的會議論文，則政治意識形態宣傳的色彩較濃，學術價值有限。很可惜，以目前所見資料而言，現在已經看不到翦老當時對西方學者論文的學術評價。

從牟先生回憶錄來看，翦老在萊頓會上並非一個刻板的學術官僚形象，看起來不失謹慎、和藹，和西方學者打交道也並非刻意保持距離，而是表現得比較主動。當然，牟先生曾留學金陵大學，對中國充滿感情，晚年對中國學者的回憶多少帶有瞭解之同情。他對周先生的看法也比較公允和平和，理解周先生的處境，對周先生在萊頓刻意迴避他也並無怨言。他也對翦老表現得很友好，在會上一直陪著翦老。牟先生無疑稱得上是中國學者的朋友。

但從費正清的回憶錄來看，翦老那根階級鬥爭的弦當時繃得很緊。費正清的經歷、個性與牟復禮相當不同。費正清在美國外交界、情報界服務多年。他去萊頓之前，正受麥卡錫運動的牽連。當時左、右翼學者之爭席捲美國學術界，這樣的政治局勢對費正清造成了很大的影響，這一點使得他面臨和牟復禮非常不同的局面。儘管1980年代這些已成往事，但他1972、1979年先後兩次隨美國總統、副總統訪華，一生與政治結緣，所以對萊頓漢學會議的回憶也體現了他的政治立場。雖然萊頓漢學會議是一次學術會議，而費正清的回憶卻明顯帶有政治色彩，這正是記憶具有選擇性的特點。相比之下，牟先生當年在萊頓是青年學者訪學，未介入政治，其回憶錄則基本上是晚年個人的一些感懷，沒有很強的政治表達。當時翦老和周先生在萊頓漢學會議發表的論文本身學術價值非常有限，但仍不失為現代學術史、思想史資料。

從萊頓漢學會議上的爭論來看，當時比較引人注目的是中外學者特別討論了以下若干問題：中國歷史分期問題、中國的學術自由問題、中國的人口問題、中國歷史由誰來書寫的問題。中國學者主張用馬克思主義歷史唯物論來對中國歷史進行分期。費正清認為中國也存在潛在的人口問題。不過，西方學者顯然也在會議期間的討論中提出了一些帶有政治色彩的爭論，比如他們批評中國存在學術不自由的問題，並擔心馬列學者可能會將在歷史上起過巨大作用的胡適等人排除在中國歷史書寫對象之外。無論如何，他們當時已經注意到中國國內的政治運動——特別是對胡適的批判——對於正常學術活動的威脅。翁老和周一良顯然對這些問題主要站在政策性立場上進行了反擊。這可能是冷戰學術史上相當有意味的一幕。

第三章

社會主義學術之國際化：
1955 年萊比錫東亞學會議析論

引言

　　萊頓會議之後，很快中國學者也應民主德國邀請參加了 1955 年 10 月
3 日至 5 日在萊比錫召開的東亞學會議。關於這次會議的情況，大多數出
版物都語焉不詳。劉大年和呂振羽傳記都只有一兩句話提及他們參加了這
次會議，很少提及與會歐洲學者，資訊並不完整。比如朱政惠《呂振羽學
術思想評傳》中說：「1955 年 9 月，他率中國東方學代表團到德意志民
主共和國出席萊比錫東方學討論會。代表團成員有我國著名歷史學家劉大
年、季羨林、趙瑞露等人。會上，呂振羽作了題為〈六年來新中國的歷史
科學〉講演，介紹新中國史學發展的概況。」[1]

　　中國代表團成員只有呂振羽留下了詳細的日記，[2] 他在會議上發表的
文章也由編者收入文集。[3] 其他學者雖然在回憶錄中會有簡單提示，但沒
有細說，論著目錄裡也沒有留下記錄。比如趙瑞蕻在自撰傳略中說：「1953
年秋至 1957 年夏，根據『中德文化協定』，我被高等教育部派往德意志

---

[1]　朱政惠，《呂振羽學術思想評傳》，（北京：北京圖書館出版社，2000年），66頁；
　　這個記錄就不算完整，而且資訊有誤，比如會議召開是10月，也並非東方學會議，而
　　是東亞學會議。代表團成員也沒有提及外外兩位成員，包括當時在柏林訪學的正式團員
　　齊聲喬和隨團秘書羅元錚。趙瑞露應作趙瑞蕻。後來的一篇文章也稱「當時在中外史學
　　的人員交流方面，能批准外出參加國際學術會議的相當少。筆者所知，呂振羽參加過
　　德意志民主共和國萊比錫『東方學』國際會議（1955年10月）。但這還是『社會主義
　　陣營』裡的學術會議。當時，中國學者和美國、西歐的交往幾乎沒有。與此同時，對資
　　產階級史學和封建史學的批判相當嚴厲。所謂的『打倒王朝體系』，『把帝王將相趕下
　　歷史舞臺』，以及批判胡適、梁漱溟、雷海宗和『中國清除唯心史觀在中國史學界的影
　　響』的政治批判接連不斷。」見朱政惠、李江濤：〈20世紀中外史學交流回顧〉，《史
　　林》2004年第5期，22-34頁；周秋光《劉大年傳》，長沙：嶽麓書社，2009年，624
　　頁：「1955年10月，他隨呂振羽任團長出席的國際東方學會議中國代表團訪問民主德
　　國達20天之久。」中外史學史重要作品如張廣智主編《20世紀中外史學交流》（北京：
　　北京師範大學出版社，2007年）並未仔細討論這次會議。
[2]　呂振羽，〈訪歐日記〉，《呂振羽全集》第10卷，北京：人民出版社，2014年，424-
　　447頁。
[3]　呂振羽，〈六年來的新中國的歷史科學〉，《呂振羽全集》第8卷，北京：人民出版
　　社，2014年，413-420頁。

民主共和國卡爾馬克思大學（即萊比錫大學）東亞學系任客座教授四年，講授中國現代文學史，魯迅研究等課；為培植德國年輕一代漢語言文學和漢學研究以及其他方面的人才做出了一些貢獻，得到好評，並獲得優秀教師獎。其間，1955年10月，國際東方學會議在萊比錫大學召開，我國派出呂振羽先生為團長、季羨林、劉大年兩先生和我為團員的代表團參加。我在文學組上宣讀論文《中國現代文學的主潮》（德文本）。這是新中國成立後，對外比較系統地介紹我國『五四』以來新文學的發展和主要成就較早的一篇長文。」他又說：「在德國講學時期，我也曾幾次訪問蘇聯、波蘭、捷克等東歐國家，認識了好幾位漢學家，如捷克著名的中國文學專家、魯迅《吶喊》等譯介者普實克教授（Jaroslav Prusek）。」[4]

　　張顯菊編《劉大年論著目錄》中，1955年列出三篇文章：〈從中國封建土地制度問題上看梁漱溟思想的反動本質〉（《歷史研究》1955年5期）、合著〈臺灣歷史概述〉（中科院歷史所第三所《集刊》第2集）、〈臺灣一千七百年的歷史〉（《人民日報》1955年10月25日3版）都不是萊比錫會議論文。[5]季羨林先生在回憶錄《學海泛槎》中提到自己1955年寫了四篇文章，同時漢譯《安娜·西格斯短篇小說集》出版。這四篇文章包括：《金剛般若波羅蜜經諺解·序》、〈吐火羅語的發現與考釋及其在中印文化交流中的作用〉、〈中國蠶絲輸入印度問題的初步研究〉、〈為我們偉大的祖國而歡呼〉，[6]沒有提到萊比錫會議論文。1956年發表的五篇論文也主要是印度學和佛教學論文，與萊比錫會議無關。下文將揭示萊比錫會議論文在這些參與者論著目錄中缺席有其背後的特殊因素。

　　現在隨著越來越多的中文、西文史料浮出水面，可以幫助我們更多地瞭解這次會議，並將其放在一個更為廣闊的1950年代國際視野下進行分

---

[4] 董甯文主編，《多彩的旅程——紀念趙瑞蕻專輯》，自印本：江蘇新華印刷廠，2001年，150-151頁。

[5] 張顯菊，〈劉大年論著目錄〉，《近代史研究》1995年第5期，59頁。1956年沒有已刊文章列出。

[6] 季羨林，《學海泛槎》，瀋陽：瀋陽出版社，2017年，125-126頁。

析。這些史料不僅包括當時的會議日程表，參與者的日記和回憶錄，也包括各種當時的新聞報導，以及其他相關出版物，如一些論文對當時討論議題的引申和回應等等。當時中國的《人民中國》英文版和東德統一社會黨機關報紙《新德意志》也都有關於萊比錫東亞學會議的相關報導。[7]但是目前為止，尚未有人對這次會議進行過詳細討論。[8]本章試圖一方面辨析一些人物、事件的身分和社會網路，另一方面也結合當時的歷史語境，梳理會議舉辦的現實政治背景和會議所討論主題的思想社會史背景，試圖揭示個人、群體和社會三個層面不同因素對舉辦這次會議產生的影響。

這次會議可謂承上啟下，因為它緊接著中國歷史學者1949年後首次赴歐洲參加萊頓召開的第八次西歐青年漢學家會議，下啟1956年中國派四人代表團到巴黎參加的第九次西歐青年漢學家會議。這次會議雖然也有一些西歐漢學家參加，但他們並未獲邀在會上發言，發言的學者主要是東道主東德學者和中國代表，少數西德和東歐社會主義國家漢學家也獲得了發言機會。這次會議應該是冷戰初期國際社會主義陣營學者第一次聚集在一起開會，也是唯一的一次。正如會議參與者之一呂振羽的日記中所說，這次會議主要的目的是歡迎中國學者和團結西德漢學家。但從呂先生的字裡行間仍然可以看出當時中蘇學者之間的微妙關係。

這次會議以社會主義學者為主，討論的議題以語言、文學、歷史為分

[7] "The Leipzig Conference on Asian Studies," *People's China* (1956), p.20; G. Mehnart, "Vom Schriftzeichen zum Chinesischen Alphabet: Ostasien-Forscher aus aller Welt trafen sich in Leipzig," *Neues Deutschland: Organ des Zentralkomitees der Sozialistischen Einheitspartei Deutschlands*, 03, 11, 1955.

[8] 德文方面，也沒有詳細的研究，萊比錫大學自己的編年史一般會簡單提到這次會議，如Gottfried Handel und Gerhild Schwendler, hrg., *Chronik der Karl-Marx-Universität Leipzig, 1945-1959: aus Anlass der 550-Jahr-Feier der Karl-Marx-Universität* (Leipzig: Verlag Enzyklopädie, 1959), p. 76. 而東亞系的系史甚至都一般不提這次會議，如Steffi Richter, Philip Cart, and Martin Roth hg., *100 Jahre Ostasiatisches Institut der Universität Leipzig, 1914-2014* (Leipzig: Leipziger Universitätsverlag, 2016)；柯若樸撰，韓承樺譯：〈德國萊比錫大學漢學研究的歷史、現況與未來〉，《漢學研究通訊》36:4（2017年），41-44頁。

野，但特別強調對現當代研究的重視，這體現了當時社會主義陣營比較普遍的現代轉向（the modern turn），這種轉向主要受到現實政治的影響，特別是中國在亞洲舞臺上的崛起，學者們試圖理解並認識中國社會主義道路的歷史發展與現實意義。這種現代轉向甚至不限於中國研究，對於其他國家的研究也開始注重現代發展，這當然一方面是冷戰時期意識形態對立、朝鮮戰爭的影響；另一方面也是亞非拉廣大地區反帝、反殖、反霸運動的影響。

第一節　社會主義東亞學之首次國際聚會

首先應該釐清，據萊比錫大學檔案館提供的原始會議議程（Programm der Ostasien-Tagung am 3., 4. und 5. Okt. 1955 in Leipzig），1955 年 10 月 3-5 日萊比錫召開的會議正式名稱是東亞學會議（Ostasien-Tagung）（圖三），

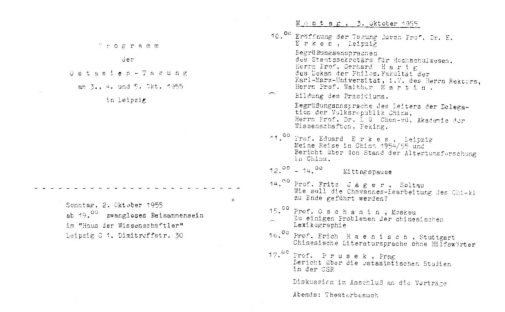

圖三｜萊比錫東亞學會議程序冊，©萊比錫大學檔案館

並非東方學會議。很多中文出版物包括參與者的回憶錄都稱其為東方學大會，並不準確。甚至呂振羽在《訪歐日記》中也稱中組部決定由外交部通知民主德國由他擔任團長率團參加東方學會議，團員包括中科院歷史所第三所副所長劉大年、北大東方語文系主任季羨林，秘書為經濟研究所助理研究員羅元錚副博士。不過，他後來看到民主德國外交部發給中科院聯絡局的文件後，改稱為東亞學會議。會議組織者主要是萊比錫大學東亞學系主任愛吉士（Eduard Erkes，或稱葉乃度、何可思）以及柏林洪堡大學漢學系主任拉奇乃夫斯基（Paul Ratchnevsky）。會議主要在萊比錫市政廳召開，但會議代表也前往柏林和耶拿等地參觀訪問一些學術機構、博物館等等。

其次，會議可以分為籌備階段和正式會議階段，兩個階段的與會者名單並不一致。呂振羽先生在其《訪歐日記》裡列出了在他出訪之前收到的德方發出的會議議程，這與萊比錫保留的德文記錄一致。這個議程反映了德方在會議籌備階段擬定的議程。呂先生列出的籌備階段名單中包括以下發言者：

愛吉士教授：「1954、55 年在中國的旅行」

拉奇乃夫斯基教授：「論中文句法的統一問題」

齊聲喬教授：「中文停頓語氣和音調之間的相互作用」

貝喜發博士：「論中文德譯『語』法問題」

趙瑞蕻教授：「現代中國的文學主流及其主要特徵」

舒伯特教授：「西藏民族文法問題」

容克教授：「朝鮮語的構成及狀況」

羞赫特教授：「日本文字問題」

梅納特博士：「對日文語言與思想之間的關係的一些意見」

威德麥爾教授：「日本神話作為歷史來源」

拉明教授：「日本史前研究」

芬斯特博士：「德意志民主國內的東亞陶瓷」

這些學者都是當時在民主德國的學者，齊聲喬在柏林洪堡大學訪學，而趙瑞蕻在萊比錫大學訪學，其他人則主要是柏林洪堡大學和萊比錫大學的東亞學研究所任教學者。說明在籌備階段，組織者主要是和當時在民主德國任教的學者先進行了協調，各人的會議發言題目也已經確定。而其他學者則尚未確定。不過呂先生的日記提供了更多細節，這包括擬邀請的東歐學者名單，如「希望羅常培作一『中文研究的發展』的報告」，建議蘇聯代表團包括雅洪托夫、托達耶娃、科捷托娃、山歇也夫教授。捷克八人包括普路塞克、依古斯塔。波蘭三人包括雅布隆斯基、賴維琪。匈牙利包括李蓋底。另有保加利亞、羅馬尼亞、蒙古、朝鮮代表團，各作一個演講。[9] 顯然這個擬議中的名單主要是社會主義陣營的代表，而且希望都能發言，體現社會主義學術的國際化。然而，最後會議議程和這個名單差距較大。呂先生的日記記錄了他到達德國後每天的活動，但是有些活動他沒有參加，則沒有提及，比如 10 月 3 日的議程，他只參加了上午的開幕式和中午與哈利基的午餐，並未提到下午的發言。所以，與之對照萊比錫大學保留的日程，仍然有很大差異。以下我們來看看這次會議的具體日程及其設計。

10 月 3 日上午 10 點舉行開幕式，主要發言者為會議組織者愛吉士、哈利基（Gerhard Harig 統一社會黨中央委員、高等教育總署署長）、馬丁（Walther Martin，卡爾馬克思大學哲學學院院長）、呂振羽（來自北京中科院、中國代表團團長）。11-12 點，愛吉士演講 1954-55 年中國之旅。呂振羽《訪歐日記》並未提到馬丁的發言，但提到會議選舉主席團，包括愛吉士、蘇聯代表團團長鄂山萌（I.M. Oschanin）和呂振羽。無論如何，在會議組織者的議程上，愛吉士致歡迎詞之後，是教育部門主管哈利基和東亞學系所在的哲學學院院長致歡迎詞，然後是中方代表團團長呂振羽發言，這一設計無疑將中國代表團置於主要來賓的地位，並未將蘇聯安排在

---

[9]　呂振羽《訪歐日記》，424-425頁。

最需要照應的位置。下午的發言呂振羽並未參加，所以他日記中未提。但萊比錫大學保留的議程包括四位與會者講演，分別是來自左耳陶的顏復禮（Fritz Jäger，「沙畹如何完成對《史記》的處理」）[10]、莫斯科的鄂山萌（「有關漢語詞彙學的幾個問題」）、斯圖加特的海尼士（Erich Haenisch，「漢語文言文無輔助詞」）、布拉格的普實克（Jaroslav Průšek，「關於捷克斯洛伐克東亞研究的報告」）。顏復禮和海尼士都是退休後的西德漢學家。

　　10月4日會議分成語言、歷史、文學三組，體現了組織者對東亞學關心的重點，而這一天以招待中國代表團為結束，也說明中國代表團正是會議的接待重點對象。語言組的發言主要包括上午有北京的齊聲喬（「中文停頓語氣和音調之間的相互作用」）、列寧格勒的雅洪托夫（C. E. Jachontov，「現代漢語中的賓語」）、北京的季羨林（「新中國的語言學」）、下午有萊比錫的翁有禮（Ulrich Unger，「關於助詞『夫』的解釋」）、柏林的容克（Heinrich Junker，「朝鮮語的構成及狀況」）、平壤的崔廷厚（Tsche Djon Chu，「朝鮮語與日語中的漢語詞彙元素」）。[11] 其中齊聲喬和容克的發言已經出現在籌備名單裡了，並無變化。加入的四人中，翁有禮來自柏林，他當時年僅25歲，應該是柏林洪堡大學學生，主要研究古漢語。季羨林實際上是代表羅常培發言，介紹新中國的語言學發展，下文

---

[10] 傅吾康在其回憶錄《為中國著迷》（231頁）中提到了顏復禮去左耳陶養老的因緣：「在『去納粹化』的趨勢下，我的老師兼前任顏復禮先是半退休，1955年澈底退休，然而又重新取得大學執教資格，得到授權重新開始教學活動。應我的請求，顏復禮每兩周從他們夫婦生活的左耳陶（Soltau）到大學來給高年級的同學開一門討論課，直到1957年6月4日他心臟病發作去世。此前我們還在左耳陶慶祝過他70歲的生日。」後來的學者也注意到萊比錫會議上對《史記》翻譯問題的討論，見*The Grand Scribe's Records, Volume V. 1: The Hereditary Houses of Pre-Han China*, by Ssu-Ma Ch'ien, trans. by William H Nienhauser et al., Bloomington: Indiana University Press, 2006, pp. 456-457. 不過，當時會議上蘇聯代表已經告訴與會者，蘇聯學者正在對《史記》進行翻譯，但本紀部分12卷的兩卷本俄譯本1975年才正式出版，見捷克漢學家T. Pokora的書評，*Syma Cyjan, Istoriceskie zapiski I/II*, ed. reviewed by T. Pokora, in: *Orientalistische Literaturzeitung* 75: 4 (1980), p. 392.

[11] 崔廷厚似乎著述不多，可能主要以朝鮮語發表論著；檢東洋學文獻類目，僅發現他有一文被譯成了日文，即崔廷厚著、許東燦譯：〈朝鮮語語彙構成の發達について〉，《朝鮮學術通報》4-2，1967年，103-106頁。

將詳細討論。崔廷厚當時在民主德國訪學。呂振羽在日記中提到 10 月 8
日他在柏林的會客室接見了德國女同志霍夫曼和朝鮮留蘇副博士崔廷厚，
德、朝兩位同志都稱讚中國代表團的作用。[12] 有意思的是，後來 1956 年 10
月蘇步青出訪民主德國，參加洪堡大學教授聚餐會，也遇見了朝鮮語言學
家崔廷厚。[13]

10 月 4 日歷史組的發言包括上午有北京的劉大年（「現代中國史學的
一些問題」）、漢堡的傅吾康（Wolfgang Franke，「關於明史研究現狀的
一些評論」）、哥廷根的霍布理（Peter Olbricht，「中國正史中的傳記」）、
慕尼黑的傅海波（Herbert Franke，「有關楊瑀（1285-1361）《山居新話》
的一些問題」）、下午有柏林的拉明（Martin Ramming，「日本史前研
究」）、萊比錫的威德麥爾（André Wedemeyer，「日本神話作為歷史來
源」）。上午場的發言除了劉大年，其他三位德國漢學家都是來自西德正
活躍在學界的學者，並非退休學者。所做發言也並非是介紹漢學研究現狀
的主題，而是與自己當時正在研究的範圍和課題密切相關。傅吾康固然是
明史專家，而傅海波則講演自己正在研究的課題，他很快就在 1956 年出
版了《山居新話》的德文譯注和研究。[14]

10 月 4 日文學組只有三位學者發言，包括南京的趙瑞蕻（「現代中國
的文學主流及其主要特徵」）、慕尼黑的漢姆米茨施（Herst Hammitzsch，
「關於俳諧的概念世界」）、布拉格的普實克（「趙樹理與新中國文學」）。
普實克作為東歐社會主義國家代表，一人作了兩次發言，而匈牙利、波蘭、
保加利亞、羅馬尼亞漢學家並無人發言，這些國家的漢學家到底多少人來
參加會議，目前德文和中文材料亦無明確具體的資訊。

---

[12] 呂振羽《訪歐日記》，436頁。
[13] 他是和吳文俊去保加利亞參加數學會年會，然後去東德訪問。見〈東歐紀行〉，載蘇步
青《數與詩的交融》，天津：百花文藝出版社，2000年，22頁。
[14] Herbert Franke, *Beitrage zur Kulturgeschichte Chinas unter der
Mongolenherrschaft. Das Shan-ku sin-hua des Yang Yu* (Wiesbaden: Franz
Steiner, 1956)；牟復禮隨即發表了詳細的書評，Frederick W. Mote, Review in
Journal of Asian Studies 17: 1 (1957), pp. 118-125.

　　最後一天上午則有最後四位發言人報告，即柏林的貝喜發（Siegfried Behrsing，「論德文漢譯問題」）[15]、柏林的拉奇乃夫斯基（「東亞學的合作問題」）、萊比錫的梅納特（Gerd Mehnert，「對日文語言語與思想之間的關係的一些意見」）、北京的呂振羽（「六年來的新中國的歷史科學」）。最後由愛吉士致閉幕詞。拉奇乃夫斯基的發言與原本籌備階段所報題目不同，而貝喜發與梅納特的發言仍維持原來的題目。呂振羽的發言寫了正式文稿，後來收入其文集。[16]

　　從這個會議流程與發言代表名單可以看出，德方主要代表來自民主德國的兩個組織單位，即萊比錫大學和柏林洪堡大學，社會主義國家代表則主要來自中、蘇、捷，而以中方代表為主，此外並無其他國家代表發言。這也印證了呂振羽日記中所說：「會議的性質是國際統一戰線性質，民主德國欲依靠蘇、中、捷等兄弟國家的協助，去進行把西德科學家拉過來的工作，是會議的中心目的」。[17]蘇聯代表團除了發言的鄂山萌與雅洪托夫，還有東方研究所副所長科瓦廖夫，呂振羽在 10 月 4 日與他共進早餐，交流方針、任務和彼此配合的意見。

　　當時西歐一些著名學者也應邀參加了萊比錫大學東亞學會議，一些人儘管是愛吉士的老友，也都沒有被安排發言。1955 年 10 月 5 日下午愛吉士介紹呂振羽會見了任教於劍橋的荷蘭漢學家龍彼得（Piet van der Loon, 1920-2002，亦稱范德隆）。雖然呂出國前聽翦伯贊說此人甚反動，[18]但他評論此人有商人氣，也有一般知識分子的狂傲氣。龍彼得當時任劍橋大學國王學院遠東史講師，係愛吉士多年好友，但愛吉士並未因此安排他在會上發言。當 1954 年西歐青年漢學家第七次年會在英國杜倫大學舉行時，

---

[15] 德國當代學者也注意到這篇會議論文，見Michael Schön, *Chinesisch-deutsche Transkriptionssysteme im 19. und 20. Jahrhundert Abriss der Enwicklung einschließlich wichtiger Transkriptionstabellen*, Berlin: epubli GmbH, 2013, p. 82.

[16] 呂振羽〈六年來的新中國的歷史科學〉，《呂振羽全集》第八卷，413-420頁。

[17] 呂振羽《訪歐日記》，426頁。

[18] 翦伯贊和周一良先生到萊頓參加第八屆西歐青年漢學家會議，和何四維、龍彼得等人有接觸，見本書第二章的討論。

白樂日宣布了他領導的國際宋史計畫，龍彼得亦列名參與。在這次萊比錫會議之後，龍彼得於1956-57年訪問中國，曾在北京各個舊書店搜羅舊書。[19]除此之外，呂振羽並未在日記中提及其他西歐漢學家。不過，如果將目光投向西德漢學家傅吾康的回憶，則會發現還有其他漢學家在場。傅老在《為中國著迷》中提到萊頓漢學家何四維：

> 此後（1955年9月）不久，我就去萊比錫參加了一次非常出色的會議。這次大會邀請了東、西德國以及臨近的德語區國家的所有東亞學者參加。大部分人接受了邀請，包括已退休的顏復禮和海尼士、何四維、龍彼得。中國也來了一些客人，其中有在哥廷根獲得博士學位的印度學者——我北京大學的老同事和朋友季羨林。年紀較大的東德學者魏勒（Friedrich Weller）、冉明、君特・科勒爾等人也參加了會議。會後前往耶拿和魏瑪旅行，這兩天的參觀結束了本次非常友好融洽而成功的會議。可惜，這是唯一一次這種類型的會議。我想看看我父親在哈茨巴倫斯特德的墓地，遺憾的是沒有獲得許可。[20]

　　何四維也沒有被邀請發言，儘管他當時是萊頓漢學系的負責人，也對馬克思主義史學興趣濃厚。

　　出現這種狀況的原因很多，這裡可以略作說明。首先、民主德國舉辦這個會議，和愛吉士本人的經歷與願望有很大關係。民主德國當時僅有的兩個漢學中心萊比錫和柏林都與愛吉士的貢獻密不可分。他原本在萊比錫任教，但1933年被解除職務。自1934年起萊比錫的東亞學即由政治

---

[19] Judith Magee Boltz, "In Memoriam Piet van der Loon (7 April 1920-22 May 2002)," *Journal of Chinese Religions* 30:1 (2002), p. vii.

[20] 傅吾康《為中國著迷》，243頁。牟復禮的回憶錄裡特別提到他在萊頓漢學系何四維的辦公室裡見到翦伯贊和周一良的往事，見本書第二章。

上忠誠於當局的威德麥爾負責，[21] 他的任期本應在 1947 年到期，但一直拖延。校方在戰後尋找萊比錫漢學教授時曾徵求了資深學者福蘭閣、海尼士、顏復禮的意見，他們並沒有推薦愛吉士，而更偏愛流亡在安卡拉的德國漢學家艾伯華。不過後來威德麥爾還是推薦了愛吉士。愛吉士 1948 年才被重新任命為漢學教授，他將自己的藏書捐給了大學圖書館，開始負責萊比錫大學東亞研討會，該會隨後在 1951 年升級為東亞系。愛吉士秉持萊比錫學派立場和東亞系傳統，銳意改革，開創了漢學研究以外相關學科研究，聘請了蒙古學家拉奇乃夫斯基和印尼專家格哈德·卡洛（Gerhard Kahlo），日本學家梅納特。後來拉奇乃夫斯基去了柏林洪堡大學，愛吉士又於 1955 年聘請舒伯特（Johannes Schubert）負責蒙古、西藏學，其助手為南亞學家陶柏（Manfred Taube）。[22] 他曾在 1954-1955 年出訪中國，留下一段難忘的經歷，後來在 1958 年出版了《黃河和長城：穿越中國過去和現在的旅程》一書，[23] 敘述了他的所見所聞。實際上他早在民國初期即曾來華遊歷，後來在德國接待了訪問的太虛法師。[24] 柏林的貝喜發曾於

---

21 君特·列文著、曹娟譯，〈葉乃度和萊比錫漢學〉，載《德國漢學：歷史、發展、人物與視角》，440頁：「1933年10月23日韋氏發表了一份長達十頁的聲明，拋棄了他以前的工作和觀點。這樣他讓自己完全迎合新政府的目標。其中這麼寫道：人們必然問，在一個民族國家裡推動那種看來和現今存在的問題沒什麼直接影響的研究活動是否有價值（……）。而遺傳學和人種生物學是從130年裡書房和實驗室裡的瑣碎工作中發展而來的，現在的世界觀和國家觀正是依據這兩門學科建立起來並勇敢地執行這些政策，產生了巨大的影響。現在人種學的代表人物也不能缺少這些作為輔助學科的歷史上的學科（……）。」

22 "Käte Finsterbusch, "In Memoriam: Eduard Erkes 23. Juli 1891-2." April 1958, *Artibus Asiae* 21: 2 (1958), pp. 166-170. 參見列文著、曹娟譯，〈葉乃度和萊比錫漢學〉，馬漢茂等主編，《德國漢學：歷史、發展、人物與視角》，鄭州：大象出版社，2005年，424-453頁。

23 Eduard Erkes, *Gelber Fluß und Große Mauer. Reise durch Chinas Vergangenheit und Gegenwart*, Leipzig: Verlag F. A. Brockhaus, 1958. 他和很多中國學者有交往，比如聞宥提到愛吉士曾為他提供資料，見《四川大學歷史博物館所藏古銅鼓考：銅鼓續考》，成都：巴蜀書社，2004年，34頁。

24 太虛提到愛吉士時說：「萊勃齊大學杜里舒教授，及愛吉士教授，皆曾到中國，對於佛法亦有深切之瞭解。謂在今科學知識發達後之世界，唯佛法可為人類唯一之宗教，其他各教已皆將淘汰。」參見李雪濤，〈太虛法師1928-1929年的德國之行〉，《中華讀書

1954年訪問中國，與一些參加辛亥革命的老人進行了接觸，章開沅參與了接待工作。[25] 其次，當時萊比錫大學和柏林洪堡大學是民主德國地區僅有的擁有漢學學科設置的兩所大學，其他大學尚未開始教授漢學，西德的漢學家則有不少人。早在1952年，中國開始執行與東歐波蘭、東德、捷克、匈牙利、羅馬尼亞、保加利亞六國簽訂的文化協定，開始互相派人進行文化考察和訪問、交換留學生與研究員、交換資料、介紹文學作品、舉辦講演會和展覽會、交流文工團、進行電影和新聞交流。當時任職駐東德大使館的王羽田即彙報了東德的萊比錫和柏林洪堡大學注重中國語言教學，且需要中國歷史教授。[26]1953年，趙瑞蕻即由高等教育部按照中德文化協定派往萊比錫大學教授現代漢語和文學。最後，中國代表之所以受到重視，也與中國在朝鮮戰爭之後國際政治地位迅速提升有關，而且1953年史達林去世後，蘇聯在社會主義陣營的地位有所下降。呂振羽在《訪歐日記》中流露出中國代表團與眾不同之處，特別提到民主德國統一社會黨中央委員哈利基指出這次會議成就極高，且主要應歸功於中國代表團。[27] 同時借西德日本學家哈來茲之口說：「我們過去不知新中國的學術水準這樣高。過去我們漢學家向蘇聯學習，今後應首先向新中國學習。」他還借傅吾康之口說他研究中國歷史感到中共與俄共不一樣，周恩來走的道路不是走俄國人的路。東德人似乎也對中國代表團刮目相看，呂振羽記錄了相當一批

報》，2017年09月20日17版。

[25] 《章開沅口述自傳》：「我之發願研究辛亥革命，是在1954年。那年秋，民主德國歷史學者貝喜發博士專程來武漢調查研究辛亥革命，我參與了接待工作。友邦學者親臨，湖北省當局很重視，把很多辛亥老人都動員起來。我就是從那時開始和張難先、李春萱、章裕昆、李西屏、熊秉坤等辛亥老人建立起交往的。貝喜發來訪一事對我頗有觸動，一個外國人不遠萬里到武漢來研究辛亥革命，我們常年住在武漢的中國學者反而不大關心，實在有點難以言說。於是，我決心要研究辛亥革命」（北京：北京師範大學出版社，2015年，124頁）。鄭天挺也提到，1954年，民主德國貝喜發教授來華訪問，對宋景詩領導農民起義十分注意，和鄭天挺聯繫進行討論；見《清史探微》，北京：北京大學出版社，2011年，464頁。

[26] 竺可楨：《竺可楨日記》第三冊，1952年5月14日，北京：人民出版社，1984年。

[27] 呂振羽，《訪歐日記》，434頁。

言論，比如「不少資本主義國家的代表說，中國人是朋友，蘇聯人不是朋友。」「漢學上，當然中國人比蘇聯人強。」有些人認為中國代表團比蘇聯代表團作出更大的貢獻。[28] 諸如此類，可以看出呂振羽對當時中國領導地位的強調。

第二節　國際中國學之厚今薄古趨勢：語言、文學與歷史

只要稍微仔細看一下萊比錫東亞學會議的發言情況，不難發現這個會議體現了鮮明的厚今薄古趨勢，討論現當代語言、歷史、文學是會議主流。中國代表團的發言全部都是圍繞現當代議題展開，比如呂振羽介紹新中國成立六年來歷史科學的成就，季羨林主要介紹當時國內正在進行的推廣普通話運動和簡化字改革運動，趙瑞蕻討論現代文學的主潮，而劉大年作為中科院歷史所第三所副所長也在會上當仁不讓地討論近代史的若干問題。這種對現當代問題的重視不限於中國代表，其他社會主義國家的代表也主要討論現當代問題，如蘇聯代表雅洪托夫討論現代漢語、捷克代表普實克討論趙樹理的文學作品等等。而民主德國的學者也以討論現當代問題為主，如愛吉士、拉奇乃夫斯基等人的發言。反而西德的漢學家以討論歷史問題為主，如顏復禮討論《史記》的翻譯問題、傅吾康討論明史、霍布里討論傳統正史、傅海波討論元史。[29] 對於現當代問題的重視，體現了當時國際社會主義學術界的主要趨勢，這當然與社會主義國家在東歐地區紛紛成立，以及新中國成立並且國際地位日益提升直接相關。〈1953 年德國科學院及其在德意志民主共和國建設社會主義基礎中的任務〉中說特別要重

---

[28] 呂振羽，《訪歐日記》，438-439頁。

[29] 這幾位西德學者也參加了1952年在波恩舉行的德國東方學會第22次會議，霍布里討論宋元時期的驛站制度、傅海波討論蒙古王是否可為漢人、傅吾康討論明代的物業稅。相比之下，當時貝喜發也參加了波恩會議，發表的中國主題卻是通過照片來考察新中國木刻藝術。見"Der XII Deutsche Orientalistentag Bonn 1952, *Zeitschrift der Deutschen Morgenländischen Gesellschaft* 102: 2(1952), p. 11.

視研究社會主義歷史。〈蘇聯科學院1955年科學工作基本總結〉中特別說到「社會科學領域內的工作：在去年的歷史學問題的科學研究計畫裡，生產力和生產關係的歷史及社會發展各個階段勞動群眾和階級鬥爭的歷史的研究佔有顯著的地位。」[30] 蘇聯科學院東方學研究所還出版了現代中國文學概論、現代日本民主文學概論、現代蒙古文學概論。這些都說明厚今薄古已經是當時社會主義陣營的主流。正如潘梓年在中科院哲學社會學部的報告中所說：

> 在歷史學方面，需要研究中國共產黨領導中國革命和社會主義建設的歷史，需要研究近百年來中國經濟的發展的歷史、中國近代各階級特別是工人階級和資產階級發生、發展的歷史，需要研究近代和現代的思想史，需要研究各少數民族的歷史，需要研究亞洲國家的歷史。在語言學方面需要研究現代漢語語法和漢語規範化問題，需要研究文字改革問題，需要創制、整理和改進少數民族的文字。在文學方面，需要研究我國文學運動中的有關社會主義現實主義的理論問題，需要研究五四以來新文學運動的歷史，需要用馬克思列寧主義觀點對我國古代偉大的現實主義的作家及其作品進行研究，作出適當的評價……研究這些問題對於當前的實際工作都是具有重大意義的。[31]

　　民主德國一開始和新中國建立正式教育和文化交流關係的目的便是建立現代中國學。而根據民主德國和中國簽署的文化協定（1951-1954）以及當時的留學生備忘錄，在1953-1966年間大約有60名來自東德留學生到中國留學。1955年之前，東德留學生主要是本科生，後來研究生也加入，而

30　〈蘇聯科學院1955年科學工作基本總結〉，《科學通報》，1956年6月號，91頁。

31　潘梓年，〈中國科學院哲學社會科學部報告〉（1955年6月2日）《科學通報》7月號，41頁。

畢業於柏林和萊比錫大學漢學系的學生也不少。他們的主要學習地點包括北京、天津、瀋陽，以漢學為主，但也有人學習對外經濟、外交政策、經濟學、農業、民族志學、音樂、哲學、法學史和法哲學等等。「學習和進修的目的是要在民主德國建立現代中國學，培養一批從事中德在科學、文化、政治和經濟等各個領域進行交流和合作的專業人才。另外，在理論科學領域內，打破西方人認識的局限性——用今天的話來說，就是克服歐洲中心論的思想。」[32] 這體現了當時社會主義學者對鮮活的現實現象的關心，特別是當時人民的生活狀態。學術不再像以前一樣局限於學者的個人學術興趣。季羨林實際上是替代原本東德擬邀請的羅常培介紹中國語言文字改革現象，但季先生正是當時語言文字改革運動的親身參與者。

　　除了政治和社會發展的外緣因素影響到當時社會主義陣營的厚今薄古趨勢，學術本身有其內在理路。這便是愛吉士以及當時民主德國漢學發展的內在趨勢。當時德國的漢學，相對於印度學和小亞細亞研究而言，在整個東方學領域處於非常邊緣的地位。漢堡大學漢學學科負責人傅吾康在《為中國著迷》中說，他曾試圖將自己主編的《遠東》納入德國東方協會（DMG）作為機關刊物的附刊，但遭到憤怒的拒絕。因為當時德國大學生對東方學的傳統看法佔據主導地位，小亞細亞的語言和神學關係密切、印度學和梵語則與歐洲語言聯繫密切，從而成為東方學研究的重點。東亞、東南亞與西方文化世界並無此類關係，只得到邊緣性關注。他後來退出了德國東方協會，認為要克服這種歐洲中心主義必須持續一段時間。[33]

　　這種厚今薄古的趨勢也可以從東德學者對於德國東方學會年會的參與上看出來。1955 年 7 月 27 日至 31 日，德國東方學會在漢堡召開年會，這是當時兩德地區最大規模的東方學會議，大約有 330 名學者參與。[34] 西

---

32 梅蕙華（Eva Müller）著、任仲偉譯，〈1953-1966年首批來華的德國留學生〉，馬漢茂等主編《德國漢學：歷史、發展、人物與視角》，鄭州：大象出版社，2005年，305頁。
33 傅吾康，《為中國著迷》，236頁。
34 "Der XIII Deutsche Orientalistentag Hamburg, 1955," *Zeitschrift der Deutschen Morgenländischen Gesellschaft* 105: 2 (1955), pp. 24-84. 會議上令人矚目的有關東

德地區漢堡大學的格林（Tilemann Grimm）發言討論中國歷史的連續性問題，指出教學生現代漢語口語的必要性，以及研究古代也需要與現代史學者進行合作。東德代表中比較引人注目的是埃及學家和日本學家的參與，以及令人意外的漢學家的缺席。萊比錫的兩位埃及學家赫爾曼（Siegfried Herrmann）和莫倫茲（Siegfried Morenz）都在大會上作了學術報告。[35] 而日本學方面，則由柏林的日本學家拉明作了關於德川時期外國人訪問日本的報告，萊比錫的日本學家威德麥爾發表了有關《萬葉集》研究的講演。但東德地區萊比錫和柏林洪堡大學的主要漢學家如愛吉士、拉奇乃夫斯基等人都未參加漢堡的東方學會年會。這並非他們不能旅行，只是不能自由旅行。此前愛吉士曾於 1952 年 7 月 17 日在義大利和西德訪問，儘管他在羅馬用義大利語做了一場報告而受到熱烈歡迎，他也獲得與義大利文化部長交談的機會，而且這位部長出席了愛吉士的講座和相關活動。愛吉士在漢堡的旅行也非常成功，有機會在一個小圈子裡和漢學家們交流專業問題，並且介紹了東德的學術發展。但他在海德堡沒有得到應有的尊重，根本無法做報告，大學拒絕為他提供場所，最後他的海德堡之行變成一趟自費旅行。東德漢學家的缺席無疑不是偶然的，即便是傅吾康都無法忍受東方學會濃厚的歐洲中心主義色彩。

　　儘管季先生的發言並未發表，但當時東德的報紙《新德意志》發表了梅納特的報導〈從字元到中文字母〉（*Vom Schriftzeichen zum Chinesischen Alphabet*），介紹了這次會議的主要內容，更重要的是提示了季先生發言的要旨。這篇報導說 1955 年 10 月初由萊比錫和柏林的大學在萊比錫市政廳召集東亞學會議，愛吉士和海尼士致辭。西德學者表示了對祖國統一的

　　亞的發言主要是一些圖書館負責人介紹德國各地的藏品，如Guido Auster介紹柏林德國國家圖書館的東亞藏書，慕尼克的Franz Josef Meier介紹巴伐利亞州立圖書館的東亞藏書，馬堡大學的Wolfgang Seuberlich介紹西德地區的東亞收藏品等等。

[35] 1953年東德統一社會黨的報告中也提到「參加過全德會議及國際會議的科學家都認定：德意志民主共和國好些科學都有巨大的成就，如醫學、史前史、上古史、音樂等。」〈1954年德國統一社會黨的新方針與科學機關的任務〉，《科學通報》1954年4月號，66頁。可見對近現代的重視是在民主德國成立之後才開始重視的。

承諾，在東德感到賓至如歸。西德學者和西歐學者對會議有著很強的參與感。呂振羽帶領中國代表團在會議上提供了新中國的現實狀況，特別是有關中國近代歷史、現代文學以及現代語言學的資訊。季羨林教授說中國當前主要任務是創造一種統一的語言，傳統的文言文主要被受教育的特權階級使用，而白話則更為活潑，為廣大人民所用，但是被劃分為許多不同的方言，因此中國開始推廣以北京音為基礎的普通話。而季羨林也指出，在書寫領域，人民政府正在改革文字，以造福廣大勞動人民。中國的語言學家意識到傳統上生活語言與書面語之間的相對分離，影響大眾文化傳播，因此在黨的指導下並在毛主席親自參與下進行文字改革，主要工作由文字改革委員會協調。[36]

　　雖然季先生是代替羅常培作這一報告，但實際上他並非是推廣普通話和文字改革的局外人，而是一直是參與者。這裡對當時的歷史背景略作提示。早在 1949 年吳玉章即給毛主席寫信提出以文字改革來掃除文盲。很快中央便在 1949 年 10 月成立了中國文字改革協會。1952 年 2 月 5 日，政務院文化教育委員會成立中國文字改革研究委員會，由馬敘倫任主任委員，吳玉章任副主任委員，季羨林與羅常培均為委員。所以儘管季先生當時是北大東方語文系主任，但對漢語文字改革並不陌生。1953 年 10 月 1 日在黨中央成立了中央文字問題委員會。1953 年 11 月 21 日，中央文字問題委員會召開第二次會議，提出了四項初步改革辦法，包括推行簡體字、統一異體字、確定常用字並對非常用字加注音、極少數漢字改用拼音字母。1954 年 10 月，中國文字改革協會改組為國務院直屬中國文字改革委員會，季羨林與羅常培也再次列名為委員之職。1954 年 12 月 23 日，中國文字改革委員會正式成立並舉行第一次全體會議。會議最後通過了修正後的《漢字簡化方案（初稿）》和《一九五五年工作計畫大綱（草案）》。

---

[36] G. Mehnart, "Vom Schriftzeichen zum Chinesischen Alphabet: Ostasien-Forscher aus aller Welt trafen sich in Leipzig," *Neues Deutschland: Organ des Zentralkomitees der Sozialistischen Einheitspartei Deutschlands*, 03, 11, 1955.

1955 年 1 月 7 日，中國文字改革委員會發表《漢字簡化方案（草案）》。
1955 年 7 月 13 日，中國國務院成立漢字簡化方案審訂委員會，這時候季
先生和羅先生則未列名。這是季先生去萊比錫參加大會，作有關普通話推
廣和文字改革問題發言的歷史背景。1955 年 9 月，中國文字改革委員會提
出簡化漢字修正草案，經國務院漢字簡化方案審訂委員會審訂，1956 年 1
月 28 日國務院全體會議通過。1956 年 1 月 31 日，《漢字簡化方案》在《人
民日報》正式公佈。全國報刊和其他出版物也隨之逐漸改用簡體字出版。
應該提到的是，對於中國當時推廣普通話和進行文字簡化改革的運動，引
起了歐洲很多學者的興趣，1956 年翦伯贊率團去巴黎參加第九屆西歐青年
漢學家會議期間，也有歐洲學者詢問他有關資訊。

結語

　　1955 年 10 月初這次萊比錫東亞學會議，由民主德國萊比錫大學漢學
家愛吉士聯合柏林洪堡大學漢學系組織，主要以邀請中國學者為主，但參
與者眾多，不僅有社會主義陣營蘇聯、東歐等國漢學家，也有一些西歐漢
學家如何四維、龍彼得等，儘管這些西歐漢學家並未獲邀發表正式報告，
但是會上的討論和會下的交流使得當時東西方學者能夠衝破冷戰的鐵幕，
無論如何都可以算得上是一次國際漢學盛會。會議主要是為了團結西德漢
學家，而西德漢學家卻仍然視之為重要的學術會議，在會上發表的文章大
多數都是討論漢學領域專業問題，並非泛泛而談、介紹現狀，這體現出西
德漢學傳統的長期延續性，二戰以及戰後德國政治的複雜性並未讓這些學
者改換其固有研究軌道。與之相比，東德和中、蘇、捷代表則主要以介紹
本國學術現狀為主，為建立和鞏固社會主義陣營的友誼服務。西德學者大
多研究傳統漢學，主要討論中國古代歷史文化。而東德、中國、蘇聯、捷
克學者則已經有強烈的厚今薄古趨勢，主要介紹現代歷史、文學和語言研
究，這也體現了社會主義學術的國際化。換言之，厚古薄今的社會主義學

術傳統具有濃厚的國際性，不限於一國，當然也可以幫助世界各國更瞭解時代學術的變遷。這次會議在學術上並非沒有影響，會上討論的德漢翻譯問題以及《史記》的西文翻譯，在學界引起過注意。另外，會議也為各國學者討論當時引起國際廣泛關注的推廣普通話和簡化漢字運動提供了一個舞臺。這些學術趨勢，其實也在 1956 年巴黎召開的第九屆西歐青年漢學家會議上有所體現。

　　厚今薄古運動的國際性還體現在 1950 年代中國史領域的三大趨勢，一是上文已經討論到的近現代史的興起。儘管當時蘇聯學者希望用俄國十月革命作為中國近現代史的開端，但遭到中國學者的反對。有一些中國學者將鴉片戰爭視為近代的開端，而另一些馬克思主義史學家則將五四運動視為近現代的開端。無論如何，當時馬克思主義史學繼 1920、1930 年代社會史大論戰之後再次引起國際學界的廣泛關注，歐洲漢學家何四維、蒲立本都撰文介紹中國大陸馬克思主義史學的發展及其對中國歷史研究的影響。二是社會史的興起。不僅中蘇以及東歐社會主義國家強調對無產階級、工人階級以及勞動人民歷史的研究，在歐洲、美國、日本也掀起了社會史熱潮。下一章將主要以 1956 年巴黎舉行的西歐青年漢學家會議上對中國歷史分期問題為中心，探討國際漢學界對社會史的重視，這裡僅補充一點，在日本也成立了歷史學研究會，從 1946 年起以雙月刊形式出版《歷史學研究》，提出「與各學閥對抗的精神，以無名新人為主要活動主體，而學問必須為全人民存在。」日本史學在二戰後逐漸轉向馬克思主義史學，一方面清理舊天皇主義的遺存，一方面反對美國霸權主義。亞洲史學的這一特點也引出了第三個趨勢，即史學上的亞洲主體性問題。中國大陸、臺灣、日本、印度的歷史學家都強調亞洲主體性，呼應當時日益高漲的反帝、反殖、反霸運動，去殖民主義、去歐洲中心主義觀念深入人心。正如下一章揭示的，儘管臺灣在政治上被視為屬於歐美資本主義陣營，但來自臺灣到歐洲開會的方豪在與義大利學者圖齊的衝突中卻體現出強烈的主體性，對歐美霸權主義極為不滿。而中國大陸學者在歐洲參加漢學會議時，也體現出了與政治上屬於同一陣營的蘇聯學者在學術上的不同立場和看法，這些都是學術上亞洲主體性的體現。日本史學界也在尋找主體性，反省和批判帝國史學，接受社會主義理論，同時因安保事件帶來對政治主體性的反思，對福特基金會介入日本學術引發抗議，這些事件都體現出日本史學對美國學術影響的抗拒。[37]

---

[37] 正如邵軒磊指出的：「對1945-55年這段時期而言，中國主要學術系譜是成為馬克思主義逐漸內化到所有層次的中國研究之中，使得主要的學術潮流成為馬克思／非馬克思主義者對立的趨勢。日本學者受到日本敗戰與中華人民共和國的建立，以及中國當地的史觀影響，學者普遍批判日本侵略戰爭的帝國主義、軍國主義；關心日本社會的近代化、民主化達成可能性。戰後的日本史研究，對於戰前戰中皇國史觀的不理性，以及逃避現實的『實證』加以反省。永原指出：史學界已經開始認識到歷史學雖然是以過去作為研究對象，但是是透過研究主體，以現在問題意識來反映出過去，在本質上就有『政治思想特性』。所以史學的影響力，能夠擴散到社會層次。」見《戰後日本之中國研究系譜》，2009年，119頁。

第四章

國際中國社會史大論戰：
以 1956 年中國歷史分期問題討論為中心

引言

　　人類進入互聯網時代之後，全球各地從未像今天一樣緊密聯繫在一起。世界各國之間政治、經濟、文化、學術交往變得日益廣泛而密切，這種聯繫和交往速度亦前所未有。尤其本世紀以來，中國長期有數十萬學者和學生在海外講學、遊學、訪學、留學，而外國學生在華學習已成常態。每到假期，不少外國學者紛紛來華講學、考察、開會，參與學術合作。與此同時，大批 1980-1990 年代留學海外的中國學者之中，相當一部分人已在世界各地陸續取得教學和研究職位並在當地立足，為所在地教學和研究發展扮演重要角色，並長期在世界各地進行穩定和頻繁的學術交流。毫無疑問，中國學者參與世界學術發展的深度和廣度，中國學者對於當今世界學術之貢獻，早已遠遠超過上個世紀。將來的學者如果要書寫這個時代的學術史、思想史和史學史，將面臨海量的文字、圖像、聲音乃至錄影等資料，要想清理出一個清晰的圖景，將更為不易。而這種中外學術交往的程度在半個世紀以前不可想像。

　　冷戰時期的中外學術交往遠不如現在密切，1960-1970 年代大約是最令人扼腕的一個歷史階段，一方面因為冷戰意識形態的原因使中國與居於對立陣營的歐美學界幾乎處於隔絕狀態，另一方面則隨著 1960 年中蘇交惡而不再有密切的中蘇科技和學術交往。即便在中國內部，儘管不乏重要成果出現，但總體而言，學術發展較為緩慢。回顧歷史，實際上在 1958 年以前中外學術交流相對活躍，其中尤以 1956 年最為活躍。根據當時《人民日報》報導，「在這一年中，中國有七十六個科學家分別出席了在荷蘭、巴西、西班牙、比利時、法國等十三個國家舉行的十六個國際科學會議。除了在巴黎舉行的青年漢學家會議以外，其他十五個國際學術會議中國都是第一次參加。此外，中國科學家還出席了一國舉行的三十多個科學會議。去年，中國科學家只參加了四個國際性學術會議和一國舉行的二十一個科學會議。」[1] 在 1950 年代，只有美國學者因為受朝鮮戰爭影響訪華較為困難。歐洲學者則常常來訪，中國學者也偶爾去西歐參加學術會議或以文化代表團名義出國交流。有一些學術交往隨著近年各種資料的陸續披露，圖景越來越清晰，比如中國學者參與西歐青年中國學家會議（the conferences of Junior Sinologues），便是一例。

西歐青年中國學家會議自 1948 年至 1972 年幾乎每年輪流在歐洲各地召開，僅有兩年中斷，一是 1960 年莫斯科會議因為參加人數過少而取消，二是 1968 年布拉格會議因為捷克斯洛伐克爆發「布拉格之春」導致當地政治形勢惡化而取消。雖然中國大陸學者僅參加了 1955 年萊頓第八次會議和 1956 年巴黎第九次會議，但在當時均引起國際學界很大轟動，促使當時大陸史學界內部熱議的中國歷史分期問題，在歐美學者中間引發了極濃厚的興趣和極熱烈的討論。這種興趣既受當時歐美中國學學術發展的內在理路啟發，也與當時冷戰初期國際政治形勢、冷戰初期歐美學者的思想左傾大環境密切相關。因此，歐洲青年中國學家會議與中國之間的關係也應該放在這三者形成的國際政治、思想、學術和社會網路中進行探討。當時以政治立場而言，西歐學者和蘇聯、東歐、中國學者分屬資本主義和社會主義兩大陣營，而在兩大陣營內部，各個國家、地區的學者內部卻存在思想立場、政治立場上的差異。當時西歐學者普遍思想上左傾，一些學者對來自社會主義國家的學者頗有好感，而在港臺地區，卻有一些學者對西歐學者的思想左傾抱敵視態度，這樣在各國學者之間就形成了非常複雜的政治和思想群體。這些複雜的政治、思想、學術衝突，在這些會議上表現甚為突出，值得放在冷戰的大背景下進行仔細分析。

有關 1950 年代中國學者參與西歐青年中國學家會議的往事，不僅當時會議組織者留下了相當一部分檔案文獻，如當時的會議手冊（conference proceedings）等等，也有不少當時學者的報導，如翦伯贊、張芝聯、周一

---

[1]　《人民日報》1956年12月30日〈中外科學家接觸頻繁，今年有二十七國同我國進行學術性往來〉。

良回國後在《人民日報》、《歷史研究》、《北京大學學報》、《文匯報》等發表的報導[2]，義大利學者郎喬蒂（Lionello Lanciotti）在羅馬學術期刊《東方與西方》（*East and West*）的報導，英國學者馬若德（Roderick L. MacFarquhar）在《中國季刊》（*The China Quarterly*）上的評論，法國學者謝諾（Jean Chesneaux）發表有關中國近代史的文章時也提到了這些會議[3]，臺灣學者方豪在會後也發表了會議觀感。這些文章大多出現在公開出版物，從中可以看出當時學術會議背後的政治、文化交流與衝突。自1980、1990 年代以來，當年參與會議的學者晚年陸續出版了回憶錄或回憶文章，很多人都提到了這些會議，比如美國學者費正清、牟復禮（Frederick Mote）、德國學者傅吾康（Wolfgang Franke）、中國學者周一良、張芝聯等等。而夏鼐先生的日記也在前些年出版了[4]，提供了有關他參與會議的

---

[2] 有關1955年萊頓會議，見周一良，〈我國歷史學家參加在荷蘭萊登舉行的青年漢學家年會〉，《歷史研究》1956年第2期，第49頁；有關1956年巴黎會議，見翦伯贊，〈第九次青年漢學家會議紀要〉，《歷史研究》1956年第12期，第87-93頁；翦伯贊，〈記巴黎青年漢學家會議〉，《人民日報》1956年10月31日；張芝聯，〈「歷史分期問題」的討論在巴黎：記第九次青年漢學家會議〉，《光明日報》1956年10月30日，該報9月8中國日還刊發了通訊〈二十一國漢學家在巴黎開會討論中國歷史分期問題〉；張芝聯，〈介紹第九屆國際青年漢學家年會上的論文〉，《北京大學學報》1957年第1期，109-112頁；周一良，〈記巴黎的青年漢學家年會〉，《文匯報》1956年10月12日，收入《郊叟曝言》，北京：新世界出版社，2001年，1661-172頁。張傳璽，《翦伯贊傳》（北京：北京大學出版社，1998年）中對翦老參加萊頓和巴黎會議（第296-301頁）也有詳細的記錄，見拙文〈冷戰下中西史家的首次接觸：1955年萊頓漢學會議試探〉《文史哲》2015年第1期，第69-84頁中相關討論。

[3] 謝諾發表的若干文章，吸收了翦伯贊、周一良、張芝聯等人對中國國內就近現代史研究提供的資訊，為此做了介紹，見Jean Chesneaux, "L'histoire de la Chine aux XIXe et XXe siècles,"*Annales. Économies, Sociétés, Civilisations.* 10e année, no. 1, 1955, pp. 95-98; "La Chine contemporaine: État des travaux," *Revue française de science politique,* 8e année, no. 2, 1958, pp. 384-411.

[4] John King Fairbank, *Chinabound: A Fifty-Year Memoir,* New York: Harper and Row, 1982.費正清，《費正清對華回憶錄》，北京：知識出版社，1991年；中國新譯本《費正清中國回憶錄》，北京：中信出版社，2013年；傅吾康回憶錄，Wolfgang Franke, *Im Banne Chinas. Autobiographie eines Sinologen, 1912-1950,* Bochum: Projektverlag, 1995, *Im Banne Chinas. Autobiographie eines Sinologen 1950-1998.* Bochum: Projektverlag, 1999. 傅吾康，《為中國著迷：一位漢學家的自傳》，北京：社會科學文獻出版社，2013年；牟復禮回憶錄，Frederick W. Mote, *China*

詳細記錄。除此之外，當年的旁觀者和參與者還留下了一些往來書信，比如楊聯陞與胡適的通信、李濟與張光直的通信等等，都保存了有關這些會議的一些議論。這麼多文獻給我們理解和認識當時中國學者參與西歐青年中國學家會議留下了非常豐富的史料，他們各有側重，常常可以互相補充其他材料忽視的一些細節。無論如何，新史料常常會促進當代讀者對歷史的新知，並引發讀者對歷史事件的重新思考和認識。

　　各國學者組織和參與國際學術會議對於國際學術共同體（international academic community）的形成有非常重要的意義。入江昭指出，國際學術界在近二、三十年來已經意識到必須重視跨國議題研究，這些重要跨國議題包括環境保護、疾病控制與防治、人權議題、文化交換等等。這些議題不僅涉及到多國政府組織和機構，也涉及到非政府組織和機構。入江昭本人在1990年代即開始關注國際教育交流以及相關項目，他認為存在一個所謂的文化國際主義（cultural internationalism），一些國際非政府組織在全球社區（global communities）的整合和形塑方面扮演了極為重要的角色。[5] 在我看來，國際會議實際上也同樣在全球社區的形塑中扮演了重要角色，比如國際中國學會議即有將全球中國學者聚集在一起形成一個中國學全球社區（a global community of Chinese Studies）的重要作用。西歐青年中國學家會議一開始只是青年學者之間較為鬆散的聯誼活動，後來形成了有計劃、有目的、有制度的國際大會，輪流在西歐和東歐各大城市舉行，並吸引了來自美洲、亞洲、大洋洲等地學者參與，對於構建冷戰時期的國際中國學界起到了積極作用。

---

and the Vocation of History in the Twentieth Century: A Personal Memoir, Princeton: Princeton University Press, 2010；周一良，《畢竟是書生》，北京：十月文藝出版社，1998年；張芝聯，《我的學術道路》、《二十年來演講錄》，北京：三聯書店，2007年；夏鼐，《夏鼐日記》，上海：華東師範大學出版社，2011年。

[5]　Akira Iriye, *Global and Transnational History: The Past, Present, and Future* (Basingstoke and New York: Palgrave Macmillan, 2012), p. 15. 入江昭還以1972年赫爾辛基舉行的聯合國支持的自然環境會議為例，說明研究國際會議的重要性，認為這一會議乃是冷戰時期地緣政治的一個小註腳。

　　中國大陸學者參加了兩次西歐青年中國學家會議，受當時歷史條件限制，與會者僅限於翦伯贊、周一良、夏鼐、張芝聯等歷史學者，但西歐青年中國學會議參與者發表的論文並不限於中國史學，也涉及語言、文學、政治、經濟等中國學的方方面面。今天我們書寫二戰後的國際史學史，不能忽視西歐青年中國學家會議。中國學者雖然都是歷史學者，他們參與西歐青年中國學家會議的表現以及影響，並不僅僅是史學史論題，同時也是思想史、學術史議題，甚至可以說是冷戰時期意識形態鬥爭的政治史。二戰後涉及中國學術的世界學術史至少可以有兩種寫法，一是以地區為單元，以中國為中心的寫法，這種寫法會寫成中國當代對外學術交流史；二是以政治為基準，以資本主義和共產主義兩大陣營政治和意識形態對立為中心的寫法，這種寫法會將中國學術納入共產主義陣營。但這兩種寫法，都會忽視廣大第三世界各國的學術，比如拉美、非洲、南亞、東南亞和西亞地區，實際上當時郭沫若、鄭振鐸、夏鼐、季羨林、周一良等學者多次出訪一些第三世界國家，進行學術交流，這些交流也是當代世界學術史的重要篇章。

　　如果考慮第三種寫法，則應該書寫學術史的全球史，將中國學術發展、中國與其他各國學術的交流納入整個世界學術共同體形成與演變過程之中，書寫更為全面的學術史、史學史，但這樣一種寫法的目標難以在一篇文章中實現。以中國為中心的第一種寫法，常以中國學者為重點，以中國史學為重點，在內容側重方面容易把握，但也容易寫成中外關係史或者中西文化交流史。而第二種寫法，集中在資本主義和共產主義或美蘇兩大陣營，則容易寫成冷戰時期意識形態鬥爭的歷史，寫成馬列史學和資本主義史學（資本主義和西馬史學）對立的歷史。[6] 我們不可否認，在冷戰時

6　中國當代學者對中國馬克思主義史學的研究在近20年取得了很多成果，中國學者發表了大量論著討論，而在西文學界也出現了不少論著，如Susanne Weigelin-Schwiedrzik,"On Shi and Lun: Toward a Typology of Historiography in the PRC," *History and Theory*, Vol. 35, No. 4, Theme Issue 35: Chinese Historiography in Comparative Perspective (Dec., 1996), pp.74-95; Arif Dirlik,"Social Formations

期，學術界存在東、西德之間的鬥爭，美、蘇之間的鬥爭，蘇聯建國後也
發展出對沙俄侵略和吞併中亞進行合法化和合理化解釋的理論，目的在於
消除中亞各個民族的自我認同，構建蘇聯國家認同。[7]而 1950、1960 年代
亞非拉地區如火如荼的反帝、反殖、反霸鬥爭，也獲得了蘇聯領導的社會
主義陣營支持，中國在 1950 年代奉行一邊倒政策，即對這些鬥爭予以支
持。這種國際政治局勢對促進中國研究第三世界國家歷史起了極大的推動
作用，亞洲史、非洲史、拉丁美洲史在中國陸續興起，一些學者也適應時
代需要改行做世界歷史研究。周一良先生在 1955 年去萊頓參加西歐青年
中國學家會議上發言時，即主要介紹了中國的亞洲史研究，這種歷史研究
特別注重亞洲人民反帝反殖反霸鬥爭的歷史[8]，這一研究趨向與歐美對其
他各國進行研究的國際區域史取向迥異。當時北京出版的《歷史研究》也
注重介紹社會主義陣營各個國家的歷史學，如東歐各國的歷史學以及朝
鮮、越南的歷史學。這在今天是不可想像的，現在的歷史學刊物很少會留
出篇幅介紹越南、朝鮮的歷史學。當時的史學確實很大程度上要為社會主
義陣營意識形態服務。

　　在開始正式討論之前，這裡先澄清一些相關的名詞和概念。本章所謂
「歐洲青年中國學家會議」，在中國大陸學界最初由周一良先生在《歷史
研究》1956 年第二期予以介紹，稱之為「青年漢學家年會」。當時他陪同

---

in Representations of the Past: The Case of "Feudalism" in Twentieth-Century Chinese Historiography," *Review* (Fernand Braudel Center), Vol. 19, No. 3, "Social Science Concepts" (Summer, 1996), pp.227-267; Q. Edward Wang, "Encountering the World: China and Its Other(s) in Historical Narratives, 1949-89," *Journal of World History*, Vol. 14, No. 3 (Sep., 2003), pp.327-358; Huaiyin Li, *Reinventing Modern China: Imagination and Authenticity in Chinese Historical Writing*, Honolulu: University of Hawaii Press, 2013, chapter 3: "The Making of a New Orthodoxy: Marxist Historiography in the 1950s."

[7] Vladimir Fedorenko, *Central Asia: From Ethnic to Civic Nationalism*, Washington, DC: The Rethink Institute, 2012.

[8] Gi-Wook Shin, Daniel C. Sneider eds., *History Textbooks and the War in Asia: Divided Memories*, London: Routledge, 2011, pp.44-45；引用毛澤東主席的話談朝鮮戰爭。

翦伯贊先生參加了 1955 年萊頓第八次會議，回來之後做了簡短的報導。
他所謂「青年漢學家年會」也並非是會議本身自己的用法，會議本身的英
文名稱是 The Conference of Junior Sinologues，因每年一次，故周先生稱之為
年會。周先生在報導中對會議起源做了一點簡單介紹，他說：「一九四八
年夏，西歐若干國家一些比較年輕的『漢學』家們在荷蘭萊登聚會，交換
研究工作和圖書資料的情況，創始了青年『漢學』家年會，以後每年輪流
在倫敦、巴黎、羅馬等地召開。」[9] 第一次會議並非在 1948 年夏舉行，而
是在 1948 年 1 月 6 日至 12 日。

　　1956 年第 12 期《歷史研究》則刊出了翦先生報導 1956 年巴黎會議的
文章，他在文章中稱之為「青年漢學家會議」[10]。無疑是相當準確的，因
為會議本身名稱從未帶有歐洲字樣。1960 年第 4 期《歷史研究》報導了第
12 屆青年中國學家國際會議，也稱之為「中國問題會議」[11]。這些會議所
討論主題不限於傳統漢學，不少論文是討論現當代中國問題，所以說「中
國學家」更為切題。而且 Sinology 本身譯成「漢學」也成問題，因為所謂「漢
學」主要處理漢文文獻，而實際上 Sinology 很大程度上是傳統東方學的一
部分，很多學者常常結合漢文和非漢文文獻（比如敦煌和西域出土的胡語
文獻）討論中國歷史、語言、考古問題，不如回歸到「中國學」為佳。本
章為了方便理解會議輪番舉辦於歐洲各個城市起見，稱之為「歐洲青年中
國學家會議」。雖然會議主要面向青年中國學家，但每次會議均吸引相當
數量的資深學者，這些資深學者與中國學者之間並非初次見面，所以會議

9　周一良，〈我國歷史學家參加在荷蘭萊登舉行的青年「漢學」家年會〉，《歷史研究》
　　1956年第2期，第49頁。有關翦先生和周先生參加這次會議的詳細研究，參見拙文〈冷
　　戰下中西史家的首次接觸：1955年萊頓漢學會議試探〉，《文史哲》2015年第1期，第
　　69-84頁。因為這篇文章已經有較為詳細的討論，本文對這次會議的討論從略。
10　翦伯贊，〈第九次青年漢學家會議紀要〉，《歷史研究》1956年第12期，第87-93頁；
　　周一良，〈記巴黎的青年漢學家年會〉，原載《文匯報》1956年10月12日；收入《郊
　　叟曝言》，北京：新世界出版社，2001年，第161-172頁。
11　〈第12中國屆青年中國學家國際會議〉，《歷史研究》1960年第4期，作者署名夏楊，
　　根據蘇聯《東方學問題》1959年第6期摘譯。

本身不僅帶有以文會友、幫助各國青年學者擴大學術交往的性質，也有幫助各國資深學者重新建立學術聯繫的作用。

　　本章討論的第一個問題是中國學者參與西歐青年中國學家會議始末。這裡所說的中國學者，不僅包括中國大陸學者，也包括港臺學者，以及旅居海外的學者。所謂海外中國學，從來不是單純由海外學者創造的，它一直是國際中國學界的集體產物。無論是旅居海外的中國學者，還是中國大陸、港臺學者，都在不同程度上參與了海外中國學的創造和發展。中國大陸、港臺學者對海外中國學提出的挑戰，實際上反過來促進了海外中國學的反思和發展。本章將重點討論大陸學者在會議上提出何種論題、有何表現，又在何種程度上引起歐美學者的興趣、有何影響，並對這些論題出現的國際思想、文化、學術乃至政治背景進行梳理。其次要討論的問題是，歐美中國學家如何理解並認識當時中國學術界、對中國學者參加會議持何種態度。歐美中國學家雖然所持的政治立場不同，對海外中國學者、大陸港臺學者與會的態度也有所不同，這種態度背後的政治和學術因素都值得仔細討論。再次，港臺學者和大陸學者與歐美學者如何理解和適應西歐青年中國學家會議的不斷擴大，這內部又是如何形成各種誤會和鬥爭，冷戰時期各地區學者又如何因為政治立場不同引起爭執，也值得討論。

　　西歐青年中國學家會議的歷史，儘管很早就引起學者的注意，但在學界並沒有出現全面系統的研究。早在 1958 年，方豪先生即提出，一個會議如有十年以上的歷史，便值得寫一篇小史。他在 1958 年參加第十一屆會議時向會議早期發起人荷蘭學者龍彼得（Piet van der Loon）先生提出修史建議，以免史料散佚。他在會上也問了不少學者關於這個會議的歷史，注意到幾乎無人每屆都參與，大家所知都一鱗半爪。龍先生卻認為會議要等舉辦三十年時再寫歷史，而他自己已注意搜集史料，已積兩尺高。這個會議從 1948 年辦到 1972 年，終究沒有達到龍先生期待的三十年。本章當然也無意寫成一篇該會小史。方先生簡單介紹了這個會議與中國的關係，指出 Sinology 是指有關中國的研究，也是西方學者對東方國家研究即東方學的一個組成部分，因為不少東方地區曾是西方的殖民地，西方學者對這些地區的研究有其方便，亦有其優越感。他指出：

> 以漢學來說，在我們的立場上，不應該成為漢學，而是「國學」。我們對於研究自己本身的事，無論語言文字，當然較外人為便利；但學術為天下公器，我們不能閉關自守，亦不必閉關自守，只要其目的不是為文化侵略，我們都歡迎；只要其研究成果實有可取，我們亦衷心接受。國際上的學術交流，亦和國際間貿易相同，必須知道國際行情，愈詳愈好，愈新愈好。所以對於這一會議，我國絕不能置之不理。[12]

當然他這裡所謂「我國」指的是當時退守臺灣的蔣介石「國民政府」。接著他便追溯了中國人參加歷次會議的歷史，但卻不僅僅限於當時臺灣學者。他提到的中國學者包括臺灣學者、大陸學者、旅居海外的中國學者等等，不過以和臺灣關係較近的學者為主。他提及 1949 年以後因政府剛退守臺灣，沒有財力參與這一會議。但因為一部分漢學家太太是中國人，加上一些中國學者旅居歐洲，他們很早就參加了這一會議，只不過臺灣所知不多。方先生說得不錯，下文將提到，實際上 1950 年在倫敦亞非學院召開第三次會議時，已有多位當時在英國的中國學者如傅樂煥、劉殿爵等人參加。

真正兩岸學者同時參加會議是 1955 年萊頓會議，大陸派出翦伯贊和周一良，臺灣則有當時臺大歷史系講師陳荊和在巴黎進修，請示了當時臺大文學院，在院長沈剛伯指示下就近參加。1956 年巴黎會議則參與的中國學者甚多，大陸除了上次與會代表翦伯贊、周一良繼續參加之外，加派了夏鼐、張芝聯。香港大學派出羅香林、饒宗頤兩位，其他海外中國學者則

---

[12] 方豪，〈出席第十一屆國際青年漢學家會議報告〉，載《方豪六十自定稿補編》，臺北：學生書局，1969年，第2624頁。

有旅居倫敦的鄭德坤、旅居馬來亞的賀光中等等。臺灣派出正式代表團參加了1957年德國馬堡會議，成員包括李濟、方豪、張致遠三位，而大陸代表則缺席這次會議。那一年參加馬堡會議的其他中國學者還包括港大羅香林、饒宗頤、劉若愚，還有新亞書院牟潤孫，以及旅居香港的柳存仁，旅居海外的其他一些中國學者也參加了會議，如新加坡潘重規、華盛頓楊覺勇、漢堡趙榮琅、劍橋王鈴、倫敦陳志讓等人。還有一些是歐美學者的華人親屬，如傅吾康夫人胡雋吟參加了1953年9月7日至12日在羅馬召開的第七次會議。[13]

　　方豪先生所提到的1956年會議中國學者參與情況，也可以在饒宗頤先生的回憶中得到印證。饒先生回顧自己與日本和歐洲中國學家的交往時說，他第一次去日本是1954年去京都大學見吉川幸次郎，而第一次去歐洲則是1956年去巴黎參加青年中國學家會議，並在會上見到了周一良、翦伯贊、夏鼐等人。[14]他後來也參加了馬堡和帕多瓦舉行的中國學家會議。當時雖然大陸和臺灣已在政治上、軍事上處於對立狀態，但兩岸三地學者卻仍有機會借助西歐青年中國學家會議得以在萊頓、巴黎等地碰面，一起參加學術討論，這也算是冷戰時代難得的現象，當然也值得我們今天來回顧和反思。

第一節　歐洲青年中國學家會議之由來與早期發展

　　歐洲青年中國學家會議最初動議是在1947年夏季。當時英國的一些青年中國學家到萊頓訪問同行，雙方意識到各自均處於獨學而無友的狀

---

[13] *VI Conferenza Sinologi Juniores*, Roma: Istituto Italiano per il Medio ed Estremo Oriente, 1953, pp.26-28. 她提交了論文〈中國京劇的幾個特點及其表演技巧示例〉，用中文發表。這次會議主要實際組織者包括義大利中東遠東學院的Luciano Petech, Mario Bussagli, Lionello Lanciotti（郎喬蒂）等三人，但會議得到院長圖齊和副院長Alberto Giuganino大力支持。圖齊是一位親共學者，而Giuganino在1957年曾與郎喬蒂一起訪問中國大陸。

[14] 饒宗頤，〈我所認識的漢學家〉，《光明日報》，2000年4月6日。

態，遂討論了舉辦中國學家會議的計畫。1948 年 1 月 6 日至 12 日，來自歐洲六所大學的青年中國學家們首次聚集在劍橋召開了第一次會議，這六所大學包括萊頓、斯德哥爾摩、巴黎、倫敦、劍橋、牛津。雖然會議主要面向青年學者，但資深學者起了很大支持作用。在這次劍橋會議上，與會者很殷切地希望最終能出現一個密切合作的歐洲中國學派（School of European Sinology），促進密切的資訊交流和人員互訪，這些資訊包括課程講義和圖書設備等等。會議也擬定了未來交流計畫。[15] 可見青年中國學家會議最初主要由英國和荷蘭青年中國學家發起[16]，目的是促進歐洲內部中國學學術交流，並形成以大學為中心的所謂一體化歐洲中國學派。

　　傅吾康在回憶錄《為中國著迷》一書中也簡要回顧了西歐青年中國學家會議的創辦經過。他指出：

> 倡議者之一是劍橋的龍彼得，我從中國回來途經英國時認識了他。龍彼得來自弗里希亞群島的荷蘭部分，與之相應，他的個性很強，固執己見。他的漢學知識很牢固，也希望其他人具有同樣嚴謹細緻的學術精神，言辭常常很尖刻，當中粗暴地羞辱他人。我在這方面不是特別敏感，所以從一開始就和他很合得來。龍彼得是青年漢學家會議的靈魂發動器。起初，參加會議的人僅僅來自五個國家：英國、荷蘭、法國、義大利和聯邦德國。上一代的漢學開創者沒有參加。會議是非正式的，很自由。全體與會人員盡可能一起住在某個

---

[15] "Introductory Note, *Notes on a Conference of Junior Sinologues held at Cambridge, London, and Oxford,* January 6th-12th, 1948. 有趣的是，這份會議程序冊封面的最下方印著「私人和保密」（private and confidential）字樣。最初似乎是僅僅限於流通於與會者內部。

[16] 方豪先生在〈出席第十一屆國際青年漢學家會議報告〉中也說：「一九四八年，一些在當時自認為青年的歐洲漢學家，為交換意見，集思廣益起見，發起了這個一年一度的國際性的所謂青年漢學家會議。主要的發起人是荷蘭的龍彼得先生（Piet van der Loon），其餘發起人分隸於英、法、德、荷、義五國。」（《方豪六十自定稿補編》，臺北：學生書局，1969年，第2623-2625頁）此處他主要以國家列出最初的發起人，但實際上第一屆會議參與者有來自瑞典斯德歌爾摩的學者而無義大利學者。

學生宿舍或類似的地方，一起吃飯，共同生活，時間長達一周。會議大部分時間用於自由討論。這類不算官方組織的歐洲合作，當時還很罕見。儘管我有教授的地位，但卻感到自己還足夠年輕，可以加入這個圈子。[17]

　　這是歐洲中國學家留下的較為詳盡介紹早期西歐青年中國學家會議的文字，特別標出了龍彼得在開創西歐青年中國學家會議過程中所起的重要作用，並提示了會議最初作為青年聯誼會的組織性質。

　　劍橋會議之得以舉辦，確實與當時資深學者支持分不開。當時英國資深中國學家主要包括劍橋夏倫（Gustav Haloun）[18]、倫敦亞非學院西門華德（Walter Simon）、倫敦大英博物館翟林奈（Lionel Giles）、牛津德效騫（Homer H. Dubs）等等。會議本身除了交流資訊之外，也有很強的聯誼性質，雖然會期長達 6 天，但真正論文發表的時間並不多，這次會議上僅有四篇正式論文，分別由四位資深學者發表，包括夏倫的〈中國古籍的文獻研究之諸方法〉、魏禮的〈列子與中國文獻斷代〉、西門華德的〈關於虛詞「也」的一點想法〉、德效騫的〈三至四世紀馬茲達教入華考〉。而青年學者主要是觀摩和參加討論，包括後來在歐美學界極為活躍的何四維（A.F.P. Hulsewé）、蒲立本（Edwin Pulleyblank）、芮瑪麗（Mary Wright）、謝和耐（Jacques Gernet）、畢漢思（Hans Bielenstein）、龍彼得等，他們都是當時尚未取得博士學位、剛剛開始進入研究領域的青年。與會者除了出席論文發表、參與討論之外，也花了很多時間參觀考察和交流意見，考察了劍橋、牛津、倫敦亞非學院等一些高校的相關中文藏書，還參觀了大英博物館組織的小型敦煌文書展覽。1 月 9 日大家也互相通報了

---

[17] 傅吾康，〈青年漢學家會議〉，《為中國著迷：一位漢學家的自傳》，歐陽甦譯，李雪濤、蘇偉妮校，傅復生校，北京：社會科學文獻出版社，2013年，第284-288頁。傅吾康在回憶錄《為中國著迷》一書中簡要回顧了他參加的歷次會議發展情況。

[18] 有關他的事蹟，參見朱玉麒，〈古斯塔夫哈隆與劍橋漢學〉，《國際漢學研究通訊》第3期，北京：北京大學出版社，2011年，第261-310頁。

自己正在進行的研究項目。

　　第一次青年中國學者會議有幾個特點。首先，會議雖然叫「一個青年中國學者會議（A Conference of Junior Sinologues）」，會議論文主要發表者卻是資深學者，他們的論文側重傳統中國歷史、語言研究，也即是傳統東方學的語文學（philology）研究。其次，與會青年學者當時基本上都尚未出道，沒有博士學位，正在讀研究生，來參加會議主要是觀摩和學習前輩學者如何做學問。再次，會議時間較長，代表們花較多時間參觀考察圖書館和博物館，以及互相交換學術資訊。最後，與會者主要來自西歐六所大學，被認為是代表這些大學來交流中國學資訊。

　　這些特點後來在歷次會議上陸續被顛覆了。1949 年 4 月 8 日至 14 日第二次會議在萊頓舉行，論文發表人變成以青年學者為主，成為真正的青年中國學者會議（圖四）。與會者來自西歐七所大學，除了上次參加劍橋會議的六所之外，還增加了傅海波（Herbert Franke）代表的西德科隆大學。其實，當時會議邀請了一些資深學者，像法國戴密微、戴何都、瑞典高本漢等人都被邀請來發表論文，但都未能與會。其他如布拉格、牛津、漢堡、哥廷根、柏林一些學者也收到邀請，也沒來。雖然發表論文學者不多，但這次會議參與者來自七校，多達數十人。正如會議組織者克拉默斯（R. P. Kramers）所言，上次劍橋會議是為了籌畫未來，而這次會議目的則是為了展示一些個人和集體合作學術成果。這次會議還實驗性地邀請了一些古典學、歷史、聖經學等中國學以外的學者作了一系列報告，主要討論各自領域內對文獻的處理方法[19]，以備青年中國學家們參考。然後是芮瑪麗、龍彼得、何四維、蒲立本等人發表與他們博士論文題目相關的研究論文。唯一發表論文的資深學者是萊頓的戴聞達，他主要介紹了荷蘭的中國學學術

---

[19] 這些報告包括W. Den Boer, "The Struggle Against the Supremacy of the Philological Method in Classical Studies," J. G. Locher, "On the Methods of Textual Criticism in the Field of History," J. de Zwaan, "On the Method of Textual Criticism in New Testament Studies," *Proceedings of the Conference of Junior Sinologues held at Leiden*, April 8-14, 1949, pp. 2-7.

圖四｜1949年萊頓西歐青年漢學家會議

史。這次會議的明顯變化是參與的大學與學者的數量都急劇擴大。

　　1950年6月第三次會議由倫敦亞非學院蒲立本組織，參與學校和人數又有增加，共有六十餘人參加，來自西歐英、法、荷、德、瑞典的九所大學。西德除了上次傅海波繼續參加之外，又增加了漢堡福克司（Walter Fuchs）、美因茨溫特菲爾德（Viktoria von Winterfeldt-Contag）夫婦。劍橋青年唐史學者杜希德（Denis Twitchett）也首次參加。法國則來了吳德明（Yves Hervouet）、蘇遠鳴（Michel Soymié）等人。白樂日接受了與會邀請，但未出席，只提交了論文。倫敦亞非學院作為東道主，自然參加的人最多，除了組織者蒲立本之外，還有後來成為知名中國藝術史家的蘇利文（Michael Sullivan）、中國哲學史專家葛瑞漢（A. C. Graham）、中國近現代史學者秦瑞（J. Chinnery）。當時在該校留學的一些中國學者，如傅樂煥、黃錫凌、劉殿爵數人也參加了這次會議。[20] 傅樂煥剛剛拿到博士學位，參加完會議之後回到中國大陸[21]，而黃錫凌是 1949 年才進入倫敦大學，1950年則接受了香港大學講師一職，也在參加完會議之後去了香港。劉殿爵當時剛被任命為遠東部中國哲學講師[22]，後來還參加過幾次西歐青年中國學家會議，並在 1956 年巴黎會議上見到了中國大陸代表夏鼐等人。[23]

1951 年第四次會議在巴黎索邦大學舉行。傅吾康夫婦都參加了，住在學生宿舍區。傅吾康晚年回憶錄留下了關於這次會議的一些美好回憶。當時傅吾康的一些法國學界朋友比如于儒伯、康德謨夫婦和李嘉樂還在北京。他們夫婦見到了白樂日，並與戴密微共進晚餐。他們遇到了一些熟人如賓格爾、林聖觀、龍彼得、傅海波等人。這次會議是法國中國學展示其雄厚力量的一次機會。

第五次會議於 1952 年 9 月 8 日至 14 日在瓦恩舉行，組織者是科隆無薪講師傅海波。這次會議上，在哥廷根教中文的博士生劉茂才介紹了他對東突厥史的研究，這是他當時正在寫作的博士論文計畫。劍橋博士生杜希德介紹了自己的唐代經濟史研究，吳其昱介紹了自己正在研究漢文文法。[24]這次會議與會者來源地區十分廣泛。會議邀請了西歐地區以外的多位學者，他們來自澳洲、美洲、亞洲各國，包括澳大利亞坎培拉畢漢思（Hans Bielenstein，研究《後漢書》）[25]、麥基洛（B. McKillop，研究陸象山）、加拿大多倫多杜百勝（W. A. C. H. Dobson，研究漢代和中文文法）、印尼雅加達曾祖森（Tjan Tjoe Som，研究《漢書五行志》）、日本東京山本達郎（研

[20] *The Third Conference of the Junior Sinologues*, London, 1950, p.16.
[21] 傅樂煥在John Pratt爵士指導下完成博士論文《捺缽與斡爾魯朵》（*Natpat and Ordo. A Study of the Way of Life and Military Organization of the Khitan Emperors and Their People*）。
[22] 何志華：〈研思精微、學術典範：劉殿爵教授生平概述〉，《中國文化研究所學報》第51卷，2010年，8頁。
[23] 夏鼐，《夏鼐日記》卷五，1956年9月12日週三下午，「中國學生駱惠敏、左景權、王銓（應是鈴）、吳其昱、劉殿爵五人來談話」。
[24] *V. Junior Sinologues Conference*, Wahn/Köln, 8-14 September, 1952.
[25] 實際是瑞典學者，高本漢的弟子，1952年才去坎培拉任教，1961年回美。

究 17、18 世紀的近代中國史）等等。[26]

　　1953 年 9 月 7 日至 12 日，第六次會議在羅馬中遠東研究院舉行。傅吾康說他在這次會議上第一次見到何四維。第七次會議組委會包括伯戴克（Luciano Petech）、布薩利（Mario Bussagli）、白佐良（Giuliano Bertuccioli）、郎喬蒂等四人。當時有來自十二國的代表參加，包括有來自土耳其、瑞士、奧地利的代表。與會西歐中國學代表之中，除了上述傅吾康、何四維之外，還有福克司、謝和耐、白樂日、葉理夫、杜希德、鮑吾剛等學者。這次會議甚至吸引了一些知名佛教學家出席，如日本鈴木大拙[27]、法國巴羅（André Bareau）等等，以及當時在巴黎利用敦煌漢文和回鶻文文獻寫作博士論文的哈密屯（James Hamilton），這也許是因為當時中遠東研究院院長是佛學家、藏學家圖齊的緣故。這次會議上傅吾康夫人胡雋詠提交了中文論文《中國京劇的幾個特點及其表演技巧示例》。[28]當時在牛津任教的中國學者吳世昌先生也參加了這次會議。

　　1954 年 8 月 28 日至 9 月 2 日在英國杜倫大學哈特菲爾德學院舉行了第七屆會議，首次邀請了美國、蘇聯兩國代表參加，美國來了海陶瑋（James R. Hightower）、蘇聯來了郭瓦烈夫（E. Kovalev）和齊赫文斯基（S. Tikhvinsky）兩位。[29]齊赫文斯基後來回憶說，蘇聯成立後一直沒有太多國際學術交流，直到 1950 年代初蘇聯政府才決定恢復蘇聯東方學家與國外

---

[26] *V. Junior Sinologues Conference*, Wahn/Köln, 8-14. September, 1952. 會議主要組織者是 W. Speiser 和傅海波（Herbert Franke）。傅吾康說，這次會議第一次有了來自亞洲的代表，即日本東京的山本達郎。儘管山本在中國學界以研究敦煌文獻知名，但他在這次會議上提交的論文是討論1922-1927年的中國反基督教運動。其實這次會議上還有來自雅加達的代表曾祖森。

[27] "The VI Conference of Junior Sinologues," *East and West*, Vol. 4, No. 3 (1953), p.181.

[28] *VI Conferenza Sinologi Juniores*, 7-12 settembre, 1953, pp.26-32.

[29] 這次會議是緊接著劍橋舉行的第23屆國際東方學家大會之後召開的，所以很多與會者接著就來參加杜倫大學中國學會議。見Raymond Dawson, "Preface, *VII Conference of Junior Sinologues*, Aug. 28-Sept. 2,1954, School of Oriental Studies, Durham, p. iii. 此次會議由斯伯丁基金會（Spalding Trust）、倫敦的大學中國協會、牛津大學東方學董事會贊助。西德派出了大型代表團來參加杜倫會議，但東德沒有學者參加。

同行的交流，於是派人參加了在劍橋舉行的第 23 屆國際東方學家大會。此事引起英國媒體的報導，1954 年 8 月 30 日出版的《泰晤士報》指出，蘇聯派代表參加這次東方學家大會是最引人注目的事件。隨後蘇聯代表也參加了劍橋青年中國學家會議。據齊赫文斯基回憶，「英國有一個基本上由年輕人組成的青年漢學家組織，他們欲與阿列克謝耶夫比高低，對他所奠定的古典學派進行發難。就是這個青年漢學家組織後來轉變成歐洲漢學家協會，並成功地開展著自己的工作。」[30] 齊赫文斯基說青年漢學家組織是為了和俄國學者阿列克謝耶夫爭高低，未免誇大了阿列克謝耶夫的地位，這也算是蘇聯學術民族主義心態的一種表現。他的晚年回憶似有誤，當時並沒有組織，而是當時英國和荷蘭青年學者的聯誼會。

　　在這次杜倫會議上，美蘇學者參與人數較少，也沒有很強的政治背景，所以當時還沒有爆發特別明顯的意識形態衝突。這次會議上來自法國、德國、義大利、荷蘭、蘇聯、美國和英國十五所大學的代表也通過一項決議，支援龍彼得組織編纂歐洲圖書館所藏漢文叢書聯合目錄，這可能是西歐青年中國學家會議歷史上第一個國際合作項目。法國青年學者、法共黨員謝諾則在這次會議上討論了中國史與世界史的關係問題，並介紹了當時中國正在進行的近代史資料整理工作。龍彼得認為研究中國必須多角度，對中國學方法進行了反思。而白樂日則從經濟社會史角度提出了他對中國歷史分期的看法，並介紹了宋史研究計畫，提議組織國際合作項目，編輯宋史研究手冊。這次會議上杜希德已被任命為倫敦亞非學院遠東史講師。在他上任之前，日本學者榎一雄在該校擔任訪問教授一年，而隨著榎一雄離去，柏克萊列文森教授將來倫敦擔任訪問教授。這一年倫敦亞非學院也出版了田汝康在該院完成的博士論文《砂拉越華人社區的社會結

[30] 慕丹、李俊升編譯，〈俄羅斯著名中國學家齊赫文斯基訪談錄〉，《國外社會科學》，2010年第3期，142頁。齊赫文斯基回憶說這次會上認識了拉鐵摩爾和費正清，有誤。實際上拉鐵摩爾和費正清未參加這次會議。齊氏是在1955年萊頓會議上認識這兩位美國學者的。

構》。[31]

　　第八次會議在萊頓舉行，首次邀請了中國大陸代表，中國政府派出了翦伯贊和周一良兩位。[32]這次會議非常重要，除了中國大陸代表之外，一些美國知名學者如費正清、拉鐵摩爾等人也克服了麥卡錫主義引起的麻煩參加了這次會議，中外學者在這次會議上進行了冷戰後的首次接觸，既有鬥爭，也有友誼。傅吾康認為，「當時正值中國謹慎的對外開放時期，但這沒有持續太長時間。」白樂日給傅吾康留下了很深的印象，口才極好，受過全面的辯論訓練，而且無論法文、德文、英文都沒問題。「白樂日清晰的闡釋和銳利的評論是建立在淵博的知識、深刻的洞察和辯證的方法論基礎上的，總是令人留下強烈的印象。白樂日與當時北京來的代表進行了非常尖銳的辯論，這場辯論至今仍然留在我的記憶裡，也給中國人留下了深刻的印象，不過他們似乎並未對那些批評性的評論耿耿於懷。」[33]傅吾康的判斷是相當準確的。事實上，在1956年巴黎會議上，白樂日作為主要組織者，對中國代表團相當熱情，並提供了許多具體幫助。傅吾康說第九次巴黎會議在佛維舉行，北京四位代表都是知名學者而非機關的行政幹部。儘管傅吾康對這四位與會者的判斷是對的，但在會議中北京代表卻因為意識形態分歧與政治立場迥異，和其他與會者之間發生激烈爭論。

　　傅吾康也介紹了第10次馬堡會議。這次會議有來自包括蘇聯和東歐國家在內的15個國家100多人參加，許多人來自美國和東亞，如香港饒宗頤、羅香林，臺灣方豪，以及傅吾康的老朋友張貴永以及哥大的富路特（圖五）。但這次沒有中國大陸學者參加。「困難在於──不僅僅是這次會議的困難──中國學者出國必須通過政治部門的審批，這些部門通常只

---

[31] *VII Conference of Junior Sinologues*, Aug. 28-Sept. 2, 1954, School of Oriental Studies, Durham.

[32] 周一良先生1985年重訪日本，回國後寫了〈扶桑四周〉一文，寫到自己曾在萊頓會議上首次見到山本達郎；見《周一良集》第四卷，瀋陽：遼寧教育出版社，1998年，第403頁。

[33] 傅吾康，《為中國著迷》，第286頁。

圖五｜1957年馬堡西歐青年漢學家會議

以中國官方代表團的名義參加某個國際會議，而我們只是以個人身分參加。有時候中國方面嘗試以沒有來自臺灣的漢學家作為出席會議的必要條件，但我們對此持反對的立場。我們不能因為國籍和居住地而拒絕任何一位漢學家。臺灣當局也偶爾試圖阻止來自人民共和國的學者到會。」傅吾康接著指出，1958 年在義大利帕多瓦、威尼斯的第十一次會議，1959 年第十二次的劍橋會議，中國人都未參加。中國代表團因為簽證過遲的原因沒有參加劍橋會議。[34] 關於第十二屆會議，傅吾康說：「在蘇聯同行的邀請下，下次會議將緊接著國際東方學者大會之後在莫斯科舉行，時間是1960 年 8 月。」但是，這次會議因為中蘇關係緊張而被臨時取消。「這是一個很好的例證：學術服從政治的需要，這一點嚴格地主導著當地的學術界。」[35]1961 年第十三次會議由傅吾康組織在漢堡附近的里森之家舉行。

---

[34] 〈第12屆青年中國學家國際會議〉，《歷史研究》1960年第4期，第97-98頁，夏楊根據蘇聯《東方學問題》1959年第6期摘譯。

[35] 傅吾康，〈青年漢學家會議〉，《為中國著迷：一位漢學家的自傳》，第284-288頁。

蘇聯、捷克斯洛伐克、東德同行臨時拒絕參加。中國人沒有回應他的邀請。匈牙利來了兩名代表，波蘭來了一位，美國來了費維愷，在倫敦的馬來亞學者王庚武也參加了。

簡單而言，隨著西歐青年中國學家會議規模的擴大，參與會議代表來源更為廣泛，組織會議的城市從西歐擴展到東歐和蘇聯，與會學者也來自世界各地，這使得會議看上去更像是世界中國學大會[36]，而參與會議的學者能在會上交流學術，在會下交換各種意見，似乎一個全球中國學學術共同體也在形成和發展之中。無論是歐美學者，還是中國學者，當時都很期待參與青年中國學家會議，交換意見。可是由於政治原因，中國大陸學者僅有兩次機會通過在國際上發表論文、參與討論、交換意見參與這一全球學術共同體建設，這是非常令人遺憾的。

隨著西歐青年中國學家會議參與者來源地區擴大到亞洲，邀請中國大陸、港臺、日本、韓國乃至東南亞地區學者也是相當自然的。那麼當時歐美學者對邀請中國大陸學者是一種什麼樣的想法呢？當時留下來的材料和後來學者的回顧都提供了不少線索。雖然隨著冷戰開始，以美蘇為首的兩大陣營在政治上對立，鐵幕並未完全阻止兩大陣營之間學者進行學術交流，而當時歐美中國學界不論是當時思想上左傾，對蘇聯、東歐、中國社會主義陣營抱有好感的歐美學者，還是來自資本主義陣營的學者，都非常願意與中國大陸學者交流。這種交流的期待主要集中在兩方面，一方面是歐美學者期待瞭解中國學術的進展，一方面是希望瞭解中國大陸的考古學資料和資訊，以備作為他們研究中國歷史和文化的資料。總而言之，無論

---

[36] 現在歐洲漢學協會（European Association for Chinese Studies）有每兩年一度輪流在歐洲各國舉行的雙年會，參加的學者主要以歐洲為主，但也有來自美洲、亞洲和其他地區的學者，規模上可以稱作世界中國學大會，第21屆大會將於2016年8月在俄國聖彼得堡舉行。而中國人民大學也在近年組織了若干次世界漢學大會，參會者雖然主要以海外中國學者為主，但並不側重某一個地區，比歐洲漢學協會要更少歐洲中心主義色彩。而美國的亞洲學會（Association for Asian Studies）也每年舉行年會，參加的學者以美國為主，也有大量其他地區學者參加，但大會討論的主題之中，漢學相關主題只占一部分。

是第一手文獻還是第二手研究，歐美中國學界都對中國學界充滿期待。

隨著冷戰序幕拉開，歐美知識界當時也出現急劇分化。總體上而言，思想界、知識界以左翼知識分子為主導。蘇聯衛國戰爭的勝利、社會主義政權在東歐、亞洲廣大地區的急速成長，亞非拉各國紛紛擺脫殖民主義和帝國主義束縛，引起當時歐美知識界的廣泛歡呼。歐美學界的親蘇、親共傾向不僅體現在思想上、學術上，在人事上也對當時世界局勢有很大影響，比如當時總部設在巴黎的聯合國教科文組織便受到法國左翼知識界的影響，在蔣介石政權敗退到臺灣之後很快就驅逐了該組織內部的民國政府代表，一些職員如張歆海、程其保等人紛紛流亡美國[37]。儘管當時歐美知識界有少數人如海耶克、波普爾、雷蒙阿隆對親蘇、親共傾向持批判態度，但總體上歐美知識界仍然極為左傾，這股知識界、思想界的左傾，到1960年代隨著第三世界開展反帝、反殖、反霸鬥爭的發展而達到高潮[38]。

當然，這股激進左翼思潮運動在美國也引起了右翼政治勢力注意，對共產主義入侵西歐和美國的恐懼一度籠罩著華盛頓政府，國會和政府都介入了爭論，最後演變成政治運動與文化戰爭，在新聞、出版、廣播、電影、電視等資訊傳播領域，公權力也介入了審查和控制各種資訊的傳播。美國國務院在1940年代對華政策上深受一些思想左傾的中國學家影響，在中國大陸成立共產主義政權之後，聯邦政府開始檢討所謂「失去中國」的責

---

[37] 張歆海、程其保都是早年清華學校送往美國的留學生，他們離開聯合國教科文組織〉之後，到美國長島大學投奔早年在清華做交換教授時教過他們的老師沃爾科特（Gregory H. Walcott）；見拙著〈沃爾科特與清華〉，《全球史與中國》第一輯，2017年，35-69頁。

[38] 有關歐洲知識界與冷戰的研究，見Nancy Jachec, *Europe's Intellectuals and the Cold War: The European Society of Culture, Post-War Politics and International Relations*, London and New York: I. B. Tauris & Co., 2015; Benjamin Tromly, *Making the Soviet Intelligentsia: Universities and Intellectual Life under Stalin and Khrushchev*, Cambridge: Cambridge University Press, 2014; Lucia Bonfreschi and Marzia Maccaferri, *Between Empire and Europe: Intellectuals and the Nation in Britain and France During the Cold War*, London: Routledge, 2015; Hilton Kramer, *The Twilight of the Intellectuals: Culture and Politics in the Era of the Cold War*, Chicago: Ivan R. Dee Publisher, 1999.

任，也開始對這些左翼學者在政界的影響進行批判和反思，國會內部爭論不斷，加上蘇聯在歐洲和其他地區咄咄逼人的架勢，使得麥卡錫主義應運而生。[39]美國中情局介入了對左翼學者的調查和迫害，並開展了在思想和文化領域的秘密行動。[40]當時一些活躍在政界和學界的中國學家陸續被政府調查，如費正清、拉鐵摩爾等人，甚至護照被吊銷，被禁止出國訪問。1955年拉鐵摩爾剛剛獲准得到護照，最終得以出國參加學術會議，他也正是在這一年9月萊頓會議上邂逅了翦伯贊和周一良。而有趣的是，這些學者在美國被認為是同情中國大陸政權的左翼學者，在當時中國大陸學界，正遭到熱烈的批判。費正清、拉鐵摩爾都被中國學界認為是資產階級學者、帝國主義文化特務。周一良先生去萊頓之前，在1954年的《歷史研究》上發表了〈西洋漢學與胡適〉一文，順帶批判了費正清。據夏鼐在日記中說，1956年參加巴黎會議時，8月31日晚上中國會議代表團在翦老領導下商議開會方針，因為周先生曾寫一文罵過西洋漢學家，翦老去年曾與白樂日爭辯過。「我們這次抱求同存異方針，爭取朋友。希望我與張同志取溫和態度，但原則上仍要堅持不懈。」[41]翦老在萊頓時對美國學者其實比較克制和友好，這一點可從牟復禮回憶中得到印證。

當時歐美中國學者大致可按照政治與學術之關係分為兩類，一類是費正清這類學者，二戰期間或者戰後參與過美國在華政治活動，曾服務美國

---

[39] Albert Fried and McCarthyism, *The Great American Red Scare: A Documentary History*, Oxford: Oxford University Press, 1997; Richard M. Fried, *Nightmare in Red: The McCarthy Era in Perspective*, Oxford: Oxford University Press, 1990; Mary Sperling McAuliff, *Crisis on the Left: Cold War Politics and American Liberals, 1947-1954*, Amherst: University of Massachusetts Press, 1978; Robert M. Lichtman, *The Supreme Court and McCarthy-Era Repression: One Hundred Decisions*, Urbana, IL: University of Illinois Press, 2012.

[40] Frances Stonor Suanders, *The Cultural Cold War: The CIA and the World of Arts and Letters*, London and New York: The New Press, 1999; Hugh Wilford, *The CIA, the British Left and the Cold War: Calling the Tune*, London: Frank Cass Publishers, 2003.

[41] 《夏鼐日記》卷五，1956年8月31日，第251頁。

聯邦政府，擔任政府或軍隊秘密職務，有政府雇員經歷和背景，也受過很好的學術訓練，在學術上有一定表現；還有一類是比較偏重學術的專家學者，特別是年輕一代學者，二戰為盟軍進行破譯密碼等技術性、事務性工作，但與政治比較疏離，如牟復禮、蒲立本。[42] 而從政治立場和思想傾向來說，當時歐美中國學者也可分為兩類，一類是親蘇親華左翼學者，一類是政治立場非左翼的中立學者。前者有些是共產黨員，如英共秦瑞、法共謝諾，也有非共產黨員身分的親共學者，如義大利圖齊。非親共政治中立學者如白樂日、牟復禮等人。但他們對於中國大陸學者參加會議一起交流學術都非常期待。

1955 年翦伯贊、周一良兩位參加萊頓會議時，和秦瑞、謝諾相識，得到秦瑞和謝諾的幫助，雙方結下了友誼。1956 年巴黎會議時，謝諾作為東道主，不僅親自去機場迎接中國大陸代表團一行四人，更在會議期間對大陸代表團照顧有加，導覽巴黎風景。謝諾同時表現出大陸代表團來華可以合作從事政治宣傳的願望。據夏鼐講，1956 年 9 月 17 日，謝諾到旅館來總結這次會議，認為頗為成功，要向組織上發報告。還提到土壤會議代表來法國之前沒有與法中友誼協會先聯絡，「未能利用機會進行政治工作，殊為可惜。」[43] 無論如何，法共學者當時確實也受意識形態影響，對政治立場一致的大陸代表團頗為照顧。

據牟復禮回憶，1955 年他在萊頓很期待和中國學者見面。他是周一良先生之妻早年在哈佛陸軍特訓班的中文學生，1940 年代就認識周先生夫婦。當時他博士剛畢業，來到萊頓，原本打算投奔戴聞達，因戴聞達去世，遂應何四維邀請到萊頓訪學，並參加中國學會議。何四維邀請他到辦公室與翦伯贊與周先生兩位見面。牟先生當時很高興再次見到周先生，後來會

---

[42] 蒲立本1951年在西門華德指導下，在倫敦亞非學院獲得博士學位，1953年即被劍橋聘為漢學講座教授，1955年出版了《安祿山叛亂之背景》一書。所以1950年代後半期開青年漢學家會議時，他雖然年紀不大，但在學界已經是劍橋漢學教授的身分。

[43] 《夏鼐日記》卷五，第259頁。

議全程也都陪著翦老為其翻譯。他在回憶錄裡並提及秦瑞、謝諾很想結識來自中國的翦老。毫無疑問，這些人都很期待與中國學者見面。而據周先生的會議記錄，白樂日也很希望中國學者來西歐開會交流，在萊頓會議上就支持中國學者參加第九次大會。翦老在〈第九次青年漢學家會議紀要〉中則提及，在周先生與羅香林的翻譯賀光中發生衝突時，白樂日站起來代表會議主席團發言，請中國代表周一良先生繼續發言，「希望中國的朋友盡量發言」。[44]

　　當時美國學者很期待與中國學者在國際會議上交流，或者說，交鋒。很可惜的是，1957年反右運動以後，對於中國學者來說，出國到歐美地區參加學術會議基本上是不可能的事。不過去蘇聯則相對容易得多，只是1960年以後隨著中蘇關係惡化而學術交流也難以為繼。馬若德（Roderick MacFarquhar）在《中國季刊》1960年第4期上撰文介紹莫斯科舉行的第二十五屆國際東方學家大會[45]，特別提到當時大家非常期待中國派出龐大的代表團來參加本次大會，結果中國代表團完全缺席，讓人極度失望。每天開完會，與會歐美代表回到所住的烏克蘭旅館房間裡都會討論中國代表團缺席問題。馬若德說，蘇聯一家期刊曾對1957年慕尼黑國際東方學家大會上中國代表團的缺席表示遺憾[46]，而1959年7月蘇聯《當代東方》說人數龐大的中國代表團將參加1960年莫斯科國際東方學家大會。所以當時大家都很期待。

　　其實，1959年北京出版的《歷史研究》第9期也刊出了蘇聯駐華大使館新聞處的供稿〈關於第二十五屆國際東方學家代表大會〉，提示了這次

---

[44] 翦伯贊，〈第九次青年漢學家會議紀要〉，《歷史研究》1956年第12期，第89頁。

[45] Roderick MacFarquhar, "The 25th International Congress of Orientalists," *The China Quarterly*, No. 4 (1960), pp. 114-118.

[46] 據翦伯贊〈第九次青年漢學家會議紀要〉，第二十四屆國際東方學家會議秘書長是德國學者傅海波。傅氏也參加了1956年巴黎青年中國學家會議，當場邀請了與會的四位中國學者翦伯贊、周一良、夏鼐、張芝聯參加1957年8月28日至9月4日在慕尼黑舉行的國際東方學家會議，「送給每人一張請束」。可惜代表團最後未能成行，也未參加這一年9月在馬堡舉行的西歐青年中國學家會議。

大會將在列寧格勒舉行，蘇聯科學院主席團成立了籌備委員會，成員包括蘇聯科學院通訊院士卡弗羅夫、院士奧爾別里、司徒魯威、茹科夫、維諾格拉多夫、馬伊斯基、康拉德等人。大會籌委會還成立幾個專題委員會，如關於古代東方問題委員會、關於東方各族人民的文獻和手稿出版問題委員會，以及關於東方語言學問題委員會。大會還準備出版多達 450 種以上的科學出版物，將列寧格勒所收藏的豐富東方手稿中挑出一部分文獻資料予以出版，並組織專門展覽，反映蘇聯境外東方各族人民古代獨特文化，以及中亞和外高加索各共和國科學、文化成就。蘇聯為了籌辦這次國際大會，確實下了很大本錢，但其目的則是為了宣傳蘇聯意識形態優越性和社會主義建設成就。[47] 在這之前，1959 年在劍橋大學唐寧學院舉行的第十二屆會議上，與會代表就「要求必須吸收更加廣大的學者參加中國學會議，特別是那些研究當代中國的學者。」而會議最後也在匈牙利學者普實克、法國學者謝諾等人提議下，對中國學者因外來原因未能參加會議表示惋惜。

馬若德表示並不知道是何種原因讓中國代表團缺席，但他認為最終決定出現在 1960 年 7 月 9 日。因為這時出版的蘇聯《當代東方》7 月號發表了蘇聯亞洲人民研究院中國研究所齊赫文斯基教授一篇關於中國學的文章[48]，而這篇文章的第一頁被撕掉了，並被細心地用一張新頁取代了。這個變化被歐美學者理解為蘇聯試圖遮掩有關中國代表團參會的資訊，而這

---

[47] 有關這次會議的詳細研究，特別是在意識形態宣傳的研究，參見Michael Kemper, "Propaganda for the East, Scholarship for the West: Soviet Strategies at the 1960 International Congress of Orientalists in Moscow," in: Michael Kemper and Artemy M. Kalinovsky eds., *Reassessing Orientalism Interlocking Orientologies during the Cold War*, London and New York: Routledge, 2015, pp.170-210.

[48] 這個蘇聯亞洲人民研究院是以前的蘇聯科學院東方研究所和中國學研究所合併組成的。蘇聯科學院以前設立了東方學研究所，1956年其中的中國歷史經濟組獨立出來組成蘇聯科學院中國學研究所，出版《蘇聯中國學》期刊，但1960年隨著中蘇關係的變化而該所撤銷，相關人員併入蘇聯科學院亞洲人民研究院。有關蘇聯科學院中國學研究所的介紹，參見羅元錚〈蘇聯科學院中國學研究所的研究工作〉，《哲學社會科學動態》，1958年，第24-26頁；綜合研究見J. Stuart Kirby, *Russian Studies of China: Progress and Problems of Soviet Sinology*, London: MacMillan, 1975.

種遮掩則是近期中蘇關係急劇惡化導致的結果。因為到 7 月底，儘管看起來社會主義陣營在布加勒斯特達成一些妥協，但蘇聯新聞開始不點名地攻擊中國看待戰爭與和平的教條主義觀點和立場。馬若德說，根據北京的南斯拉夫通訊站報導，蘇聯技術專家正在撤離中國。很可惜的是，這之後中國學者參與歐洲中國學會議的機會越來越渺茫了，直到文革結束後才有轉機。

第二節　中國大陸學者參與西歐青年中國學家會議及其影響

　　參加西歐青年中國學家會議的華人學者，可以簡單分為三類，一是當時旅居海外的華人學者，如劉殿爵、傅樂煥、鄭德坤、胡雋詠、吳其昱、吳世昌、劉茂才、王鈴等人，二是港、臺、東南亞地區的華人學者，三是中國大陸地區學者。正如前文簡短提示的，旅居歐洲的一些華人學者很早即就近參加了一些會議，而大陸學者以及亞洲其他地區的學者則參加較晚。這些學者之間，以大陸學者和旅歐學者之間交換意見較多，而大陸學者與港臺學者之間則有一些衝突。下文將對此略加申說。

　　中國大陸學者兩次參加西歐青年中國學家會議都只派出了歷史學者。但實際上當時新中國歷史學發展只是剛剛開始。儘管 1950 年大陸即成立了中國科學院考古所，歷史所卻遲至 1954 年才成立，中國科學院哲學社會科學部則更遲至 1955 年 6 月 1 日才成立。當時歷史學界在翦伯贊、范文瀾等馬克思主義學者領導下，花很大力氣從事近代史料整理和編輯工作，主要是編輯一套《中國近代史資料叢刊》。[49]

　　1950 年代初至反右之前這段時間，中外學術交流相當頻繁。僅 1955 年夏鼐在短時間內即接見了瑞典考古、法國文化、挪威文化、比利時文化、紐西蘭文化代表團，以及澳大利亞外賓。1956 年 4 月 18 日，中國文

---

[49] 當時有11位編委，包括徐特立、范文瀾、翦伯贊、陳垣、鄭振鐸、向達、胡繩、呂振羽、邵循正、白壽彝、華崗等；見張傳璽《翦伯贊傳》，第247頁。

化代表團也訪問了義大利中東暨遠東研究院，其成員有中科院的侯德榜、
茅以升，中國人民對外文化協會北方和西方部副總幹事等人。當時代表團
見到了院長圖齊，圖齊是義大利知名左翼學者，對新中國相當友好，當即
贈送一本他自己的著作《西藏圖繪寫卷》（*Tibetan Painted Scrolls, 3 vols, Roma,
Istituto Poligrafico e Zecca dello Stato*, 1949）以及其他學院出版物給中科院院長
郭沫若。[50] 總而言之，反右運動之前中外文化、學術交流較為頻繁。

　　中國學者參與兩次西歐青年中國學家會議均由中國科學院哲學社會科
學學部委託翦伯贊負責組織人員參加，並在會議期間領導代表團工作。程
序上是由歐洲會議組織者發邀請信給中國科學院，邀請中國史學工作者參
加。所以，西歐青年中國學家會議名義上邀請與會代表是邀請學者個人，
但實際上和中國學者聯繫是通過中國科學院。所以中國科學院哲學社會科
學學部派出與會代表，第一次參加 1955 年萊頓會議是翦伯贊和周一良，
第二次參加 1956 年巴黎會議是翦伯贊團長帶領團員周一良、夏鼐、張芝
聯三人，翦、周兩人是上次萊頓會議參加者，有經驗。因為上次萊頓會議
歐美學者表示對中國考古新資料非常有興趣，所以翦老次年帶上了考古所
副所長夏鼐並組織了考古成果展覽[51]。張芝聯參加則因為他通曉法語，可
以為代表團在巴黎的活動提供翻譯幫助。據他自己講，他當時在代表團管
理生活財務，兼任翻譯[52]。1956 年之後，雖然也幾乎每年接到邀請，中國
代表團卻因為各種原因未能成行，但也盡可能發了電報給會議組織者表示
祝賀會議召開。1957 年 9 月 5 至 12 日，第 10 次馬堡會議召開[53]，中國代

---

[50] "Activities of the IsMEO," *East and West*, 17: 1 (April, 1956), p. 114.

[51] 夏鼐當時並不是黨員，他1959年3月才入黨。但因為業務能力突出，也積極學習俄文和
歷史唯物主義，組織上信得過他，也請他出席巴黎會議。《夏鼐日記》卷五經常有夏鼐
記錄自己學習俄文和歷史唯物主義的活動。

[52] 張芝聯，〈我與法蘭西〉，《世界歷史》1996年第4期，第88頁。

[53] 《哲學社會科學動態》刊登了署名小氾譯自《現代東方》1957年第5期的報導文章〈第
10屆青年漢學家會議〉，指出1957年9月5日至12日在西德瑪律堡城舉行了第10屆青年
漢學家會議，有來自16國的160多人參加，蘇聯代表團四人。這次會議主題是「中國文
化的傳統和革新。」捷克斯洛伐克學者普魯謝克〈論傳統在中國文學中的作用〉、蘇聯
學者尼基甫洛夫〈談談漢民族的形成問題〉、法國學者胡塞涅〈漢字的拉丁化問題〉等

表團收到邀請，未能與會，但發了賀信給會議組織者。未能成行的原因可能是因為國內發生反右運動，史學工作者忙於應付政治運動。這次會議同樣收到邀請未能與會但也發信祝賀的國家還有羅馬尼亞以及其他幾個國家。不過，這次會議港臺地區一些學者則應邀參加。後來也形成了常態，即大陸學者被邀請與會卻常常未能與會，而港臺學者一般參會不成問題。

　　1958年8月3至9日，第11次會議在義大利帕多瓦舉行，中國大陸學者沒有參加，也未發信或打電報祝賀；其實原本打算參加，因故至7月下旬才決定不參加 [54]。東德派人參加也打電報祝賀，羅馬尼亞和新加坡沒有參加，但也打電報祝賀。這次會議引發了會議組織者之一義大利學者圖齊和臺灣學者方豪之間的論爭，值得注意。1959年9月7日至12日第12次年會在劍橋舉行，中國原擬派出以侯外廬為首的代表團，但因為簽證延誤，未能與會。據當時《歷史研究》的報導，「會議組織者邀請了中國以侯外廬教授為首的代表團，但是由於簽證過遲，以致未能參加會議。英國當局的這一粗暴無理的行動引起各位代表的極大不滿，因為中國代表團的缺席給會議的科學內容帶來了嚴重損失。普列布累克（即蒲立本）教授代表與會者對中國學者之缺席深表憾意；在大會的最後一次工作會議上並就此事一致通過了一項特別決議。」[55] 最後一天，對中國比較友好的普實克、謝諾、韓南等人提出動議，對中國學者因外來原因未能參加會議表示惋惜。進入1960年代之後，隨著國內政治形勢的發展，中國大陸學者參與歐洲青年中國學家會議的機會越來越小。

　　文章引起熱烈討論。香港學者羅香林的文章〈香港在爭取新文化運動中的作用〉一文莫名其妙，對香港的殖民地性質隻字未提。一部分漢學家則避口不談中國歷史、經濟和意識形態方面的重大問題。見《哲學社會科學動態》，1958年第3期，26頁。由於是摘譯自蘇聯報導的文章，羅香林的名字有誤。

[54] 據方豪〈出席第十一屆國際青年漢學家會議報告〉，他1958年7月17日晚抵達羅馬，聽見在義大利中東遠東學院任教的楊鳳岐說大陸方面原定派三人參加，其中一人為周一良，但7月25日之後，又聽說大陸學者不出席會議；此文原刊《中國一周》，1958年第437期，後收入《方豪六十自定稿補編》，臺北：學生書局，1969年，第2623-2632頁。

[55] 見〈第12屆青年中國學家國際會議〉，《歷史研究》1960年第4期，第97頁。

　　1956 年巴黎會議，中國代表團一行四人的基本行程是先到俄國停留數日，再經布拉格轉機，於 1956 年 8 月 29 日抵達巴黎，9 月 18 日離開巴黎，經俄國於 9 月 23 日返回中國。1956 年從巴黎參加完第九次會議回來之後，翦先生、張芝聯、周一良先生都寫了會議報告發表在《人民日報》、《歷史研究》、《北京大學學報》、《文匯報》，對會議的方方面面做了詳細報導，留下很多珍貴資訊。翦伯贊不僅在《歷史研究》發表〈第九次青年漢學家會議紀要〉對會議討論過程做了詳盡介紹，還為《人民日報》撰文〈記巴黎青年漢學家會議〉宣導中法友誼。這讓我們看到中國學者當時參加會議一方面是為了和世界上其他學者進行學術交流、傳播唯物史觀，另一方面也是為了促進中法兩國之間友誼。周一良先生指出開會主要為了讓各國漢學家交換研究成績和互相學習，並促進文化交流和增進彼此瞭解。張芝聯先生則主要介紹了參加會議代表發表論文的情況。[56]

　　翦先生的報告稱報名參加者有 195 人，包括一些臨時參加的代表，也有之前邀請的代表有事未能參加。與會代表以法國、西德、英國三國人數為最多，社會主義國家代表包括中國四人、蘇聯兩人、捷克兩人、東德五人。[57] 作為社會主義陣營的學者，翦老對社會主義陣營的參會者也更為關注。義大利學者郎喬蒂在報導中則給出了代表們的詳細來源，包括澳大利亞、奧地利、中國大陸、捷克斯洛伐克、法國、東德、西德、英國、夏威夷、荷蘭、香港、義大利、日本、新加坡、瑞士、土耳其、美國、蘇聯。會議榮譽共同主席是法蘭西公學院戴密微和索邦大學高等中國研究所

---

[56] 張芝聯，〈介紹第九屆國際青年漢學家年會上的論文〉，《北京大學學報》1957年第1期，第109-112頁；2005年張芝聯先生在「從漢學到中國學的轉變趨勢」研討會上回顧了1956年參加巴黎漢學會議的情況，指出當時漢學研究充斥著意識形態之爭，五十年後不再可能重現當年那樣的情形；見吳原元，〈「從漢學到中國學的轉變趨勢」研討會綜述〉，《漢學研究》第10輯，2007年，第381頁。王晴佳，〈張芝聯先生與中外史學交流〉，《史學理論研究》2008年第4期，131-139頁。張芝聯先生早年畢業於燕京大學，1942年春進入中法漢學研究所當助理，打下了法語基礎。1940年代他曾到耶魯和牛津大學留學，期間曾於1947年到巴黎參加聯合國教科文組織主辦的國際瞭解研討會，訪問法國七周。

[57] 翦伯贊，《第九次青年漢學家會議紀要》，第87頁。

戴何都⁵⁸，會議組委會主席是白樂日，成員則包括白樂日、謝諾、葉理夫
（Vadime Elisseeff）⁵⁹、謝和耐、吳德明（Yves Hervouet）、康德謨、于儒伯
（Robert Ruhlmann）、李嘉樂（Alex Rygaloff）、蘇遠鳴（Michel Soymié）
等人。

　　周一良先生在 1956 年 10 月 12 日的《文匯報》發表了〈記巴黎的青
年漢學家年會〉一文⁶⁰。周先生指出所謂漢學包括中國歷史、考古、語言、
文學、宗教等各方面研究。在巴黎的第九次會議有近二百人參加，使得會
議由最初的西歐組織逐漸帶有更廣泛的國際性質，「前年開始有蘇聯和美
國的代表參加，去年有我們中國和民主德國的學者參加，今年又來了捷克
的漢學家們。」除了著重介紹大會集中討論中國歷史分期問題，周先生還
提及中國代表團參觀了法國研究漢學的學術機構並與一些漢學家會晤。這
些漢學機構包括巴黎大學漢學研究所、國民圖書館寫本部、賽奴奇東方博
物館。而會晤的漢學家主要包括戴密微、李嘉樂、白樂日、于儒伯、謝和
耐、葉理夫、謝諾等漢學家。他特別提到謝和耐的新著《五世紀到十世

₅₈ Lionello Lanciotti, "IX Conference of Junior Sinologues," *East and West*, 7: 3 (October, 1956), p. 262. 翦先生説是巴黎大學教授戴密微和巴黎大學漢學研究所主任戴樂都分別致辭。郎喬蒂列出的香港代表主要包括香港大學講師羅香林、饒宗頤。翦先生報告裡説羅香林和饒宗頤趕來開會，因劍橋大學王鈴去參加國際科技史會議，巴黎會議組織者便把羅香林的論文〈中國社會的演進和中國歷史分期的關係〉取代王鈴的位置。羅用漢語發表，馬來亞大學講師賀光中口譯為英文。翦先生提到賀光中〈唐宋民間音樂研究的新途徑〉、羅香林〈蒲壽庚考〉、饒宗頤〈殷代卜辭中的雜占〉三篇論文送交太晚，沒有列入發表議程，用油印本分發。翦先生也暗示這三人「似係臺灣出資遣送來參加會議的」。見《第九次青年漢學家會議紀要》，89頁。臺灣未派代表參加，所以臺灣地區漢學研究近況由賀光中介紹。據翦先生説，賀光中「口口聲聲説中國如何。我們因為臺灣原是中國的一部分，所以並未起來攔阻他。」當時周一良先生介紹大陸的研究，賀光中也介紹了香港的漢學研究，饒宗頤介紹香港的甲骨文研究。

₅₉ 葉理夫是哈佛燕京學社社長葉理綏之子，畢業於法國國立東方語言學院，後師從伯希和、馬伯樂、葛蘭言，1941-1982年在巴黎賽努奇博物館（Musée Cernuschi）任職，一開始主要協助格魯塞工作，後來接替格魯塞擔任館長；抗戰期間曾在法國駐重慶公使館任職，1945-1946年任戴高樂政府駐華首席代表；晚年任集美博物館（Musée Guimet）館長；其學術生平見Marie-Thérèse Bobot, "In Memoriam: Vadime Elisseeff (1918-2002)," in: *Arts asiatiques*, tome 57 (2002), pp. 229-231.

₆₀ 收入《郊叟曝言》，北京：新世界出版社，2001年，第166-172頁。

紀中國佛教經濟史》材料充實，值得注意。除了漢學家之外，代表團也
見到了法國全國博物館管理處處長薩爾、中亞考古學家格爾什曼（Roman
Ghirshman, 1895-1979）等等。

　　除了上述公開出版的文獻之外，夏鼐先生在日記裡詳細記錄了他與翦
伯贊、周一良、張芝聯等一起參加巴黎會議的全過程[61]。早在 1956 年 3 月
23 日夏鼐就在日記裡提到了參加巴黎會議的事。當日上午文物局送來已經
由陳夢家選擇過的出國展覽照片，夏鼐再審查一過。當日科學院哲學社會
科學學部來談下半年結合巴黎青年漢學家會議組織考古學展覽事。7 月 23
日夏鼐還在烏魯木齊考古訓練班上課時，即接到北京中國科學院請中共新
疆區黨委宣傳部並文物局轉發的加急來電，告知有緊急出國任務，請他 8
月 5 日前返京。7 月 31 日下午夏鼐接到王明來信，知道所謂出國是派他去
巴黎參加青年漢學家會議。[62] 8 月 7 日翦伯贊請夏鼐到文化俱樂部與胡愈
之、韋慤一起進餐，聽剛從巴黎回來的胡先生介紹巴黎文化界情況，胡先
生指出外國人尤其漢學家很注意中國文字改革一事。

　　從夏鼐的描述來看，這次會議上法英國左翼學者謝諾、秦瑞等人對中
國代表團相當熱情，並提供了很多接待工作。當中國代表團於 8 月 29 日
當地時間下午 4 點抵達巴黎時，謝諾到機場接機，將剛剛抵達的代表送至
魯特西亞旅館（Lutetia Hotel）下榻，然後一起去金龍飯店用餐。第二天
一大早謝諾來商談工作。白天由李嘉樂帶領遊歷協和廣場、凱旋門、香
榭麗舍大街。晚上到李嘉樂家用餐。8 月 31 日前燕京大學校友當時正在
巴黎大學的梁佩貞來訪，介紹留法人員情況。張芝聯遇到石泰安（Rolf A.
Stein），石泰安表示想與夏鼐見面。這一天代表團也由翦老召集起來討論
開會方針，主張抱著求同存異方針，爭取朋友。9 月 1 日到謝諾家吃午飯，
陪同的有英共秦瑞夫婦。飯後到維納公園參加《人道報》組織的義賣。後
來又到中法協會的中國館喝茶，遇到越南學生會主席阮克援同志。秦瑞晚

---

[61]　《夏鼐日記》卷五，第250-261頁。
[62]　《夏鼐日記》卷五，第241-243頁。

上為中國代表團翻譯會議文章。9月2日法國學者于儒伯來訪，轉到會議安排的宿舍入住，遇到蘇聯代表郭瓦列夫、陸綿采夫，以及德國學者傅吾康、英國西門、日本市古宇三等人。晚餐與芮沃壽、拉鐵摩爾夫婦一起。晚餐後參加開幕式，戴密微、戴何都致辭。鄭德坤自劍橋來，告訴夏先生其近作《中國史簡史》已經定稿，希望夏先生替他審閱一遍[63]。9月10日鄭德坤來取回其文稿，夏先生唯讀了一半。鄭先生是日11時需要返回英國，所以沒有時間讓夏先生完成審閱任務。這個行程反映了當時中國代表團到巴黎後與各國左翼學者接觸更多、來往更為密切。

　　中國大陸學者參加了兩次西歐青年中國學家會議，發表論文，參加討論，與其他與會學者進行學術交流，和老朋友歡聚，認識新朋友，參觀了萊頓和巴黎學術研究機構，並舉辦了中國大陸考古成果展覽，但也進行了意識形態鬥爭。參加學術交流方面，萊頓會議期間，翦伯贊做了兩場報告，分別是〈新中國歷史、考古、語言學研究工作概況〉、〈18世紀上半期中國的社會經濟性質〉[64]，周一良的報告是〈新中國關於亞洲國家歷史的教學與研究〉。在1956年的巴黎會議上，翦伯贊原本準備講〈就新近考古發現來看漢代的經濟〉，但在會上主要講〈關於中國歷史分期問題討論中的若干問題〉，指出分期應以馬克思主義主張的以生產關係為基礎來理

---

[63] 即*Prehistoric China*, Cambridge: Heffer,1959。鄭德坤在銘謝中感謝了夏鼐、楊聯陞、周一良、張光直等人，他應該是在巴黎期間與夏鼐和周一良談過他的書稿；1970年 Ralph C. Croizier, *China's Cultural Legacy and Communism*(New York: Praeger Publishers, 1970)，英書，英譯了中國學者的文章，其中一篇是鄭德坤的〈共產中國的考古學〉（Archaeology in Communist China）。鄧聰〈悼念鄭德坤先生〉，《鄭德坤古史論集選》，北京：商務印書館，2007年，760頁；鄭先生在1959-1963年之間出版了《中國考古大系》三卷，其中第一卷《史前中國》1959年出版，其前言中向夏鼐先生表示感謝。1983年12月20日鄭先生邀請夏鼐到中文大學演講，夏先生回憶了兩人1956年在巴黎青年漢學家會議上的會面，當時鄭先生將《史前中國》的稿子交給夏鼐先生指正。

[64] 翦老這篇論文主要以《紅樓夢》為材料來分析18世紀的社會經濟；這實際上是受到當時國內1954年興起的以《紅樓夢》評論為背景的資本主義萌芽問題大討論影響。關於這場討論的評述，見王學典〈五朵金花：意識形態語境中的學術論戰〉，收入王學典《良史的命運》，北京：三聯書店，2013年，第267-268頁。

解中國社會性質；張芝聯報告〈中國近代史研究的新進展〉；周一良報告
中國大陸方面研究中國古代史的情況；夏鼐報告〈新中國的近年來考古發
掘〉，並組織了有150張照片的出土文物展覽。

　　巴黎會議上，漢語教學與漢字工作也是學者們關注的一個重點。1956
年9月7日，與會各國代表介紹了本國漢語及文學的工作情況。周一良介
紹了中國方面的情況，並分發了漢字改革方案等小冊子。鼐先生還接受中
國文字改革委員會委託，帶了一封信去巴黎給西歐中國學家，徵詢西歐學
者對中國文革改革的意見，這封信由戴密微譯成了法文。西歐中國學家們
不同意簡體字，但贊成拉丁化，因為簡體字會增加學習者負擔，他們不得
不學習繁體和簡體兩種字體，拉丁化則讓中文更接近西文。鼐先生發現這
與他在日本的經驗相反，他說日本學者贊成簡體字但不贊成拉丁化[65]。

　　參加萊頓和巴黎會議期間，中國學者也與歐洲中國學家們進行學術交
流，認識了很多新朋友。如1956年9月5日，中國大陸代表團成員去白
樂日家用茶點，獲贈白樂日出版的《隋書食貨志考譯》。夏鼐等人與旅歐
華人學者也進行了接觸，並有學術交流活動。比如夏鼐在鄭德坤請求下，
幫其審閱《中國史簡史》稿本[66]。9月12日下午，中國留學生駱惠敏、左
景權、王鈴、吳其昱、劉殿爵等人來找中國代表團談話。夏先生注意到劉
是香港人，不想回國，先告辭[67]。實際上當時劉殿爵已經擔任倫敦亞非學
院中國哲學講師。駱惠敏在劍橋大學讀博士學位。王鈴在劍橋與李約瑟合
作進行中國科學技術史研究和寫作。左景權和吳其昱當時都在巴黎留學，
畢業後也都留在法國從事學術工作。

　　參加學術會議，發展學術友誼是一方面，另一方面也受政治影響，與
會代表之間發生了激烈的衝突，這主要表現在東南亞華人學者和中國大陸

---

[65] 翦伯贊，〈在文字改革問題座談會第三次會議上的發言〉，1957年5月27日發言，刊於
　　《拼音》1957年第7期，收入翦伯贊《歷史問題論叢續編》，《翦伯贊全集》卷五，石
　　家莊：河北教育出版社，2008年，第444-446頁。

[66] 《夏鼐日記》卷五，第250-252頁。

[67] 《夏鼐日記》卷五，第257頁；原文王鈴作王銓，有誤。

學者之間因意識形態紛爭產生的矛盾。具體表現在 9 月 4 日的爭議。這一天輪到香港代表羅香林用中文發言，他也講歷史分期，當時由美國學者史華慈擔任小組主席，馬來亞華人學者賀光中擔任翻譯。羅先生結束論文發表後，大陸學者周一良起來發言，對羅先生的解釋提出質疑，但主要是介紹新中國史學者對於分期的標準問題，特別討論了封建制度的定義，發言時間較長，引起了賀光中的不滿，認為周先生討論發言應該僅限於對報告人論文的批評，而不是宣揚自己的觀點，指責周發言時間過長。這又引起翦老的不滿，翦老隨即起來應戰，向大會指出，「一個翻譯竟敢限制中國代表的發言，我們認為不能容忍，這是對新中國不友好的表現，作為新中國的一個教授，我對這種不友好的態度提出嚴重的抗議，請主席團對賀光中的無禮取鬧表示意見，如果主席團也持賀光中的不友好態度，我們可以退席。」[68] 周先生接著詢問可否繼續發言。史華慈表示可以繼續發言，大會組委會主席白樂日也表示支持周先生繼續發言，並希望中國代表儘量發言。據夏鼐的敘述，這次討論結束之後，在隨後越南學者報告時，賀光中、羅香林、饒宗頤等馬來亞、香港代表均退席出去。據夏鼐的日記，有個細節值得注意：上午會議結束後，會議代表進午餐時，巴拉土告訴中國代表團，賀光中在抗戰時曾與日本合作，後來被國民黨政府利用，曾在澳洲工作，現於馬來亞教書。母親是比利時人，故英法兩國語文不錯，但極為反動。又說這次這三人是事前並未報告，前天報到並交來三篇論文，排不進去，結果勉強排進這篇。

　　除了學術交流之外，翦伯贊和周一良發表在當時中國大陸官方報紙的一些文字也給中國學者參加會議的目的蒙上了一層外交色彩，這些文字認為中國學者參加巴黎會議深深體會到了法國人民對中國人民的友好態度，法國學者熱情接待了中國學者，法國人期待與中國關係正常化，而法國人民與中國學者也在會議和參觀過程中發展了中法友誼。

---

[68] 翦伯贊，〈第九次青年漢學家會議紀要〉，第89頁。

　　翦先生 1956 年 10 月 31 日在《人民日報》發表了〈記巴黎青年漢學家會議〉一文，風格和內容與他在《歷史研究》發表的〈第九次青年漢學家會議紀要〉迥異。這篇文章基本上是將這次會議寫成一個外交關係新進展的報告，口吻非常政治化，重點並非學術。他在文章中總結了中國代表團參加會議收穫不少，這些收穫不僅表現在學術上以文會友，聽到了西方學者對中國歷史分期問題的各種意見，而且還收穫了中國大陸學者和世界各國中國學家之間的友誼，而這種友誼正是中國學者今後和各國中國學家在學術研究中進行合作的一種最好的保證。翦先生接著特別提到了法國中國學家的友好和熱情：

> 在這裡，我想提到的是法國的漢學家。法國的漢學家對待我們是友好的，他們在任何場合都沒有忘記把我們當作是法國學者們最尊貴的客人。在開幕的致詞中，在閉幕的宴會中，在巴黎市長的招待酒會中，我們都能體會到我們法國朋友的這種友誼。這些法國的教授，不管是馬克思主義者或非馬克思主義者，他們都有一個共同的願望，這就是恢復北京和巴黎的政治和文化的正常關係。還應該提到的是我所接觸到的法國青年，特別是研究漢學的青年，他們對新中國是嚮往的、友好的。他們和他們的前輩一樣，希望通過我們把他們的友誼帶給中國的青年。此外法國科學研究中心的負責人杜布伊先生也向我們表示希望在科學研究方面和我國合作；法國教育部高等教育司司長貝爾熱先生、副司長巴葉先生在他為我們舉行的酒會中也向我們表示，希望和我國交換學生和教授。作為中國的一個教授，我們歡迎法國學者們的這種友誼，並且珍重這種友誼。我們希望在這種友誼的基礎上進一步發展我們在文化學術方面的友好合作，在新的歷史基礎上恢復中法兩國的正常關係。

　　翦先生的願望是很好的，憧憬也很美好，甚至 1957 年初中國學者也幾乎要去參加聯邦德國馬堡舉行的青年中國學家會議了。可惜隨著反右運動的興起，翦老終究沒有機會重返歐洲，其他學者此後也沒有機會再去歐洲參加青年中國學家會議，直到文革後才恢復交往。

對於這次巴黎會議，周一良先生也指出：「歐美的學者們想要研究中國學問，當然要和中國大陸學者發展友誼；而中國大陸學者也願意把中國大陸的學術成果和中國學術界的情況介紹給世界各國的漢學家們。」[69]他指出代表團不僅在在巴黎受到教授們的禮遇，也受到青年學生的熱情歡迎，好多學生自願來當中國代表團的嚮導和翻譯，陪同參觀檔案館、羅浮宮、凡爾賽等地，體現了中法友誼。他甚至認為在中法兩國人民共同願望的推動下，中法邦交正常化也是不久的事。

中國大陸學者翦伯贊、周一良、夏鼐、張芝聯參加1956年巴黎會議，可謂是1949年以後中國大陸歷史學者第一次以集體形象登上世界學術舞臺，以平等身分參與世界學術討論。雖然有一些西歐學者在1950年代初也訪問過中國大陸，但相當一部分學者並沒有太多機會接觸中國大陸學者，更不易瞭解中國大陸學者學術取向和成就，而意識形態在中國大陸學術中的影響，也多半是通過各種間接管道瞭解。中國大陸學者雖僅參與兩次西歐青年中國學家會議，但所造成的影響較為廣泛和深遠的，一是宣講唯物史觀和介紹中國大陸的歷史分期討論，引起了西歐中國學界的廣泛關注和討論；二是介紹中國在1949年以後取得的考古成就，讓西歐中國學家對中國的考古發現非常感興趣；三是介紹中國大陸當時正在進行的近代史資料整理工作，也在海外引起中國學家們的濃厚興趣，直接推動了近代中國史在海外的發展。但同時，也失去了一些對話和參與的機會，比如缺席白樂日主持的國際宋史計畫便是一例。總而言之，西歐青年中國學家會議邀請美國和蘇聯學者參加，使得它由一個區域性組織變成世界性組織，而邀請日本、中國、澳洲等地學者又使得它由世界性組織變成全球

---

[69] 《郊叟曝言》，北京：新世界出版社，2001年，第166頁。

性組織。

　　中國大陸學者兩次參加西歐青年中國學家會議，不僅進行了學術交流，也將兩次會議視為宣傳歷史唯物主義的重要陣地。出國宣傳唯物史觀是當時翦先生為首的中國代表的一個重要目的，周一良先生也說：「我們也根據我們的理解，說明了馬克思主義按社會形態劃分歷史時期的正確性。」[70] 翦先生則指出談歷史分期不等於宣傳共產主義，歷史分期問題是哲學問題，不是政治問題。周先生認為這種「軟中帶硬」的語言非常生動有力地表明了中國大陸學者在國際學術活動中的態度，如果有歐美學者對中國大陸學者進行不友好的中傷，則必須加以駁斥。這種態度在當時冷戰下兩大陣營在意識形態上尖銳對立的情況下也是正常的。

　　當時中國大陸史學界的領導人如郭沫若、劉大年、翦伯贊等人都特別強調科學的歷史觀。中國當時不僅在政治上一邊倒，學術上也接受了蘇聯歷史學的影響，採用歷史唯物主義理論研究歷史，一個鮮明的例子是1951年蘇聯科學院派人來中國談歷史學合作問題，主要是當時蘇聯學者在用馬克思主義歷史觀編寫十卷本世界通史，其中中國史部分決定交給中國學者編寫。這個項目當時由中宣部指示范文瀾、翦伯贊、向達、邵循正等人領導，1953年定稿。但是蘇聯科學院未接受這一稿件，中方決定自行出版，即《中國歷史概要》[71]。這是第一本全面用馬克思主義理論指導寫作的權威的普及本中國通史。雖然此稿未被蘇聯接受，但編寫過程可以看出，此書正是當時中蘇史學合作的產物。

　　當時中國史學界一再強調歷史學的科學性，力圖使歷史學變成真正的歷史科學，在中國確立馬克思主義史學的正統地位[72]。郭沫若在1954年1

[70] 《郊叟曝言》，北京：新世界出版社，2001年，第167-168頁。

[71] 張傳璽，《翦伯贊傳》，第276-277頁。

[72] 實際上1950、1960年代在歐美地區出現一系列研究中國馬克思主義史學的論著，不僅萊頓會議上有德國學者專門討論范文瀾的史學，美國有專門研究翦伯贊先生史學思想的碩士論文（以上見拙文〈冷戰初期中西史家的首次接觸〉中的相關提示和討論），一些知名學者也相繼發表文章討論，見Joseph R. Levenson, *Confucian China and its Modern Fate*, vol. 3, The Problem of Historical Significance, Berkeley: University

月2日給《歷史研究》所寫的發刊詞強調「漢民族的歷史、少數民族的歷史、亞洲各民族的歷史乃至世界史都需要我們以科學的觀點來進行研究和解釋。」[73] 當時各地舉行的歷史學會議都稱為「歷史科學大會」，從名稱上就能看出將歷史學「科學化」的努力。總之，在1950-1960年代中國學者致力於將歷史學進行科學化，其理論基礎是馬克思主義的科學歷史觀。劉大年指出馬列科學歷史觀的確立才將史學變成科學[74]。這種唯物史觀在中國大陸很快隨著新政權的建立而取得壟斷地位。

　　當時中國史學界的理論討論主題出現了所謂的五朵金花，即中國古代史分期問題、中國封建土地所有制形式問題、中國封建社會農民戰爭問題、中國資本主義萌芽問題、漢民族形成問題。王學典先生認為：這五朵金花的出現產生於一種「戰時史學」體系，由戰時歷史框架、戰時學術導向、戰時文化心理和戰時歷史觀念等多重內容構成，深受當時國內一波接一波的階級鬥爭政治風氣以及國際上冷戰局勢影響[75]。王先生特別仔細地分析了當時產生這五朵金花的國內史學發展背景，指出唯物史觀派作為一個史學流派具有社會史和學術史的意義。這一判斷，如果結合當時更為廣

---

of California Press, 1965, pp.47-60, "the Placing of the Chinese Communists by their Studies of the Past"; Albert Feuerwerker, "China's History in Marxian Dress," *The American Historical Review*, vol. 66, no. 2 (1961), pp.347-353.

[73] 郭沫若，〈開展歷史研究，迎接文化建設高潮：為《歷史研究》發刊而作〉，《歷史研究》1954年第1期，第1-4頁；尹達也一再強調必須在馬克思主義科學歷史觀指導下，重寫全部歷史；見〈必須把史學革命進行到底〉，《歷史研究》1966年第1期，第1-10頁；此文原載《紅旗》1966年第3期。

[74] 其實蘇聯剛剛成立時，在史學界也有馬克思主義和非馬克思主義之爭；相關討論見 George M. Enteen, "Marxists versus Non-Marxists: Soviet Historiography in the 1920s," *Slavic Review*, Vol. 35, No. 1 (Mar, 1976), pp.91-110; Eduard Thaden, "Marxist Historicism and the Crises of Soviet Historiography," *Jahrbücher für Geschichte Osteuropas, Neue Folge*, Bd. 51, H. 1 (2003), pp.16-34.

[75] 王學典，〈五朵金花：意識形態語境中的學術論戰〉，收入王學典《良史的命運》，北京：三聯書店，2013年，第265-279頁。王先生此文回顧了這五朵金花大討論的來龍去脈，指出了這些討論所受到的意識形態影響主要來自兩方面，一是權力中樞對史學的興趣，二是領袖人物對某些觀點的好惡造成的影響。但他也特別指出了馬列史學中所謂亞細亞生產方式其實不過是披著紅色外衣的東方主義，而五種生產方式理論仍然是一種歐洲中心論思維模式。

闊的世界歷史學思潮來看，是相當準確的。當時世界史學潮流正是經濟
史、社會史的興盛。這也正是國際史學界對中國歷史分期問題感興趣的學
理性背景。

　　從國際學術發展來看，歷史分期問題和農民戰爭問題其實也明顯受到
蘇聯史學影響[76]。蘇聯史學基於馬克思主義社會發展階段理論而集中討論
的歷史分期問題，在其他社會主義國家也頗受重視，明顯的例子可以舉出
南斯拉夫、保加利亞等等[77]。而且這種情況對歐美學者來說並不陌生。但
這些五朵金花之中，只有所謂歷史分期問題引起了 1950 年代以來，國際
歷史學界對中國歷史各階段社會性質和分期的持續討論。這種討論在西歐
青年中國學家會議上也引起了回應。這可能是中國學術史上第一次提出一
些重大理論和方法問題在國際學界引起巨大反響。1956 年巴黎會議尤其集
中討論了中國歷史分期問題，歐美一些知名中國學家如蒲立本、傅吾康、
史華慈、白樂日等人都先後參與了這場國際史學大討論。而在 1955 年翦
伯贊、尹達隨科學院代表團訪問日本時，翦伯贊 12 月 7 日也在日本史學
六團體組織的講演中主要講了中國歷史分期問題，引起日本史學家鈴木
俊、西嶋定生、仁井田陞等人的濃厚興趣和討論[78]。後來鈴木俊等人還編
輯了《中國史的時代區分》，於 1957 年出版，總結與中國史學家的討論。
12 月 21 日翦伯贊、尹達又與增淵龍夫、遠山茂樹等人座談近代史和民族
文化問題，翦伯贊並作講演介紹新中國的歷史研究，主要講馬克思主義歷

---

[76] 有關蘇聯史學討論歷史分期問題的評述，見Rudolf Schlesinger, "Recent Discussions on the Periodization of History," *Soviet Studies*, Vol. 4, No. 2 (October, 1952), pp. 152-169；有關農民戰爭問題的評述，參見Leo Yaresh, "The Peasant Wars in Soviet Historiography," *American Slavic and East European Review*, Vol. 16, No. 3 (Oct., 1957), pp.241-259；

[77] Wayne S. Vucinich, "Postwar Yugoslav Historiography," *Journal of Modern History*, Vol. 23, No. 1 (March, 1951), pp.41-57; Marin Pundeff, "Bulgarian Historiography, 1942-1958," *American Historical Review*, Vol. 66, No. 3 (Apr., 1961), pp. 682-693. 這些都是歐美重要學術刊物，體現了當時歐美學者對社會主義陣營史學主要趨勢的關注。

[78] 張傳璽，《翦伯贊傳》，第286-287頁。

史觀在中國史學界的接受情況。

當時資本主義陣營之所以對中國歷史分期感興趣，也有其思想和學術基礎。早在 1940 年代，歐美學者即已經開始注重討論中國歷史分期問題[79]。隨著冷戰的開始，意識形態的鬥爭更為緊迫。在美國領導下的資本主義陣營，深受資本主義意識形態影響，對於社會主義陣營熱烈討論的問題，也有了新的興趣。自啟蒙時代以來，歐美人士宣揚所謂普遍人權，認為人類有對於自由、平等、博愛的普遍追求。而這種追求背後也所謂科學、理性的普遍性。這也就是華勒斯坦指出的，這種所謂普遍主義來自於啟蒙時代，應被稱為啟蒙普遍主義，這是資本主義世界經濟的地理文化，也是資本主義的統治思想，這種普遍主義正是歷史資本主義意識形態穹頂的基石，強調現代化、科學技術、理性[80]。

而在 1950 年代，相當一部分思想左傾的歐美學者認為中共在大陸取得政權可謂是自由、平等、博愛的勝利，因為新的社會主義政權對於平民權利和利益的承諾已經隨著新政權的確立而實現，土地改革的完成、公私合營運動的展開，足以打倒地主階級、資產階級，這樣支持階級平等的政權也就獲得了合法性。即使是在一些美國左翼學者看來，舊的政權退守臺灣在於它是腐敗的大資產階級統治集團[81]。另一方面，大陸新政權在倒向

---

[79] Meribeth E. Cameron, "The Periodization of Chinese History," *Pacific Historical Review*, Vol. 15, No. 2 (June, 1946), pp.171-177.

[80] 但是華勒斯坦用世界系統理論批評資本主義帶有種族主義和性別主義的歧視，並不是真正具有普遍性；見Immanuel Wallerstein, "The Ideological Tensions of Capitalism: Universalism versus Racism and Sexism," in: *Race, Nation, Class: Ambiguous Identities*, by Etienne Balibar and Immanuel Wallerstein, translation of Etienne Balibar by Chris Turner, London and New York, Verso, 1991, pp.29-36; John F. Sitton, *Recent Marxian Theory: Class Formation and Social Conflict in Contemporary Capitalism*, Albany: State University of New York Press, 1996, pp.226-229. 其他對資本主義普遍主義作為歐洲中心主義的表性反思和批判見 Samir Amin, *Eurocentrism: Modernity, Religion, and Democracy. A Critique of Eurocentrism and Culturalism*, translated by Russell Moore and James Membrez, New York: Monthly Review Press, 2009.

[81] 作為一位中國經濟社會史學者，白樂日當時其實對中共土地改革運動饒有興趣，並感到中共農村改革是吸引大量追隨者戰勝腐敗、無能、官僚主義的國民黨政府的因素之一，

蘇聯陣營之後，由蘇聯援助開始了急速工業化，引進蘇聯科學技術，在宣傳上突出「科學」因素[82]，這些新的發展都是當時歐美左翼學者所贊成的[83]。簡而言之，當時社會主義和資本主義陣營均繼承和運用了啟蒙普遍主義意識形態。

當時法國知識界不少人非常崇敬毛主席，認為他能給中國帶來平等和繁榮。1954 年法國向中國派出了一個由左翼學者牽頭的法中友誼代表團，當時的負責人之一是法共地理學家、巴黎高等師範學校校友德雷施（Jean Dresch），他希望高師也派學生參加，剛好當時在高師任教的法共思想家阿圖塞認識當時唯一一位正在學中文的學生畢仰高（Lucien Bianco），便推薦畢仰高參加了法中友誼代表團。代表團到達北京，得到毛主席和周總理的接見[84]。他們當時對中國印象極好。畢仰高實際上 1953 年才開始學習中文。不過，他給謝諾提供了不少資訊，後來 1956 年謝諾將從他這裡獲得的第一手觀察以及 1955 年聽翦老的介紹綜合起來撰寫文章發表，介紹中國的近現代史研究現狀[85]。

見Etienne Balazs, "Tradition et révolution en Chine," in: *Politique étrangère*, no. 3, 1954, pp.291-308.

[82] 方豪在報告1958年義大利舉行的第十一次西歐青年中國學家會議時説，蘇俄學者帶來16冊新書在大會上展出，但只有一天就收起來了。而蘇俄代表也秘密贈送了一些代表蘇聯人造衛星紀念章（《方豪六十自定稿補編》，第2632頁）。蘇聯用航太技術的成就來展示其蘇維埃政權的合法性和進步性，以及社會主義制度的優越性，也是冷戰時代意識形態構建的重要方面。美國也在原子彈試驗成功之後打造科學英雄的光輝形象，相關研究見David Hecht, "The Atomic Hero: Robert Oppenheimer and the Making of Scientific Icons in the early Cold War," *Technology and Culture*, vol. 49 (October, 2008), pp.943-966，以及*Storytelling and Science: Rewriting Oppenheimer in the Nuclear Age*, Amherst: University of Massachusetts Press, 2015.

[83] Donald Clark Hodges, "The Dual Character of Marxian Social Science," *Philosophy of Science*, Vol. 29, No. 4 (Oct., 1962), pp.333-349，討論了馬克思主義的科學性。

[84] Émilie Frenkiel, "Reform in China: Sluggish or Dynamic? An Interview with Lucien Bianco," *Books and Ideas*, 11 October 2013. URL : http://www.booksandideas.net/Reform-in-China-Sluggish-or.htm

[85] Jean Chesneaux, "Les Travaux d'Histoire Moderne et Contemporaine en Chine

　　政治上、思想上，歐美知識人的左傾對於他們看待中國學術、看待中國學者當然也有很大影響。在學術上，當時歐美也存在一個向左轉的傾向，不僅社會學、人類學轉向研究下層階級、階層和群體，歷史學也深受左翼思想影響[86]，這導致了經濟史、社會史的繁榮局面[87]。一些新興研究領域也應運而生，如文化研究、性別研究等等，其中尤其以文化研究最令人矚目[88]。儘管歐美左翼學者在政治上並不接受共產主義政權，也不接受五個階段的歷史分期理論，但他們對經濟史、社會史、勞工史的重視是非同尋常的，也取得了相當大的成就。僅僅在中國古代史研究領域，即有經濟社會史黃金一代的出現，白樂日、謝和耐、杜希德均投身於中古經濟史研究[89]，而許理和研究佛教也是社會史取向[90]。

　　當時歐美中國學者也注重將中國史和世界史結合起來看。1956 年巴黎會議上，組委會主席白樂日甚至安排了一個小組討論，請了年鑑學派的領

<hr>

populaire," *Revue Historique*, Vol. 215, No. 2 (1956), pp.274-282. 主要介紹了中國科學院第三所即近代史所的工作情況，比如范文瀾、翦伯贊、聶崇歧的研究，以及中國學者編輯《中國近代史料叢刊》的情況。

[86] Q. Edward Wang and Georg G. Iggers eds., *Marxist Historiographies: A Global Perspective*, London: Routledge, 2015.

[87] 見Mark Mazower, "Changing Trends in the Historiography of Postwar Europe, East and West," *International Labor and Working-Class History*, No. 58, Wartime Economies and the Mobilization of Labor (Fall, 2000), pp.275-282；以及大衛斯的回顧，Natalie Zemon Davis,"Decentering History: Local Stories and Cultural Crossings in a Global World," *History and Theory*, vol. 50, no. 2 (2011), pp.188-202. 其實1950年代歷史學的左轉並不限於歐美，日本史學界在二戰後也經歷了馬克思主義史學的繁榮局面；見Curtis Anderson Gayle, *Marxist History and Postwar Japanese Nationalism*, London and New York: Routledge, 2003.

[88] Dennis L. Dworkin, *Cultural Marxism in Postwar Britain: History, the New Left, and the Origins of Cultural Studies*, Durham, NC: Duke University Press, 1997.

[89] 〈對白樂日經濟史研究的學術史提示〉，見陳懷宇，《在西方發現陳寅恪》，北京：北京師範大學出版社，2013年，80-84頁。

[90] 1950年代是歐美學者研究中國中古經濟史和社會史的黃金時代，一大批重要論著均在這一時期出現，蒲立本出版《安祿山叛亂的背景》，賴世和出版了《圓仁入唐求法行記》英譯本，白樂日出版了《隋書‧食貨志》法文譯注和研究；當時許理和是青年博士生，正在撰寫《佛教征服中國》、謝和耐也是博士生，正在寫《五至十世紀中國寺院經濟》，杜希德也致力於唐代財政史研究，翟林奈則陸續整理發表了一些敦煌社會經濟文書。

袖人物布勞岱爾和一些社會史學家參加。據夏鼐在日記中說，1956 年 9 月
6 日晚餐後，大會討論世界通史和漢學之關係，由巴黎大學布勞岱爾教授
作報告。接著拉鐵摩爾、葉理綏等發言，白樂日為主席，張芝聯來參加。
周一良陪鼐老進城了[91]。而根據據翦伯贊的會議紀要，法國方面有巴黎大
學西洋近代史教授拉布魯斯（社會黨）[92]、布魯阿（共產黨）、約翰霍普
金斯大學拉鐵摩爾、哈佛大學葉理綏參加，繼續有劍橋大學蒲立本、布拉
格大學普實克先後發言。「大意是世界通史中必須注意中國的歷史，而研
究中國歷史，必須具有世界通史的眼光，始能全面觀察。」[93] 翦先生更注
意參加會議發言者的政治身分，還特意標明了兩位法國學者的黨派身分。

　　正是因為這些政治、思想、文化、學術的背景，中國大陸學界當時熱
衷的用馬克思主義科學歷史觀討論中國歷史分期問題，也同時引起了歐、
美、日本一些知名學者的興趣和熱烈討論，可以視為一次「中國社會史國
際大論戰」，大概也是 20 世紀學術史上唯一的一次世界各國學者就中國
歷史上各時期社會性質和分期進行正面直接交鋒。1955 年由於中國學者翦
伯贊和周一良先生的參與，中國史的分期這一論題引起西歐中國學者的極
大興趣，是以在萊頓會議上便已決定下一年會議主題定為分期問題。結果
這一論題在巴黎會議上最為熱門，歐美學者和香港學者也都參與了討論，
並與中國大陸代表發生激烈交鋒。

　　這次會議上有關中國歷史分期的論文包括蒲立本的〈上古、中古、近

---

[91] 《夏鼐日記》卷五，第254頁，提到由巴黎大學Brandel教授作報告，日記整理人後面
注為布朗代爾，有誤，應是Braudel，即布勞岱爾。他是白樂日的支持者，白樂日則是
這次巴黎會議組織者，故白樂日將布勞岱爾請來參加這次會議並作報告。有關布勞岱
爾與白樂日的關係，參見Maurice Aymard, "Étienne Balazs et Fernand Braudel,"
*Actualité d'Étienne Balazs (1905-1963). Témoignages et réflexions pour un
centenaire*, Textes réunis par Pierre-Étienne Will et Isabelle Ang (Bibliothèque de
l'Institut des Hautes Études Chinoises. Volume XXXV); Paris: Collège de France,
Institut des Hautes Études Chinoises, 2010), pp.37-65.

[92] 《夏鼐日記》卷五，第258頁：1956年9月14日周五夏鼐等人去參加社會黨歷史學家
Lahrousse教授家舉行的酒會；夏鼐先進去，少頃翦老等亦來。

[93] 翦伯贊，〈第九次青年漢學家會議紀要〉，第92頁。

古〉、傅海波的〈歷史分期的意義和無意義〉、何四維的〈略談中國史的分期〉、張芝聯的〈中國近代史研究的新發展〉、郭瓦列夫的〈中國現代史的分期〉、傅吾康的〈中國近代史和現代史的分期〉、羅香林的〈中國社會的演進和中國歷史分期的關係〉、史華慈的〈中國史分期的公式化〉、芮沃壽的〈中國史上佛教史的分期〉、梁佩真的〈中國詩及其分期〉等等。但芮沃壽和梁佩真的論文並不涉及和中國馬克思主義歷史分期的討論。這一點當時已經在 1956 年 9 月 8 日巴黎會議期間的總結會議上經拉鐵摩爾指出，拉氏認為文學和美術分期，與社會史的分期不同，社會史的分期，中國和西洋也不需要相同，他也認為中國史的分期不能只看社會經濟結構。這當然是針對當時翦先生等人基於馬克思主義歷史觀的闡釋。

　　歐美學者有幾類觀點，在翦伯贊的會議報告〈第九次青年漢學家會議紀要〉一文中有比較簡要的說明。一類認為分期沒有意義，比如傅海波發表論文〈歷史分期的意義和無意義〉，認為歷史分期僅是為了研究方便，歷史家應多多致力於史料的搜集和史實的分析，而不必徒耗精力於空談歷史分期問題。[94] 蒲立本在會議上討論了所謂〈上古、中古和近古〉的分期辦法，指出劉知幾的《史通》已經用了這三個詞。而明治維新以後日本史家仿照西洋史將中國史也分為這三期。但是分期只是為了敘述的方便，並不將各期視為各有特異的內容。一類認為社會史分期有問題，如何四維發表〈略論中國史的分期〉，認為馬克思主義者按照社會性質劃分歷史時期是公式化，猶如馬氏文通用拉丁文法來套中國文法 [95]；白樂日則認為分期太細，近乎幼稚。史華慈發言主題是〈中國史分期的公式化〉，認為自命為馬克思主義的學者主要有兩種意見，一是中國作為亞細亞式社會，歷史

---

[94]　另據翦老報告，他在論文中肆意攻擊社會主義國家的史學家，說某些代表受其本國社會制度關係的約束而不得不贊成馬克思主義，否則回國後將遇困難。這一說法引起東德學者賴切奈夫斯基（萊比錫大學）的回擊。

[95]　何四維專業為中國秦漢史，但也留意郭沫若、翦伯贊等人宣導的馬克思主義史學，見A. F. P. Hulsewé, "Chinese Communist Treatment of the Origins and the Foundation of the Chinese Empire," *The China Quarterly*, vol. 23, 1965, pp.78-105.

上長期停滯不發展；二是中國社會有發展，但其發展分期是和西洋一樣，經歷了五個歷史階段。但史華慈認為這些觀點都不符合馬克思主義，他還引了許多馬列主義經典著作來攻擊這些學者的馬列主義史觀[96]。但這些說法遭法國學者謝諾的反駁，指出他只是引經據典卻不依據中國歷史事實來看問題，實際上是教條主義。

　　還有一類是提出自己的分期，以對抗中國馬克思主義者提出的分期。如羅香林提出四階段論，一為氏族社會時代（約 B.C.3000-A.D.1400）；二為封建時代（西元前 1400-211），即盤庚遷殷至秦統一天下，做官靠貴族出身；三為選舉社會，即隋至清末，以科舉取士；四為清末科舉制度廢除進入新時期。這一看法遭到周一良先生的反駁，周先生認為「羅的說法，以中國封建社會制度在秦始皇時廢止，實即胡適的說法。我們新中國的史學家的意見以為一個社會是否係封建社會，不是決定於什麼選舉或科舉，而是決定於這個社會的經濟結構，首先決定於土地為誰所有。如果土地為地主階級所有，而這種土地所有者又以封建辦法剝削農民，那便是封建社會。」[97]

　　而蘇聯學者則從蘇聯史出發，討論了中國史的分期。在 1956 年 9 月 4 日的討論中，蘇聯科學院東方研究所副所長郭瓦烈夫報告「中國現代史的分期」，指出當時蘇聯史學家都認為中國現代史的開端應該以蘇聯十月革命為界線[98]。但這一提法引起英國學者范登龍的提問，他問這一有關中國現代史起點的說法是否在蘇聯已取得一致的意見，又問這是全體蘇聯史學

---

[96] 這篇文章在11年之後經修改才發表，見Benjamin Schwartz, "Some Sterotypes in the Periodization of Chinese History," *Philosophical Forum* vol. 1, no. 2, (1968), pp.219-230；收入作者論文集 *China and Other Matters*, Cambridge, MA: Harvard University Press, 1996, pp.18-29.

[97] 翦伯贊，〈第九次青年漢學家會議紀要〉，第89頁。

[98] 張芝聯，〈介紹第九屆國際青年漢學家年會上的論文〉，《北京大學學報》1957年第1期，第111頁，介紹他的主張和一般中國史學家的分期法沒有很大出入，只是他將中國現代史的開端提前到1917年。這話說得比較客氣，沒有批評郭瓦烈夫用蘇聯十月革命來套中國現代史的開端。

家的一致意見或僅是東方學研究所同人的意見，以及通過什麼方式取得一致意見。郭瓦烈夫的分期論，在今天看來是一種典型的蘇聯中心主義、學術霸權主義的體現，將中國歷史的轉折置於蘇聯歷史的轉折基礎之上，顯然是有問題的。而漢堡大學教授傅吾康討論了「中國近代史和現代史的分期」問題，強調 1911 年辛亥革命的重要性，這一革命使得中國在政治上確立了共和制度，而且「二千餘年的儒家相傳的君主一統的政治思想也一掃而空。」傅吾康也指出革命有一個長期過程，戊戌維新和義和團運動是辛亥革命的前奏，而五四運動和北伐革命則是辛亥革命的繼續，直到 1949 年人民政府成立，這期間社會改革和政治革命在同時進行。

　　翦先生對歷史分期的意義作了詳盡的闡述，其發言分五點，據紀錄：「一、應不應該分期的問題，在這裡駁斥了分期無意義和分期有政治目的的謬論。二、分期的標準問題，在這裡駁斥了唯心論、多元論，宣傳了唯物論。三、中國學者對中國歷史分期問題的討論，在這裡駁斥了那些說中國學術研究不自由的污衊，宣傳了我國新近開展的『百家爭鳴』的學風。四、翦自己對中國歷史分期的主張，在這裡反對了上古、中古、近代的分期法，駁斥了羅香林的什麼選舉社會、科舉社會等胡說。五、結論，歡迎各國漢學家參加中國歷史分期問題的討論，並指出觀點和立場的不同，並不妨礙對同一問題的討論，因為無論如何我們有一點是相同的，這就是史料，只要大家是追求真理，在真理的面前，我們是會逐漸接近的。」[99] 這些發言也實際上反映了當時中國學界的一般立場。

　　英國學者蒲立本的發言最具史學史價值。他對中國社會史的關注並不始於 1956 年巴黎會議。早在 1953 年，蒲立本就任劍橋大學漢學教授時就回顧了國際學界對於中國社會性質的討論以及中外學者對於中國歷史分期的看法。他當時發表了就職演說，題目為〈中國史與世界史〉[100]。這篇文

---

[99] 翦伯贊，〈第九次青年漢學家會議紀要〉，第90頁。

[100] Edwin G. Pulleyblank, "Chinese History and World History," 初刊 *Sarawak Museum Journal*, 1956, 收入其文集 *Essays on Tang and Pre-Tang China*, Variorum

章非常重要，體現了蒲立本作為一位語文學家所受到的歐洲思想與文化之廣泛薰陶，無論是歐洲思想史還是歐洲中國學學術史，該文都做了簡明扼要的清理，值得一說。他回顧了歷史上歐洲學者對中國的態度和看法，也有大量篇幅涉及國際中國史學界帶有馬克思主義思想背景的學者對中國社會性質和階級結構的討論。

在他看來，歐洲學者日益意識到人類的歷史並非只是從古典希臘、羅馬到現代西歐的主流發展，其他地區人民和文化也很重要，要想認清人類歷史的發展，必須注意其他地區的歷史。他指出伏爾泰以前的歐洲學者都試圖將其他國家的歷史比如中國史塞進歐洲中心主義的歷史發展框架，特別是聖經的歷史敘述框架。而伏爾泰則是第一位揚棄歐洲中心主義將中國納入其新世界史框架的學者。不過伏爾泰過於高估了中國古代政治的人性和理性特徵，而孟德斯鳩則認為中國古代政治是赤裸裸的專制主義。他也討論了中國在黑格爾和馬克思思想中的地位。黑格爾將中國文明稱為人類歷史上的童年時代。馬克思和黑格爾的不同在於用經濟因素取代抽象精神，但也將中國人稱為半野蠻人，恩格斯稱中國文明是世界上最古老政權的腐朽中的半文明。馬克思提出了五階段世界歷史發展理論，基於亞細亞、古代、封建、資本主義和社會主義生產力模式。他的所謂第一階段的亞細亞模式其實是從經濟因素的角度來替代黑格爾所謂的歷史第一階段「東方」（the Orient）。馬、恩兩人受摩爾根影響，用部落社會來稱古代奴隸制以前的社會，只不過他們在印度找到了一些公共村落的樣本，便很自然地推斷他們等同於亞細亞社會（其政治形式即東方專制主義），國家政權的最初形式來源於原始共產主義。1920 年代，共產主義理論被用來解釋中國的情形時出現了很多問題。他也認為斯賓格勒的中國歷史觀雖然比黑格爾略強，但也是試圖將中國史嵌入其所建立的古典和歐洲歷史進程的框架中去，荒唐地認為中國文化自漢代以來已經衰亡了兩千年。在他看

Collected Studies Series, Aldershot: Ashgate, 2001, pp.1-20.

來，湯恩比也試圖用歐洲史的一些概念來討論中國史。

在批判了 18 世紀以來西方學者的中國歷史觀之後，蒲立本轉而討論內藤湖南的中國史觀，特別以 1914 年內藤發表的《支那論》為例，因為此書首次試圖給中國史從其內部的重要性出發來進行分期。蒲立本指出內藤的興趣不僅在於學術，也在於政治，內藤對中國史的認識是要預測中國民族革命的未來結果，這反映出內藤本人的學術興趣仍帶有日本民族主義的目標。蒲立本甚至認為內藤也走上了和黑格爾一樣的路。內藤的主要看法是中國在北宋，即 10 到 11 世紀，已經進入現代，即從以前的貴族社會轉向專制主義，以前統治者是貴族的一員，而之後統治者獲得絕對權力來統治其子民。蒲立本認為這是因為內藤心目中已經拿中國史來類比歐洲史，即從封建社會到王權專制主義的過渡，比如法國在 16、17 世紀的變化。通過這樣的比較，內藤認為袁世凱如果想重建一個帝國，將不可避免地失敗。在對上古和中古的分期問題上，蒲立本認為雖然內藤不會承認簡單以西歐史的變化比附中國史，而儘量以所謂理性的標準來對中國史分期，但他將西元 3 世紀末胡人開始統治北方為分水嶺，來區分上古和中古，實際上是以羅馬帝國的衰亡作為參照物的。內藤的弟子宮崎市定則試圖從經濟和社會發展條件等方面來拓展內藤的理論，並試圖將其思考植入世界史發展的一般理論。其看法在日本深受非馬克思主義中國學家的歡迎，甚至二戰後一些馬克思主義學者也接受其解釋。

蒲立本注意到馬克思主義的中國歷史分期理論自 1925 年以來在西方、俄國、中國和日本都變得炙手可熱。爭論的焦點首先是何謂亞細亞生產方式？匈牙利裔蘇聯學者馬迪亞（即馬札亞爾, Lajos Magyar, 1891-1940）從馬克思主義經典著作出發，認為它指東方的特殊社會結構形態，其特徵是土地私有制的缺乏、與灌溉有關的大規模的公共工程、村莊公社、專制主義。這種看法很快被德國學者魏復古接受並將其加以發展，後來魏復古又將這種看法介紹到美國。但這種看法在遠東地區並不流行，因為這種看法使得遠東史看起來死水一潭、缺乏進步，而當地不斷發展的革命政治拒絕這一

看法。1927 年中共中央便聲稱它在與亞細亞社會作戰。1928 年中共中央
將亞細亞社會改稱為封建社會。郭沫若最初稱之為原始社會，此即馬恩所
謂亞細亞社會，後來他改變主意，認為中國史發展也存在馬恩所謂五個階
段。儘管關於亞細亞社會的爭論很多，但一般最為人接受的看法是它是一
種特殊形態的奴隸社會。而東方專制主義則逐漸成為與這一社會形態剝離
開的政治統治形式。因為意識形態的需要，中共聲稱它在為反封建社會戰
鬥，因為一般中共學者均認為封建主義在不同政治形態下作為經濟社會結
構長期延續 [101]。

　　蒲立本引 1953 年出版的《蘇維埃布爾什維克百科全書》為例，認為
在蘇聯學界一般同意中國奴隸社會和封建社會的分界線是西元 3、4 世紀，
而封建主義一直被囚於東方專制主義的政治形態下。郭沫若認為中國在西
元前五百年時進入封建社會，當時政治封建主義開始瓦解。日本學者前田
直典則將中日韓越視為同一整體的東亞文化，試圖提供一套理論解釋這些
國家歷史發展的進程，他接受內藤理論中唐宋分際的看法，不過他認為西
元一千年是古代和中古的分水嶺，即奴隸社會和封建社會的分水嶺。而中
國學者一般認為中國封建社會終結於鴉片戰爭，這之後直到中共取得勝利
之前，中國是半封建、半殖民地、半資本主義社會。

　　這些對中國史分期的理論討論，在蒲立本看來，均可稱為卡爾 · 波
普所說的歷史主義理論。波普批判了這種歷史主義，認為歷史主義理論簡
單地假設人類社會都有一個共同的有機發展模式，這一模式認為人類社會
整體上乃是一個單一的有機體。蒲立本贊成波普的看法，認為人類歷史發
展存在多樣性，不同意任何單一歷史主義理論可以解釋中國歷史。他提出
只有兩種辦法可以將中國史和世界史聯繫在一起。一是分析複雜歷史情境
中的一些斷片並進行中外比較，二是展示中外之間的歷史聯繫。他個人的

---

[101] 對 1920、1930 年代中國社會史大論戰的研究，見 Arif Dirlik, *Revolution and History: The Origins of Marxist Historiography in China, 1919-1937*, Berkeley: University of California Press, 1989.

學術研究重點無疑是後者。對於前者，他特別引了韋伯的宗教社會學研究為例，指出儘管韋伯的中國宗教研究完全基於1920年前歐洲中國學界對中國宗教的研究，但在一些具體的問題上非常有啟發，比如中、歐城市的比較，以及士人的紳士理想與專業官僚統治的理性利益之間的衝突等等。第二點則主要討論了中國所謂四大發明對世界其他地區歷史發展的影響。

　　這篇文章幾乎對當時世界各地有關中國歷史發展模式的理論都做了清楚的梳理和說明，甚至對中蘇兩國的馬克思主義史學也有所涉及，反映了蒲立本當時廣闊的學術視野，他用世界性眼光來關注一個單一主題的研究，並且能聯繫當時歐洲的思想狀況進行恰當的評說，非常值得重視和學習。

　　中國科學院的各個研究所之中，考古所是最早成立的一個。1949年10月中國共產黨中央宣佈建國之後，中科院也隨即在11月成立，取代到臺灣的中央研究院，成為中國大陸科技和學術發展最高領導機構。考古所則是當時中科院下屬研究所中較早成立的一個，1950年5月開始籌辦，人員主要來自留在中研院北平研究院歷史所和未離開的中研院史語所人員，於8月1日正式成立。相比之下，歷史所則遲至1954年才成立。主要原因也許是當年中研院歷史組不少人因為政權更替而離開，比如《史語所集刊》編委會一共五人，傅斯年（當時由夏鼐代理）、陳寅恪、趙元任、李濟之、董作賓，分別是歷史、語言、考古和人類學各部門負責人，其中只有陳寅恪留在大陸，傅斯年、李濟之、董作賓到臺灣，趙元任留在美國。因此，考古所成立早，也直接導致考古學工作能夠保持延續性，梁思永、夏鼐等人領導考古所一開始即能保持正常的考古工作。1955年翦伯贊、周一良去萊頓參加第八次會議，即向與會學者介紹了一些考古新發現，引發與會者的濃厚興趣，隨即要求交換資料，進行合作。

　　1956年9月中國代表團參加巴黎會議時，即請夏鼐隨團參加，介紹中國的考古新發現。當時其身分是中科院考古所副所長，他所做的報導是關於中國考古學的重要進展，並且還在會議期間舉行了考古成就圖片展。
1956年夏鼐還在義大利《東方與西方》雜誌發文〈我們的新石器祖先〉[102]，
介紹新成果。當時義大利中遠東研究院院長圖齊對中國十分友好，和夏
鼐一直保持交往。義大利中國學家郎喬蒂等人訪問中國時，也會見了夏
鼐[103]。

　　當時位於臺灣的中央研究院史語所考古學家李濟非常關心大陸的考古
工作，雖然當時臺灣並未派人參加1955年、1956年萊頓、巴黎會議，但
是李濟積極瞭解並詢問有關夏鼐在巴黎會議上的活動。1956年12月6日，
李濟致信給張光直，提到勞延煊寫信告知，張光直有夏鼐在巴黎開會發言
的抄本，希望得到一份。不過李濟懷疑這個發言是否值得張光直列印一份
給他[104]。1957年2月19日李濟再次致信張光直討論夏鼐文章與人品之關係，
因為張說到夏是一位當代聖人[105]。1957年5月11日，李濟致信給張光直，
告訴他自己已經得到夏鼐在歐洲演說的原文抄件，但發現夏鼐沒提在山東
滕縣發現彩陶的事。他覺得張光直的報告另有來源，希望來信補充。他表
示也看到了1956年9月夏鼐等參加巴黎中國學家會議展覽時的照片，但
新石器時代一項下只有西安、天門、新沂、良渚等處。

　　1957年李濟應邀赴慕尼黑、馬堡等地參加國際東方學者大會和西歐青
年中國學家會議，這時中國大陸代表卻缺席了，失去了一次兩岸學者正面

---

[102] Hsia Nai, "Our Neolithic Ancestors," *East and West*, Vol. 17, No. 2 (July, 1956), pp.162-167.

[103] Lionello Lanciotti, "Xia Nai: 1910-1985," *East and West* Vol. 35, No. 1/3 (September, 1985), pp. 282-283. 夏鼐生前在義大利發表文章介紹中國考古新發現,Hsia Nai, "New Archaeological Finds in China," *Cina Supplemento*, No. 2, XXVIth Conference of Chinese Studies Proceedings. Understanding Modern China: Problems and Methods, 1979, pp.7-13. 夏鼐1955年創辦了《考古通訊》，任主編，陳夢家任副主編。1956年9月巴黎青年漢學家會議上夏鼐準備了列印本〈中國考古新發現圖片目錄〉供與會學者參考。

[104] 李卉、陳星燦編，《傳薪有斯人：李濟、凌純聲、高去尋、夏鼐與張光直通信集》，北京：三聯書店，2005年，第16頁。

[105] 《傳薪有斯人》，第17頁。整理人李光謨先生認為張光直是用《孟子》中的典故諷刺夏鼐是一位時髦的聖人，即與時俱進的聖人。

接觸、同台競藝的機會。李濟 1957 年 7 月 27 日寫信給張光直，告知將於八月底赴西德開會三周，會後擬取道北美返台，將於 9 月 24 日到波士頓小住三日，期待與張光直夫婦暢談。1958 年 12 月 12 日寫信給張光直，說臺北學術界可能有點轉機，史語所同仁生活有些安定了。胡適回國讓教育界耳目一新。但他感到現代的青年中國人都不願意做中國人了，覺得自己有點透不出氣來。1959 年 4 月 17 日寫信給張光直，「我想要問的是，為什麼在山東的考古，如臨淄、曲阜、泰山附近這些重要區域，沒有惹起那些紅專學者大量的注意——也許有，我卻苦於不知——不過我也可以猜出若干理由。因為近十年在大陸的考古，實在只是挖寶貝的變相名稱，不是要解決任何問題。凡是有問題的考古者，所具有的問題都早已洗腦被洗得光光；所以始終就沒有一種有計劃的學術性的發掘（自從失去梁思永的領導後，就走了薄古厚今的路）。」[106] 可見他對反右以後中國大陸學界特別考古學界的動向十分關注，也有所瞭解。

第三節　從西歐青年中國學家會議看世界中國學界的矛盾

　　儘管西歐青年中國學家會議為建立一個鬆散的全球中國學學術共同體提供了一個很好的機會，但是當時冷戰造成的意識形態對立以及歐美學者內部政治與思想立場的差距，使得各種矛盾在會議內外也顯得較為突出。會議反映出國際中國學界充滿各種內部和外部矛盾，這些矛盾不僅包括歐美資本主義陣營與蘇東、中國社會主義陣營之間的矛盾，如蘇聯與西歐、東德與西德之間、中國大陸與港臺之間；也包括歐美資本主義陣營內部左右翼學者之間的矛盾，如英共學者秦瑞、法共學者謝諾等左翼學者與其他西歐學者之間；同時還有歐美資產階級學者及其亞洲政治盟友港臺地區的資產階級學者之間的矛盾，特別是圖齊與方豪之間爆發了嚴重的衝突，美

---

[106] 《傳薪有斯人》，第22-35頁。

國學者對臺灣學者態度也很微妙；甚至也有中國與蘇聯學者之間因為政治
分歧引發的矛盾，主要表現在中蘇政治爭吵導致中國學者缺席莫斯科青年
中國學者會議以及國際東方學家大會；最後是中國大陸學者與港臺學者
之間的矛盾，如翦伯贊、周一良與賀光中、羅香林、饒宗頤之間的矛盾，
等等。

　　但是有一類矛盾，在會議上沒有展示，這便是中國和蘇聯國內資產階
級歷史學家和無產階級歷史學家之間的矛盾，因為來參加西歐青年中國學
家會議的中蘇兩國學者基本上都是持馬克思主義科學歷史觀的學者，中蘇
兩國國內被視為持資產階級史學立場的學者無緣參加這些國際會議，當時
翦伯贊所說的北大歷史系胡適舊部、清華歷史系蔣廷黻舊部、燕京歷史系
洪業舊部就很難有機會出國到西歐參加國際學術會議。其實，在1950、
1960年代，歐美學者已經注意到中蘇內部兩類階級立場不同學者之間的矛
盾，比如衛德明便撰文批評中蘇內部無產階級學者帶著政治目的歪曲了歷
史。[107]

　　當時中國公開發表的文件表明，面對學術問題，中蘇學者常常出於同
樣的政治立場和思想傾向，在同一條戰壕作戰。中國學者常常讚揚蘇聯學
者，批判西歐學者。而蘇聯學者也在中國學者缺席的情況下，說明中國批
判西歐資產階級學者。[108] 蘇聯報導編譯的中文〈第12屆青年中國學家國際
會議〉稱，蘇聯學者指出英國學者帕爾塞關於義和團起義的報告提出了錯
誤解釋，因為沒有利用中華人民共和國公佈的新材料；而劍橋大學鄭德坤
關於中國陶器的報告也沒有利用新中國的考古發掘與收藏。該文總結說：
「西歐某些學者的報告有許多普遍性的缺點。例如：第一，有些報告人不

---

[107] 見Hellmut Wilhelm, "The Reappraisal of Neo-Confucianism," *The China Quarterly*, No. 23, 1965, pp.122-139；他提示了科學院哲學所唯心主義學者馮友蘭、賀麟與歷史所唯物主義者侯外廬之間基於階級立場不同而對理學有不同解釋，同時注意到馮友蘭在批判胡適運動中的表現。

[108] 翦伯贊也感到蘇聯及其他社會主義國家代表比較友好，英共秦瑞、法共謝諾、荷共學者以及一些進步學者對中國代表友好；見張傳璽，《翦伯贊傳》，第283頁。

設法說明所研究的局部現象中應佔有的地位；第二，報告往往沒有明確的結論，因此，報告人的觀點表現不清楚；第三，很少利用中國解放後出版的科學著作。」而蘇聯學者的情況與此相反，「蘇聯代表們的報告則竭力設法把局部問題同問題的較廣泛提法聯繫起來，同社會背景聯繫起來；作者們的觀點明顯地表現在結論中。」[109]中國學者雖然沒有機會參加第十二次會議，卻從蘇聯的會議報導中體會到蘇聯學者的階級感情。

　　在西歐青年中國學家會議上，美蘇兩大陣營的碰撞，也表現出西歐學者對社會主義陣營學者的挑戰，如蘇聯科學院東方學所副所長郭瓦烈夫主張中國現代史的開端應以蘇聯十月革命為界線，引起英國龍彼得的疑問。慕尼黑大學教授傅海波在論文中「肆意攻擊社會主義國家的史學家，謂某些代表由其本國社會制度關係，不得不贊成馬克思主義，否則回國後將遇困難。」這一政治攻擊遭到民主德國萊比錫大學賴切奈夫斯基回擊。劍橋大學鄭德坤也針對張芝聯的會議發言，攻擊中國大陸學者討論歷史分期帶有政治目的，這也引起社會主義陣營學者翦伯贊的當場反駁。在萊頓會議上，翦伯贊對白樂日、格拉姆等人挑釁說中國學術不自由也進行了反駁。可見，由於分屬冷戰開始後的兩大陣營[110]，兩個陣營的學者在意識形態方面非常對立，即便是同文同種，但分屬不同意識形態營壘之間的所謂資產階級和無產階級學者之間，也會爆發衝突，如中國大陸學者與海外中國學者之間、東德和西德學者之間的衝突。和這一對立類似的還有港臺學者與大陸學者對政權正統性的爭論，比如翦伯贊提到巴黎會議上，曾由賀光中報告香港地區中國學的研究概況，也涉及到臺灣，口口聲聲說「中國如何如何」，欲爭正統。但翦老認為既然認同還是中國，則可以置之不理。

---

[109] 〈第12屆青年中國學家國際會議〉，《歷史研究》1960年第4期，第98頁；原文根據蘇聯〈東方學問題〉1959年第4期摘譯，但內容實際有所改寫。

[110] 1950年代在社會主義陣營內部也有一些異常情況，在西歐引發一些反響。張芝聯先生在回憶中提到，他1956年參加巴黎會議結識了一大批中青年漢學家，也接觸了若干法國馬克思主義史學家，如研究巴黎公社史的布呂阿，研究中國近代史的謝諾等等，這些學者「頂住了匈牙利事件和赫魯雪夫秘密報告後的退黨逆流，堅持馬克思主義歷史研究。」見〈我與法蘭西〉，《世界歷史》1996年第4期，88頁。

當時臺灣學界也對參加青年中國學家會議持有很強的意識形態目的。方豪先生指出，國民政府剛遷台不久，政策是「匪我不兩立」，後來決定「改變消極策略，不讓大陸政府在國際會議上信口雌黃，而是要對其謬說加以駁正。」張其昀 1954-1958 年擔任民國教育部長期間，非常在意提高臺灣在國際學界的地位，不願大陸「在各地招搖，混淆耳目，因此竭力協助各專家教授以及學術團體，儘量參加所有學術性國際會議」[111]。張其昀在擔任教育部長之前是國民黨中央宣傳部長、中央秘書長，係國民政府主管意識形態宣傳的得力幹將，所以在當上「教育部長」之後致力於在學術上強化意識形態鬥爭。正是在這樣的背景下，臺灣學界在 1957 年派出以李濟為首的代表團到馬堡參加會議。在這之前，也有一些政治傾向上不支持大陸政府的海外華人學者參加，如前文提到的馬來亞學者賀光中。

雖然政治上臺灣與歐美、日本各國同屬於資本主義陣營，但在學術上、文化上，民族和國家之間仍然有著十分重要的區別。美國左翼學者對臺灣政府頗不以為然，尤其以費正清較為明顯，因而引起臺灣對費正清出賣國民政府的大批判，其風氣幾乎與大陸批判胡適無異。其他哈佛學者對臺灣學界的態度也因人而異，但有些學者顯然是故意保持距離的，比如葉理綏便是如此。1955 年 12 月 21 日李濟致信張光直，告訴他兩周前賴世和曾來臺北訪問，留了五天，對李濟表示了一些好感。但他很驚訝葉理綏數年之內兩次來遠東都沒有訪問臺灣。他請張光直千萬不要告訴任何人，尤其是哈佛圈內的人，只要留心觀察即可[112]。李濟是哈佛早年校友，儘管他上學時哈佛尚未成立遠東研究項目，但他對哈佛遠東研究一直較為關注。當時兩岸學者還是在學術上有一些隔空交流，除了前文說的李濟對夏鼐的關注之外，兩岸學者也還會透過發表文章進行學術討論。比如季羨林先生

---

[111] 方豪，〈出席第十一屆國際青年漢學家會議報告〉，《方豪六十自定稿補編》，臺北：學生書局，1969年，2624頁。

[112] 李卉、陳星燦編，《傳薪有斯人：李濟、淩純聲、高去尋、夏鼐與張光直通信集》，北京：三聯書店，2005年，第7頁。

發表〈浮屠與佛〉之後，1956 年周法高先生在《史語所集刊》第 27 本發表〈論浮屠與佛〉一文，與季先生商榷。

國民政府從大陸退守臺灣之後，同時退到臺灣的學者並未忘記在國際上宣揚中國學術和文化。方豪雖然政治上處於資本主義陣營，宗教身分是天主教神父，而又極力推廣中國文化，文化和學術上是一位民族主義者。普遍性和民族性的對立統一，在他身上表現極為明顯。方豪的學術愛國主義精神在義大利中國學會議上有十分鮮明的表現，主要體現在兩方面。一方面，當他瞭解到外國學者發起和組織宋史計畫之後，特意召集組織了非正式的宋史研究會，並將中國學者的宋史研究成果彙集成冊，付印之後贈送各國與會學者，以表彰中國學者的宋史研究貢獻。另一方面是請昌彼得複刻中央圖書館所藏宋版書，贈送各國學者，以展現輝煌的宋代文化遺產。他也提示，早在 1954 年杜倫會議上便有人提議編一部宋史提要[113]，不久便在巴黎成立了宋史提要計畫處，由白樂日主持，計畫十年完成，參加人員來自世界各國。

1957 年法國《年鑒》學刊發表了白樂日的一篇文章，介紹宋史提要計畫。在白氏文章之前，有該刊主編布勞岱爾（Fernand Braudel, 1902-1985）的一小段引言[114]，介紹計畫緣起，指出研究經濟社會史的重要性，而他也在白樂日幫助下，列出參與宋史提要計畫的一些主要學者，如慕尼黑的傅海波，劍橋的李約瑟、蒲立本、龍彼得，芝加哥的柯睿格（E. A. Kracke Jr.），羅馬的伯戴克（L. Petech），坎培拉的斯普蘭克（O. B. van der Sprenkel），西雅圖的衛德明，哈佛的楊聯陞、香港的饒宗頤、東京的青山定雄、榎一雄、仁井田陞、周藤吉之、和田清、山本達郎，京都羽田亨、

---

[113] 白樂日在杜倫大學東方學院召開的第7屆青年中國學家會議上介紹了宋史提要計畫，即 "Project Provisoire d'un Manuel de l'Historio des Song," *VII Conference of Junior Sinologues*, Aug. 28-Sept. 2, 1954, School of Oriental Studies, Durham, pp.12-15.

[114] 布勞岱爾是法國年鑒學派的代表人物，正是在他的策劃下，從德國流亡到法國的匈牙利裔中國學者白樂日和美國知名印度史專家桑納被聘到巴黎參與他的東西方經濟社會史計畫；見拙著《在西方發現陳寅恪》，北京：北京師範大學出版社，2013年，74-75頁。

神田喜一郎、宮崎市定、塚本善隆，福岡日野開三郎，仙台的曾我部靜雄，法國本地則有謝和耐、韓百詩、葉理夫等人[115]。日本很快就在 1955 年成立了東洋文庫宋史提要編纂協力委員會，1957 年出版了油印本《宋代研究文獻目錄》，後來又出版了《宋代史年表》、《宋人傳記索引》等參考工具書。

方豪在海外宋史研究蓬勃發展的刺激下，民族自尊心大受挑戰。1957 年他召集一些學者非正式地成立了宋史研究會，隨後編印了《宋史研究集》第一輯。本來準備了 100 本打算分送給義大利會議參與者，但因為夾在中央圖書館贈送圖書中間，而隨著中央圖書館贈書被義大利方面拒絕，只好拆開郵寄給個別學者。昌彼得從中央圖書館所藏 201 部宋版書中選了 170 多種，復刻成《宋版圖錄》，由方豪帶去義大利分送給各國學者。他還從國立藝術博物館徵得 28 幅書畫帶到中國學會議上展覽了一天，以宣傳中國藝術成就。與會者中，以科隆遠東博物館和荷蘭某博物館對這些書畫及其作者最感興趣。方豪的發言也專門選了與臺灣有關的題目，叫〈漢學考證方法一個例子：《臺灣外記》的抄本和印本〉，用他的話來說，是為祖國盡力。他發言時，三位蘇俄代表當場退席表示無聲的抗議，而荷蘭學者龍彼得、何四維則參與了討論。很可惜，大陸學者沒有機會參加 1956 年以後的西歐中國學會議，也沒有機會參加國際宋史計畫，失去了和歐美、日本學者合作和對話的機會。

但是臺灣學者參加西歐青年中國學家會議，也使資本主義陣營內部的矛盾公開化，這主要體現在歐洲左翼學者圖齊與臺灣學者方豪之間的爭執。1958 年 8 月 31 日方豪在《大陸雜誌》撰文報告參加 1957 年 8 月 3 日至 9 日在帕多瓦和威尼斯舉行的第 11 屆會議情況。1958 年 9 月 18 日方豪在《教育與文化》發表〈出席第十一屆國際青年漢學家會議報告〉[116]。指

---

[115] 白樂日在1957年撰文簡要介紹了這一計畫，見Balazs Etienne, "Une carte des centres commerciaux de la Chine à la fin du XIe siècle," in: *Annales. Économies, Sociétés, Civilisations,* 12e année, N. 4, 1957, pp.587-593. 這個名單確實將大陸和臺灣學者排除在外了，難免引起方豪的反彈。

[116] 收入《方豪六十自定稿補編》，臺北：學生書局，1969年，第2623-2632頁。

出這次參加這次會議較出名的中國學家有德國傅海波、荷蘭何四維、波蘭赫邁萊夫斯基、英國葛瑞漢、美國拉鐵摩爾、法國謝諾、義大利郎喬蒂、蘇聯齊赫文斯基等等。而與會的中國代表，也各有千秋，「趙國鈞的鋒芒畢露，劉若愚的才氣橫溢，楊覺勇的侃侃而談，饒宗頤的老成持重，都為中國人增光不少。」他還特意提到了圖齊作為親共學者對臺灣方面的刁難，主要表現在中央圖書館原計劃贈予義大利中東遠東學院一批書籍，藉這次漢學會議展出。郎喬蒂表示歡迎並表示謝意。但圖齊「素為一親共學者，竟加拒絕。」中央圖書館最後只得將這批書籍贈送給梵蒂岡教廷圖書館。這批圖書在教廷圖書館最富麗堂皇的大廳展覽了一星期。

　　他的報告專門闢出一節討論「外國漢學家親共問題」[117]。他指出，外國漢學家雖然不是都很親共，但親共的漢學家很多；而「鐵幕內國家的代表當然都是共黨人士，但像東德來的人就不一定是親共的，只是他們不敢多說話。」他認為這次義大利中國學家會議被親共中國學家操縱了。1957年中國科學院曾致函給慕尼黑中國學家會議對於不能參加表示歉意，而慕尼黑中國學家會議也在會議上正式提出回信並進行表決，臺灣代表李濟、張致遠、方豪投了棄權票。1958年義大利中國學會議，中國大陸方面完全沒有表示，可是方豪報告說，在這次大會上有代表提議由大會致函給中國科學院表示沒有中共代表很遺憾，在親共會員占多數的情況下，提議獲得通過。臺灣代表再次投了棄權票。

　　方豪先生說：「今年幾乎所有歐、美漢學家，對所有中國人，尤其對臺灣去的人，特別冷淡。對於我，簡直視為眼中釘，敢怒而不敢言。」[118]方豪認為，歐美漢學家私下裡談話大多把大陸代表缺席的原因歸結為方豪的出席，並到處詢問是否方豪明年會繼續出席漢學會議。方豪認為外國漢學家之所以親共，是因為大陸送給這些學者的書籍都很精良，而且邀請他們去大陸遊玩。中國文化原就在大陸，「歐洲漢學家正和我們本國學人一

---

[117] 《方豪六十自定稿補編》，第2629-2631頁。
[118] 《方豪六十自定稿補編》，第2630頁。

樣，哪個不想到敦煌、安陽去看看？哪個不想一遊長安、洛陽？哪個不想一登長城？哪個不想一出陽關？」方豪還提到這次參加會議的德國學者傅吾康、傅海波原本接到大陸對外工作委員會張奚若的邀請去訪問，本來打算 8 月 15 日啟程，卻在不久前接到通知，說大陸內部人事變動，暫緩啟程。通過這個例子，方豪說很多漢學家想得到大陸的「寵邀」，以便去大陸遊玩。不過，他覺得歐美漢學家去大陸看看也好，因為他 1957 年路過巴黎，曾由駐法代表陳雄飛安排與五位去過敦煌的法國漢學家共進晚餐。這些法國漢學家告訴他，大陸學者忙於開會，不能坐下來做學問，部分過去很左的中國學者正在被清算。這些法國學者也對親眼見到的反右鬥爭感到不寒而慄。所以這些漢學家對大陸的期望也大不如以前。方豪這次開會印象最深的歐洲漢學家是波蘭的赫邁萊夫斯基，此人對方豪的《中西交通史》非常有興趣，對方豪也非常和藹。此人訪問過三次大陸，足跡遍佈大江南北，告訴方豪不少他在大陸的經歷。

其次，除了文化原因之外，方豪也指出外國學者很勢利，因為國民政府退守臺灣之後，領土與人民都極少，外國都想和大陸進行貿易。義大利中東遠東學院，「原只有羅馬、米蘭、威尼斯三處，今年增設都靈一處，報名的已有四十人，都只是想學一點語言，到東方去淘金。」他還特別提到會議的組織者郎喬蒂，前年與中東遠東學院副院長喬伽尼諾（Alberto Giuganino）以及總務長到中國大陸玩了三個月，在西湖便住了一個月。這些敘述，不盡符合事實，數字上有誇張，因而很快引起了圖齊的不滿和反駁。

圖齊認為在方先生文章中存在很多錯誤資訊，比如說，義大利政府（那便是內務部）不希望共產國家代表團進入義大利，蘇聯、波蘭、東德、捷克斯洛伐克等國代表團因此遲到；本年會議的主持人郎喬蒂去年曾和喬伽尼洛以及總幹事一起被邀請訪問共產中國，在西湖停留了一個月；共產中國對歐洲中國學家很慷慨，邀請他們去旅行。實際上，義大利中東與遠東學院文化代表團訪華是學院要求的，由中國對外文化協會安排，於 1957

年3月29日至4月26日期間訪華，在杭州和西湖停留了6日，並非一個月之久。[119]圖齊認為，方豪文中所提供的錯誤資訊以及文章所體現的精神，讓他很遺憾邀請方豪來義大利參加會議。在他看來，他邀請方豪是將其當作中國學家而非臺灣代表，因為會議邀請參會者通常是邀請其個人並非邀請政府代表。圖齊也指出，方豪的報告反映了方本人思想不夠清晰、報告事實不夠準確、缺乏人道的容忍度，這些都有違他作為學者和神職人員應該具有的品質。圖齊指出，實際上郎喬蒂和其他成員去中國都是為了聯絡中國學者，瞭解中國正在進行的考古和文化研究，同時獲得關於那個龐大國家的第一手知識。因此，應該給予他們應有的榮譽，並繼承和發展他們的事業。義大利中東與遠東學院完全與政治毫無牽涉，它不可能對事實視而不見，一定要認識到中國是一個六億人生活、思考和工作的國家。[120]

結語

　　西歐青年中國學家會議早期發展有一個過程，隨著規模擴大，逐漸從只有西歐六所大學學者參加的西歐地區性學術會議走向邀請了美蘇知名學者參加的國際性、世界性國際會議，又擴展到邀請日本、中國學者參加的全球性會議，曾經在1955至1956年間成為世界上規模最大的中國學會議，也出現了構建中國學研究全球社群（global community of Chinese studies）的跡象。這在當時國際關係中政治上兩大陣營劍拔弩張對立的形勢下是一個異數。很可惜，隨著一系列國際政治事件以及一些國家內部政治鬥爭的出

---

[119] 夏鼐在日記裡提到了他接見義大利代表團的情況，1957年3月29日星期五，「下午對外文協來電話，謂義大利代表團已於今日抵京，約晚間進餐商談參觀日程。傍晚赴新僑飯店與周南同志等招待義大利代表團，團長阿－吉烏鳥幹尼諾（Giuganino），團員有蘭喬蒂（Lanciotti）、貝內狄克特（Benedikter）、英彼雷阿利（Imperilli），談至9時許始散。」《夏鼐日記》卷五，299頁。後來又記4月2日晚去國際俱樂部參加對外文協招待義大利代表團的晚宴。4月3日星期三上午義大利代表團來參觀考古所。

[120] Giuseppe Tucci, "À propos of the last Junior Sinologues Conference," *East and West*, Vol. 9, No. 4 (December, 1958), p.378.

現，這樣一個美好的局面未能延續和獲得穩定發展。這些國際事件主要包括中蘇交惡，使得中國學者意外缺席 1960 年莫斯科東方學家會議以及直接導致莫斯科青年中國學家會議的取消。而因為兩大陣營的對立，也出現了蘇聯以及其一些東歐盟友抵制漢堡青年中國學家會議。而中國國內發生反右運動也妨礙了中國學者參加 1957 年以後的幾屆會議。

　　但是，值得留意的是，當時歐美思想界、學術界的左傾局面也使得西歐中國學界急切盼望邀請蘇聯和中國學者參加會議。蘇聯國內隨著史達林去世，學界開始重視國際學術交往，使得蘇聯學者參加西歐青年中國學家會議成為可能。而中國在 1950 年代初仍然對西歐學者持友好態度，尤其在 1956 年曾有對外學術交往的黃金時代，使得中國學者得以參加 1955 年萊頓、1956 年巴黎兩屆年會。在會上，中國學者介紹了當時國內蓬勃發展的唯物主義史學，以及一些重大考古新發現，也引起了當時歐美學者的濃厚興趣。

　　1956 年巴黎年會甚至以中國國內討論最為熱烈的中國歷史分期問題作為會議主題，這種興趣既體現了歐美學界當時思想左傾、學術上重視經濟、社會史的趨勢，也反映了中國史學界的選題、思路與方法，曾經對國際中國學界產生很大的影響，並引起了持續的討論。國際學界對中國歷史分期的討論，涉及蘇聯、中國、日本、歐洲、美國等國學者，可以稱之為一次「國際中國社會史大論戰」，從學者參與規模上、討論問題的廣度和深度上來說，都遠遠超過 1920-1930 世紀 1920、1930 年代的中國社會史大論戰。1950、1960 年代的中國歷史分期大論戰也可以看作是冷戰時期國際學術交流的一個奇跡，這也是學術進入全球化時代之後才會出現的現象。這一現象的出現不僅是冷戰後中蘇馬克思主義史學取得壟斷地位造成的結果，也有當時歐美、日本地區受到馬克思主義影響引發史學界進行中國經濟史、社會史研究的國際背景，可以說，這次大論戰是受到全球化時代政治、思想、學術因素之合力推動而出現的產物。也正是因為這樣的論戰，使得中國史學研究出現了一個全球學術共同體的曙光。這道曙光儘管曇花一現，仍然可以看作是後冷戰時代國際學術合作的先聲。

　　總而言之，可以說中國學者曾經通過萊頓和巴黎中國學會議參與過中國學全球社區的建設，以及國際中國學理論與方法的探討。同時萊頓和巴黎會議也讓中國學者在海外廣為人知，特別是翦伯贊先生成為中國馬克思主義史學的國際形象代言人，而夏鼐先生在海外學界也贏得了很大的聲譽，他的論著也得以在海外發表，引起歐洲中國學界的廣泛關注。周一良先生結識了白樂日、許理和、謝和耐等歐洲中國中古史知名學者，進行了深入的學術交流；張芝聯先生也受益於 1956 年的巴黎會議之行，這對他後來成為當代中國法國史的奠基人之一有著深遠的影響。1955 至 1956 年中外史學之間的交流作為全球史學史上的大事，值得銘記。

第五章

1950 年代新中國「亞洲史」的興起：
一個全球史的視角

引言

　　新中國成立後，1950年代初高等教育部在綜合性大學推行了新教學大綱，新的教綱雖然是為新中國的現實政治服務，但該教綱的頒布受到當時的政治、文化和思想等多方面因素影響。其中一個最明顯的特點是重建歷史學科體系，這反映出新中國在高等教育和思想文化領域內對世界的設想開始告別過去，出現了劇烈的轉變。新的教綱將歷史學科分為三大領域：中國史、亞洲史和世界史。值得留意的是，「亞洲史」在新出臺的教綱中佔有重要地位。

　　以課程而言，「亞洲各國史」自19世紀末以來一直是中國大學史學教綱的一部分。在1930年代，燕京大學便開設了「東亞史」課程，在1941年更名為「亞洲史」。儘管如此，亞洲史從來不是中國史學的主流學科。從19世紀末到20世紀初，中國大學的史學教綱主要關注的是中國史和中國以外的歷史，後者稱為「西洋史」，大多數大學在20世紀上半葉便開設了「中國通史」和「西洋通史」這兩門課程，所謂「亞洲史」直至1950年代才真正進入大學史學教綱，在制度上成為獨立學科。其興起有著廣泛而複雜的國內外因素。一方面，1950年代新中國興起的「亞洲史」與1950、1960年代西方學術界興起的「社會史」類似，兩者都關注下層階級，被剝削和壓迫的社會群體。[1] 另一方面，亞洲史的興起，可

1　本文原刊 "The Rise of the 'Asian History' in Mainland China in the 1950s: A Global Perspective." *Global Intellectual History*, 7: 2 (2022), pp.282-302. 簡體中文版請見黃肖昱譯，〈50年代亞洲史在中國大陸的興起：一個全球視野〉，李雪濤編，《全球史（第2輯）》，北京：社會科學文獻出版社，2023年，頁154-175。收入本書的中文本有較多增訂。
　　參見拙文〈國際中國社會史大論戰──以1956年中國歷史分期討論為中心〉，《文史哲》，2017年第1期，第41-70頁；有關二戰後歐美地區社會史的興起，亦可參見 Natalie Zemon Davis, "Decentering History: Local Stories and Cultural Crossings in a Global World," *History and Theory*, 50: 2 (2011), pp.188-202.

以說是更加深化和確立了一個亞洲各國和人民史書寫的主體意識。以往我們多關注東方主義研究領域對歐洲中心論的反思和批判，其實早在薩伊德論述東方主義之前，中國「亞洲史」對歐洲中心論已具有了一定的反思和批判。「亞洲史」的興起不僅是1950年代中國高等教育改革中課程設置的變化，而且在史學史意義上，是對以往西方模式下的東方研究的一次挑戰。

　　在意識形態主導下的新中國高等教育改革，使「亞洲史」這一學科在1950年代中期應運而生。大部分綜合性大學都在高等教育部指導下開設了「亞洲史」課程，一些相關的外國著作被翻譯成中文供學生學習使用。因此，狹義上而言，學科意義上的「亞洲史」是從1950-1960年代才出現的。雖然中國高等教育在1952年按照蘇聯模式進行改革，但蘇聯的大學史學教育並無亞洲史，只有東方史，因此中國「亞洲史」其實並無蘇聯先例可循。中國推陳出新的「亞洲史」實際反而影響了蘇聯的東方學研究，這一點從1960年蘇聯科學院的「東方研究所」改組並更名為「亞洲民族研究所」可見一斑。從政治和意識形態上看，1960年代中蘇友好關係的破裂，學術史上「亞洲史」之興起亦可窺見中蘇之間的微妙關係。彼時蘇聯的外交側重點還是在歐洲，因為蘇聯在政治和文化上繼承俄羅斯帝國的遺產，將自身定義為歐洲國家。而中國實行「亞洲史」的新教綱在全國範圍內推行，並將聯合新獨立的亞洲各國建立反帝反殖統一戰線作為一項政治任務，從學術和教育領域來支持亞洲的反殖反帝運動，從而也將自己與蘇聯陣營區別開來，無疑是一大創舉。

　　因此，中國亞洲史的興起是20世紀中國史學史中一個十分值得關注的論題，有必要放置在二戰結束後、冷戰初期以及亞非各國民族獨立運動的背景下進行梳理。筆者通過閱讀大量的報刊、回憶錄、日記、檔案和學術著作，試圖還原20世紀中國史學史上被遺忘的一章，以便從全球史的視角揭示歷史學者、國家權力和國際關係之間的複雜關係。本章將從學術制度、思想文化和意識形態領域，特別是從政治和文化領域切入，討論

1950 年代新中國大學教綱中出現的「亞洲史」學科創立的語境。本章將對
亞洲史的定義及其所覆蓋的課程教學計畫進行一番梳理，從歷時性角度探
究亞洲史教學的方法論，並勾勒出中外不同學術體制下設計亞洲史學科的
史學思想。此外，著重分析對亞洲史課程設計產生影響的政治、思想和文
化上的因素；對中國、蘇聯和美國三國的亞洲史教綱的設計進行比較研究，
試圖探討中國亞洲史教綱所衍生的國際影響。

第一節　舊瓶裝新酒：「亞洲史」的興起

　　1951 年 7 月 28 日，中國史學會在北京召開成立大會，郭沫若在會上
做了題為〈中國歷史學上的新紀元〉的致辭，提出史學發展規劃的所謂六
個轉變，即由唯心史觀轉向唯物史觀、從個人興趣出發的歷史研究轉向從
事集體研究、從名山事業的研究態度轉向為人民服務的態度、從貴古賤今
的偏向轉向注重近代史的研究、從大漢族主義轉向注重研究各少數民族的
歷史、從歐美中心主義的思想轉向注重研究亞洲歷史。[2] 因為郭沫若的政
治地位和在當時以馬克思主義為指導的中國史學界的思想學術地位，他的
發言顯然就此奠定了中國大陸史學界亞洲史興起的政治基礎。隨後這些理
念開始逐步在制度上得到初步實施。1952 年中國高等教育部開始學習蘇聯
高教模式進行院系調整。許多私立大學和教會大學被撤銷或合併，在新整
合的大學中，原則上所有院系和課綱均參照蘇聯模式重新規劃。比如北京
大學歷史系的外國史研究被分為兩塊：歐美史和亞洲史。其中，周一良被
分配去教授亞洲史。周一良原是研究魏晉南北朝史的專家，曾在哈佛燕京
學社的資助下於 1944 年取得哈佛大學博士學位，留學期間正逢太平洋戰
爭酣戰之際，在哈佛為美國陸軍特訓班的學員培訓日語，以便培養戰後接
收日軍投降的美軍人員。1946 年，周一良離開哈佛返回燕京大學任教，本

---

[2]　關於該會成立的經過，參見張越，〈新中國史學的初建：郭沫若與中國馬克思主義史學
　　主導地位的確立〉，《史學理論研究》，2020年第2期，61-73頁。

來要回歷史系，但歷史系負責人洪業滯留美國未歸，周一良只得先進入外文系主要負責日文教學，後調入清華外文系，在 1949 年到歷史系任教。1952 年院系調整時進入北大歷史系。[3] 儘管周一良在 40 年代後期主要負責日文和魏晉南北朝史教學，但在朝鮮戰爭爆發後即投身公共生活，在 20 世紀 50 年代政治運動中表現非常積極。當時的大背景來說，朝鮮戰爭爆發後，中國迅速參戰，全社會上下都開始動員起來開展抗美援朝運動，例如當時中國科學院主編的《科學通報》上即刊登了大量人文學科和自然科學家們抗議美國霸權主義的言論。[4] 他們當中的一些人預測，如果美軍成功占領朝鮮半島，便會繼續跨過鴨綠江侵華，並進而入侵亞洲各國，將他們的霸權擴展到全世界。另一些學者則認為亞洲是「亞洲人民的亞洲」，亞洲事務必須由亞洲人民說了算。在這樣的政治局勢下，當時國內的政治話語普遍將「亞洲」描述成美帝國主義侵略目標。在如火如荼的抗美援朝運動中，愛國熱情高漲的周一良受組織委託很快出版了一本《中朝人民的友誼關係與文化交流》的小書。[5]

據周一良早年學生周清澍回憶，周一良原先在北大歷史系計畫開設了東亞和東南亞史課程，並請向達和翁獨健分別開設印度史和西亞史課程。他自己首先開設了亞洲近現代史，但很快課程範圍又拓展到了亞洲古代史。1953 年周一良在北大創建亞洲史教研室，將李克珍和夏應元兩位青年教師調入教研室承擔亞洲近現代史的教學任務。[6] 1955 年 4 月，為慶祝萬隆會議召開，因《人民日報》的約稿，周一良發表了〈中國與亞洲各國的和平友誼史〉一文，大概一個月之後，周一良將此擴充成一本專著。[7]

周一良關於亞洲史最經典的闡釋應是他在 1955 年萊頓青年漢學家會

---

[3] 周一良，《畢竟是書生》，北京：十月文藝出版社，1988年；英文版Joshua Fogel, *Just a Scholar: The Memoirs of Zhou Yiliang (1913-2001)*, Leiden: Brill, 2013.

[4] 〈抗美援朝，保家衛國：科學界筆談會〉《科學通報》第8號，1950年，第519-531頁。

[5] 周一良，《中朝人民的友誼關係與文化交流》，北京：開明書店，1951年。

[6] 1953年朱杰勤在中山大學開始講授「亞洲各國史」。1958年講課內容作為教材出版。

[7] 周清澍，〈回憶周一良師〉，《文史知識》，2008年第7期，第116-125頁。

議上的發言，這也是新中國的歷史學家第一次在國際學術會議上對歐美學者公開闡釋「亞洲史」的概念。1955 年 8 月 29 日至 9 月 3 日在萊頓舉行了第八屆青年漢學家會議，中方派出翦伯贊和周一良參會，這是新中國歷史學家第一次有機會與西方漢學界進行面對面直接交流。會議期間，翦伯贊不僅與少數幾位西方馬克思主義學者如秦瑞（John Chinnery, 1924-2010）和謝諾（Jean Chesneaux, 1922-2007）等人進行了深入的學術討論，還與西方一些漢學家建立了學術友誼。[8]這次會議討論了關於中國歷史分期、中國的學術自由和中國人口以及中國史學書寫真實性等話題。中國學者認為中國歷史分期應該建立在馬克思主義的歷史唯物主義思想基礎上。簡言之，萊頓會議對中西方學術界建立聯繫非常重要，這次會議也為我們理解冷戰時期學術與政治關係的複雜多樣性提供了一個值得關注的個案。[9]

　　1955 年 9 月 1 日，周一良做了題為〈亞洲人民史〉的發言，為「亞洲史」這門學科提供了一個概覽性的綱要。[10]周一良的內容可以簡要分為以下三點。[11]首先，周一良認為亞洲史的通用概念展現的是「亞洲各國史」。在中文語境裡，先前的「亞洲史」和現在的「亞洲各國史」在概念上是有細微區別的，從 1950 年代至今，這兩個術語在中文著作中都曾被使用；[12]第二，新中國的史學研究，如周一良所言，須遵循馬克思列寧主義的指導思想，這些指導思想是建立在意識形態的基礎之上。在意識形態的指導下，中國史學家將目光轉向「中國社會的性質和歷史分期，

---

[8]　Frederick Mote, *China and the Vocation of History in the Twentieth Century: A Personal Memoir*. Princeton: Princeton University Press, 2010, pp.185-189.

[9]　拙文〈冷戰下中西史家的首次接觸：1955年萊頓漢學會議試探〉，《文史哲》，2015 年第1期，第69-84頁。

[10]　周一良，《畢竟是書生》，北京：十月文藝出版社，1988年。

[11]　*Proceedings of the 8th Conference of the Junior Sinologues*, Held at Leiden: 28th August-3rd September 1955. Leiden University.

[12]　Gotelind Müller-Saini, "Teaching 'the Others' History' in Chinese Schools:" State, Cultural Asymmtries and Shifting Images of Europe (from 1900- Today)," in Gotelind Müller-Saini ed., *Designing History in East Asian Textbooks: Identity Politics and Transnational Aspirations* (London: Routledge, 2013), p.34.

不同生產關係和生產力，亞洲各國的階級鬥爭史」這些領域。這一新的研究方法是亞洲各國反對資本主義、殖民主義和帝國主義政治鬥爭的一部分；[13] 第三，「亞洲各國史」研究極為重視各國之間的經濟文化交流，以及生產、技術的相互影響與合作，並關注中國與其他國家人民的「長久友誼」。

　　這裡需要解釋一下中文語境下有關亞洲歷史研究的幾個關鍵術語。首先，當時周一良開設的所謂「亞洲各國史」並不是一個在 1950 年代新創造的詞彙，也不是由周一良首創。這個詞彙最初出現在清末。早在 1903 年，根據《奏定譯學館章程》，[14] 京師大學堂和其他一些譯學館開設了「外國文」、「專門學」、「普通學」等學科門類，而在普通學之下則主要是史地課程，這些史地課程即涵蓋了中國史、亞洲各國史和西洋史。一個例子是羅師揚在兩廣方言學堂開設亞洲各國史課程。該學堂成立於 1906 年，主要是培養辦理洋務的專業人才。1910 年 10 月，丘逢甲邀請羅師揚到該校任教。1911 年羅氏開設新課，他自編了兩卷講義，其中第一卷涵蓋了日本、朝鮮、暹羅的歷史，第二卷涵蓋了越南、緬甸、印度、波斯和阿富汗等國歷史。其中一個附錄還簡要涉及了中亞和馬來半島的部分國家歷史。亞洲各國史的範圍遵循 1903 年頒布的《奏定中學堂章程》，在講義的前言中，他宣稱教授亞洲各國史是建立在二十四史的域外傳和同時代學者的二手文獻。亞洲史的範圍是基於清朝視野中的「亞洲」概念。清廷對其周邊藩屬國保持較多的關注，如日本、朝鮮、越南、暹羅和緬甸，還有如印度、波斯和一些中亞國家與清廷保持著良好文化交流。小亞地區因在政治

---

[13] 應該注意到有關歷史研究的基調當時已經轉向厚今薄古，正如劉大年在1954年為歷史研究所第三所所做的報告中所説，要重視近現代史研究，集中研究近代中國經濟、政治、軍事和文化史，系統研究黨史，研究國內各民族的近代史，研究亞洲近代史，研究帝國主義侵華史，研究馬恩列斯對中國近代的論述，學習蘇聯關於東方近代現代史的理論，編著近現代史教科書，系統搜集整理近代史料等等；見劉大年〈歷史研究所第三所的研究工作〉，《科學通報》，1954年8月號，41頁。

[14] 朱有瓛主編，《中國近代學制史料》，上海：華東師範大學出版社，1983年，第877-880頁。

經濟文化上與當時的清廷聯繫較少，所以不在清廷頒布的亞洲各國史教綱中。[15] 儘管如此，清朝和亞洲各國關係的協調似乎反映了朝貢體系下傳統中華概念中的世界秩序。這樣的模式可稱之為亞洲史研究的「天下」模式。

　　周一良從晚清的史學教育傳統中借用了「亞洲各國史」的概念，然而他教授的範圍和 1911 年羅師揚所講授內容卻有很大區別。中山大學的朱杰勤也用了《亞洲各國史》作為他編撰教材的標題，但在前言中，他用的是亞洲史的概念，他自己說是為了教學和研究方便，將世界史分為兩大塊：「西洋史」和「東洋史」。[16] 然而，「東洋史」的定義並不明確故而被捨棄，中國史學家用「亞洲史」這個概念定義清晰，符合現實。朱杰勤認為西方學者經常使用「東方史」這一概念，但作為東方學的一部分。[17] 他同時也指出自己已經意識到「亞洲史」的提法正在逐漸被西方學界所採用。[18]

　　新「亞洲史」教綱的頒布是國家意志和大學教學實踐相結合的產物。在「亞洲史教學大綱」敲定之前，不少大學都開設過這門課。高教部在 1957 年草擬了《亞洲各國史教學大綱》，並於當年和次年印發正式認定的教材。讓我們來簡要回顧亞洲史教學大綱的發展歷程，這有助於我們更好地理解「亞洲史」的教學實踐。1952 年 10 月 27 日，教育部發佈一項政策，為了讓各行各業的人才服務於大規模經濟和文化建設需要，有必要對高等教育進行統一部署，改革舊制度，旨在推動大學統一學習蘇聯的教學模式，特別集中在中國語言、文學、歷史三個領域。[19]1953 年，高教部委

---

[15] 梁敏玲，〈清季民初一個粵東讀書人的歷程：以羅師揚為個案〉，《歷史人類學學刊》，2007年第2期，第62-70頁。

[16] Stefan Tanaka, *Rendering Pasts into History*. Berkeley: University of California Press, 1995.

[17] 正如Bernard Lewis指出的，50年代時西方國家的歷史學和東方學是兩個不同的學科，參與的師生不同，教學科研目標與方法亦不同；見"Islam," *Orientalism and History*, ed. by Denis Sinor, London: W. Heffer and Sons Ltd., 1954; 2nd edition, Bloomington: Indiana University Press, 1970, p.16.

[18] 朱杰勤，〈亞洲各國史〉：《朱杰勤文集：世界史》，桂林：廣西師範大學出版社，2011年，第78頁。

[19] 參見李懷印，《重構近代中國：中國歷史寫作中的想像與真實》，北京：中華書局，

託北京大學和南開大學起草大學亞洲史教學大綱，由周一良和吳廷璆分別牽頭。1953 年至 1954 年間，編寫組召開多次會議討論，最終於 1956 年完成了《亞洲各國史大綱》的起草工作。當周一良在 1952 年擔任教研室主任時，打算先設計亞洲史和日本史，在北大率先開展亞洲史的教學研究工作，他發現自己可以參考現有的蘇聯有關亞洲歷史的教綱，所以他決定先開設《亞洲近現代史》課程。此後他要求李克珍和夏應元教授《亞洲當代史》。至 1956 年，北京大學是全國唯一一所能將亞洲史從古至今不同時段開設齊全的高校。此外，北大的亞洲史教研室還能給研究生和本科生開設亞洲國別史的專業課，如日本史、印度史等。[20] 周一良甚至開始和其他校內同仁訓練研究生。

1956 年 7 月 5 日至 14 日，高教部在北京組織綜合性大學文史教學大綱的審定會議，會上討論了《亞洲各國史大綱》的審定工作。[21] 會議認為亞洲各國史應包含亞洲所有國家。此次會議的參加者認為亞洲史教學大綱應介紹印度及印度以東的亞洲各國史，但不需要分章討論各個亞洲國家的歷史發展。既要避免亞洲史和世界史在教學上的重複，但又要將亞洲史置於世界歷史發展的背景下討論亞洲與世界上其他國家的關係，同時要講述其對世界歷史發展進程中的一些重大歷史事件的影響，而不要過多講授亞洲各國的歷史細節。[22] 比如類似蒙古帝國西征史應該放在世界史的課堂上

2013年出版，第二章及第三章。有關蘇聯歷史教學理論與方法在華傳播的研究，見洪認清〈20世紀年代蘇聯歷史教學理論和方法在中國的傳播〉，《史學史研究》，2015年第3期，47-55頁，他認為蘇聯歷史教學理論和方法的傳播有其必然性和合理性，也得到各個高校歷史系的支持，如南開大學歷史系主任鄭天挺即專門撰文闡述學習蘇聯史學的重要意義；他也認為蘇聯史學的引介促進了中國世界史和考古學的發展，幫助中國歷史教學走上規範化道路，不過借鑒蘇聯史學教學理論和方法過程中存在教條化傾向。

[20] 林承節，〈周一良先生是新中國亞洲史學科的開創者之一〉，《北大史學》，1993年，第109-119頁。

[21] 朱杰勤，〈亞洲各國史教學大綱之上古中古部分教學大綱〉，《朱杰勤文集：世界史》，第46頁。

[22] 竹新，〈綜合大學文史教學大綱審定會簡況〉，《歷史研究》，1956年，第9期，第102-103頁。

給學生講授。《亞洲史教學大綱》在這次會議審定後便頒布，說明了為什麼要在綜合性大學開設亞洲史課程，以及蘇聯的教學大綱對中國形成這份大綱中所起的作用。亞洲各國史課程必須簡要講授，因為新中國成立使得亞洲人民成為反帝的強大力量，中國人民在亞洲的地位也變得舉足輕重。

　　該教學大綱也提到蘇聯參考文獻的用處，這些參考文獻包括蘇聯科學院編的《世界古代史教學大綱》、1950年蘇聯高等教育部頒布的《印度史教學大綱》和1949年蘇聯通過的《東方各國史教學計畫》。中國的教學大綱設計參考了《蘇聯大百科全書》，儘管中國的教學大綱是參考蘇聯範本，但卻是以我為主，為我所用。中蘇課程之間的明顯區別在於課程名，蘇聯稱之為「東方各國史」，[23] 而中國稱之為「亞洲各國史」。中蘇兩國使用的教材也存在差別。1956年起，一些供教授亞洲各國史的重要教材陸續出版。1956年蘇聯史學家的阿甫基耶夫《古代東方史》中譯本在北京出版，該書初版於1948年，1953年出了修訂版，在東方古代史領域備受推崇。1950年代還有一些蘇聯專家到中國開設東方史課程。例如柯切托夫（V. P. Kochetov）曾受邀在東北師範大學開課，並將《東南亞及遠東各國近代史

---

[23] 1953年3月劉大年隨中國科學院代表團訪問蘇聯，瞭解了蘇聯歷史學科發展的主要情況，也提到當時蘇聯一些大學設有東方學系，工作計畫中有東方各國史，也有英美侵略亞洲史；見劉大年，〈蘇聯的先進歷史科學〉，《科學通報》，1953年第4期，第20頁。北大東方學系的陳玉龍讀到這篇報告之後，也在《科學通報》1954年1月號上發表了〈對加強我國歷史研究工作的三點建議〉一文（第80-81頁），其中第三點提到蘇聯史學工作者要求中國重視研究亞洲史，陳玉龍認為「這對我們來講是一個嚴重而光榮的任務，同時也是我們對東方各國人民義不容辭的責任」。這裡他將「亞洲史」和「東方各國」混用，很難說他所說的亞洲史就直接來自蘇聯史學工作者的原話，更多是聽中國代表團的複述。季羨林也提到，「我又想到去年中國科學院訪蘇代表團帶回來的蘇聯歷史學者對中國歷史學者的期望，他們希望我們能在亞洲史的研究方面多用一些力量。這一切都提醒我，現在應該對東方語文範圍內的科學研究工作重新加以考慮了。」見〈東方語文範圍內的科學研究問題〉，《科學通報》1954年5月號，第10頁，可是他在後文中提到蘇聯高等教育部批准的國立大學東方語文學的教學計畫中列舉的課程卻沒有「亞洲史」，而有「東方史」、「專題國家史」課程，而在東方學院東方各國之研究的教學計畫課程中也沒有亞洲史，有所謂「帝國主義時代國際關係史」、「蘇聯與東方國家之貿易關係」、「民族殖民地問題及民族解放運動」等等，可見「亞洲史」並未出現在當時蘇聯高等教育課程中。

講義》印發供學生使用，這當中並不包含西亞史。1958年山東大學開始編寫近代亞洲各國史教材，遵循柯氏教學模式，最初也沒有將西亞史納入其中。

中國史學家很快開始出版他們自己編寫的教材，如山西大學亞洲史教研室主任王輯五在1957年出版了《亞洲各國史綱要》，主要關注近現代亞洲各國與中國的關係。朱杰勤在1958年出版了《亞洲各國史》，實際上這是他1954年講義的修訂版。該教材首次涵蓋了朝鮮古代和近現代史，重點關注的是亞洲現當代史，尤其是亞洲各國反對殖民主義、爭取民族解放的鬥爭史。[24]這反映了朱杰勤對馬克思主義史學研究和教學模式的遵循，採用厚今薄古的編寫體例，表明正是由於中國和亞洲各國的反帝反殖的同盟，使得中國與亞洲國家之間建立了一種良好關係。筆者將這個時段稱之為亞洲史教學的「革命模式」。這個模式與之前清末亞洲史教學的「天下模式」有所不同。

1958年也有兩本亞洲史的教材出版，如何肇發的《亞洲各國現代史講義》和周一良的《亞洲各國古代史》。周一良負責亞洲各國古代史的教學，何肇發和夏應元負責亞洲近現代史的教學。這兩本教材在遵循蘇聯模式基礎上增加了部分適應中國大學教學的內容。此外，周一良還參與校對了蘇聯教材《蘇聯以外的亞洲現代史》的翻譯內容。[25]

值得注意的是，第二次世界大戰，尤其是太平洋戰爭和隨之而來的亞洲各國去殖民化運動讓亞洲的全球意識覺醒，亞太地區的亞洲史課程相繼出現便是一個例證。雖然日本自19世紀就將歷史學科分為三類：本國史、東洋史和西洋史，自19世紀後半葉便設有亞洲史和東洋史，但日本遲至1942年7月才組織編寫所謂「大東亞史」。這個項目涵蓋印度與東亞的各

---

[24] 朱杰勤，〈亞洲各國史〉，見於《朱杰勤文集：世界史》，第61-63頁。

[25] Igor Reisner et al., *Novaia istoriia stran zarubezhnogo Vostoka (Modern History of the Countries of the Non-Soviet East)*, Vols. I and II, Moscow: Moscow University Press, 1952.

國史。這個項目的核心人物宮崎市定從世界史的視角出發追溯東亞文明的
起源，尤其是中華文明和西亞文明。[26] 他曾於 1930 年代廣泛遊歷了西亞和
歐洲各地，這次遊歷改變了他對東亞史和亞洲史的總體看法。他曾在歐洲
留學兩年，1936 年至 1938 年他在巴黎訪學期間，受到當時法國濃厚的西
方優越論之強烈刺激，其實他很早就厭棄了西方中心論。他在京都大學學
習期間，在桑原騭藏教授的指導下於 1925 年翻譯德國學者格奧爾格・雅
各（Georg Jakob）的論文《西洋世界的東方文化因素》。[27]1937 年夏，宮
崎市定花了兩個月遊歷了土耳其、敘利亞、伊拉克、巴勒斯坦和埃及等地，
收集了大量的文獻資料，待他返回日本後寫了不少關於西亞、中國和歐洲
之間文化交流史的論文。[28]

在美國，亞洲史教學也在 1950 年代興起。在 1950 年代之前，一些美
國的大學教授開設亞洲歷史的課程。1945 年二戰剛結束，加州大學柏克萊
分校的賓板橋（Woodbridge Bingham）曾率先開設「亞洲文明史」課程，
課程中涵蓋了完整的亞洲歷史。1945 年至 1951 年，這個課程名為「亞洲
文明史（19A-19B）」，主要面向低年級本科生。在 1951 年至 1952 年該課
被重新命名為「亞洲史導論」，主要對亞洲幾個重要國家從古至今的政治
文化史提供概覽性介紹。第一學期主要涉及中國、印度、伊朗、阿拉伯、
土耳其、蒙古、日本和東南亞的文明發展，第二學期關注亞洲與西歐、俄
國、美國的關係史。需要提及的是，賓氏對亞洲各國史的課程設計可能是
受羅伯特・科爾納（Robert J. Kerner）這位對遠東歷史抱有濃厚興趣的斯
拉夫史學家啟發。[29]

---

[26] 宮崎市定，《アジア史研究》，京都：東洋研究会，1957年。

[27] 宮崎市定，《自跋集：東洋史学七十年》，東京：岩波書店，1996年，第347頁。

[28] 王廣生，〈日本東洋史學家宮崎市定的世界史觀〉，《國際漢學》2015年第4期，第
106-110頁；呂超，〈宮崎市定東洋史觀的形成：青壯年期的經歷及其影響〉，《國際
漢學》，2017年第10期，第82-88頁。

[29] 科爾納於1930年代在加州大學柏克萊分校組織東北亞史研討班，從而逐步積累了對這一
研究課題的參考文獻。參見 Stepehn Kotkin, "Robert Kerner and the Northeast Asia
Seminar," *Acta Slavica Iaponica* 15 (1997) pp.93-113.在《唐朝的建立》這本書
中，賓板橋從亞洲外交史的背景下探討隋朝的衰落，反映了其亞洲史研究的宏大視野。

　　賓板橋曾在 1957 年 12 月的第 72 屆美國歷史學年會上提交一篇題為〈亞洲各國史的綜合教學法〉的論文，他聲稱所謂的方法論：「即是以全亞洲區域為基礎的綜合法，將亞洲視為理解世界歷史的一個重要單元。學生應被提醒的是，他們所學習的這塊區域與其他地區不是相互隔絕的，它們之間有著千絲萬縷的聯繫。同時，立足亞洲的視角也十分重要。」[30] 賓板橋關於這門課的第二點理念是考察人類活動的整體性和相互關聯性。賓氏挑戰了以往在哥倫比亞大學的「東方文明」教學模式。他的教綱關注亞洲各國的聯繫與比較。賓氏意識到當時人們廣為相信：「理解當代亞洲對普通公民和一般的本科生很重要。一些研究機構已經開始思考這一問題，他們一致認為，如果不具備傳統文明的知識，便無法理解當代亞洲。」值得一提的是，賓板橋對「亞洲史導論」的構想是美國史學界在 1950 年代一個十分重要的創見。雖然美國許多大學沒有開設類似的課程，但在學者之間已經就應該如何教授亞洲史展開廣泛討論。如 1957 年美國歷史年會和 1958 年亞洲研究學會上各有一個小組對此話題展開討論，即美國歷史學會組織的「大學層面的歷史教學」和美國亞洲學會組織的「大學層面的亞洲文明教學」專題小組。[31] 除賓板橋外，費正清也向美國歷史學會提交了論文。而彌爾頓・辛格（Milton Singer）、狄培理（Wm. Theodore de Bary）、彼得・戈斯林（L. A. Peter Gosling）等學者則在亞洲研究會上提交論文參與討論。

　他分析了隋朝與東南亞、東亞、西域以及北方匈奴之間的外交關係。參見Woodbridge Bingham, *The Founding of the T'ang Dynasty*, Baltimore: Waverly Press, 1941.

[30] Bingham, "An Integrated Approach in an All-Asia Survey Course," *Association of American Colleges Bulletin*, 44 (1958), pp.408-415.

[31] 1959年《國外社會科學文摘》第3期發表了秋水譯自《美國歷史評論》1958年4月號的文章〈1957年美國史學會紐約年會概況〉（34頁），第七條即關於亞洲史的討論，主題即在大學水準上講授亞洲史，有兩種不同研究方法，都是基於十餘年的教學經驗，一篇論文題為「全亞歷史概論課程的整體研究法」，敘述加州大學開設的亞洲史導論課程，包括中、日、東南亞、印度、西南亞、伊朗、土耳其；另一篇論文報告了哈佛開設的「遠東文化史」，只限於中國、朝鮮、越南、亞洲腹地等等。當時40%的專門學院和大學未開設亞洲史導論課程。不過秋水這篇譯作沒有提到這兩篇文章的作者。

　　為了捍衛自己在東亞史研究的教學取向，費正清反對賓板橋的亞洲史教學模式，他認為亞洲文明缺乏歐洲文明的整體性和延續性，所以亞洲史還不能夠被正整合成一門單獨的課程。[32] 費正清認為，堅持面面俱到的結果是很危險的，這會讓分析的主題過於抽象化。芝加哥大學、哥倫比亞大學和密西根大學的學者也談了自己對文明史教學的理解。辛格解釋了芝加哥大學沒有單獨開設「亞洲概況」、「亞洲思想概況」和「亞洲文明」等課程的原因，因為綜合性課程一般開三年，會對中國、印度和伊斯蘭文明做分別介紹。辛格認為，所謂的文明研究法更具有一種整體性，因為每一個文明都可以視為一個鮮活有機的整體，他們發展和轉型的速度不可一概而論，各自具有獨特的文化與社會組織。[33]

　　在哥倫比亞大學，授課方法也是和以東方文明為中心的教學法有區別，這可以回溯到 1920 年，當時亞洲文明課程和大學的通識教育已經開始合作。如狄培理所言，要不是因為二戰的影響，哥大以往的課程對亞洲缺乏關注，他雖然強烈地捍衛哥大教學的歷史傳統，但同時他捍衛亞洲人民在當代世界中的重要性，亞洲人民在中西對抗中扮演著重要角色。他同意將「亞洲 - 美國」之間的相互理解框架作為外交政策的基礎，這在當代政治，外交和軍事領域是至關重要的，但他也質疑了冷戰時期美國在亞洲的利益和通識教育之間的相互聯繫。他拒絕將向本科生教授亞洲人民的歷史與文明和冷戰的政治目標結合在一起。[34] 在他看來，學術和教育應該與冷戰意識形態鬥爭分開。他視東方文明和西方文明為人類共同的遺產，這是哥大通識教育一直以來的傳統。與本課程互補的一門名為「東方人文」的課程，側重於瞭解東方的經典著作，與西方人文教育注重學習西方經典

[32] John K. Fairbank, East Asia in General Education: Philosophy and Practice, Boardman ed., *Asian Studies in Liberal Education*, p. 23.

[33] Milton Singer, "The Asian Civilizations Program at the University of Chicago," Boardman ed., *Asian Studies in Liberal Education*, p. 25.

[34] Wm. Theodore de Bary, "Asian Studies for Undergraduates: The Oriental Studies Program at Columbia College," Boardman ed., *Asian Studies in Liberal Education*, pp. 35-36.

著作有相似之處。

而密西根大學直至 1958 年才為學生提供關於亞洲文明的概覽性課程。1958 年 9 月的課程目錄表明，該校最初的授課內容包括對主要的亞洲民族、文明和亞洲問題的介紹。這是一個兩學期的課，第一學期關注伊斯蘭、印度和中華三大文明。第二學期討論亞洲現代史，現代亞洲的教學主要強調亞洲的工業化、社會和政治現代化，民族主義和中立化。其中一個主題是歐洲人在亞洲的擴張，強調跨人文學科和社學科學等不同學科。[35] 如同狄培理和戈林斯也指出，對於亞洲文明的研究將有助於學生更好地理解西方文明。

第二節　重新定位東方研究：在史學與政治之間糾葛的歷史書寫

中國亞洲史的教學模式和蘇聯的東方史教學模式之間存在著鴻溝，涉及 1950 至 1960 年間的政治、意識形態和知識背景的影響。政治上，亞洲是由許多獨立國家組成的地緣政治統一體，亞洲在 1950 年代登上世界歷史舞臺；意識形態上，雖然中國史學家們接受馬克思列寧主義為指導思想改革高等教育制度，但他們也繼承了中國傳統史學的學術理念，試圖用新的理論與方法以適應中國語境，為中國高等教育添磚加瓦。如 1956 年《亞洲各國史教學大綱》所言，在 17 世紀，一些亞洲國家便在經濟與文化上取得了很高的成就，這份大綱同時強烈批判了資產階級的亞洲歷史書寫。它指出歷史書寫是占統治地位的資產階級捍衛殖民主義的工具。它混淆歷史事實，無視亞洲人民在經濟和文化領域上所取得的偉大成就。它批判了許多西方史學家將亞洲人民所取得的成就歸因於西方的影響，批評這些史學家過度誇大一些亞洲國家的落後。大綱建議在亞洲史的教學中，中國歷史學家應以歷史唯物主義為指導，引導學生瞭解亞洲人民所取得的偉大成

---

[35] Gosling, "The General Course in Asian Civilizations at the University of Michigan," Boardman ed., *Asian Studies in Liberal Education*, pp.42-50.

就，這些成就源自亞洲人民反對統治階級的鬥爭。[36]

　　雖然 1950 年代中國學者開始學習蘇聯模式，但中蘇學者之間還是存在不少分歧。蘇聯學者堅持從俄羅斯帝國傳承下來的東方學遺產，蘇聯學者常常試圖以辯護的立場和姿態來捍衛這份遺產。馬諾德（Frederick MacFarquhar）在 1960 年舉行的第 25 屆國際東方學家大會上見證了蘇聯學者的表現。他聆聽了擔任大會主席的時任塔吉克斯坦黨中央第一書記加富羅夫（B. G. Gafurov）捍衛俄羅斯東方學研究的閉幕報告，儘管加富羅夫承認一些亞洲學者認為東方學是反動學術因為會讓他們想到亞非地區的西方殖民主義，但是有些西方東方學家是人道主義學者，隨著政治帝國主義的衰落，這些學者的帝國主義思想沉澱也在減少。馬諾德意識到，因為蘇聯佔有大量中亞地區領土，這使得他們很難真正融入宣導反帝反殖反霸的亞非俱樂部。[37]

　　不僅是蘇聯國內學者，還有那些派往中國的蘇聯專家，在中國講學的時候，也為帝俄時代的東方主義傳統辯護。例如於 1955 年 4 月至 6 月來華進行學術交流的阿斯塔菲耶夫（G. Astafyev）在其關於蘇聯東方學研究的學術報告中強調蘇聯學者對東方的許多國家都抱有興趣，這些國家在反對帝國主義的和平、民主和社會主義鬥爭中扮演了重要的角色。一方面，他批判資產階級學者所重視的東方學的語文學傳統，資產階級理想主義關注這些東方國家的語言文化遺產，但忽略了現代東方的歷史、經濟和文化；而另一方面，阿斯塔菲耶夫又試圖說明俄國的東方學研究與歐美的東方學研究有所不同。[38]

　　蘇聯的亞洲研究在制度上的變更也值得關注。蘇聯科學院在 1930 年

---

[36] 朱杰勤，〈亞洲各國史教學大綱之上古中古部分教學大綱〉，《朱杰勤文集：世界史》，第48頁。

[37] Roderick MacFarquhar, "The 25th International Congress of Orientalists," *The China Quarterly*, 4 (1960), pp.115-116.

[38] 阿斯塔菲耶夫，〈蘇聯關於東方史學的研究〉，羅元錚譯，《科學通報》，1955年第6期，第62-67頁。

開設東方研究所，作為一個新的學術分支，漢學也在其中。1950 年的《中蘇友好同盟互助條約》簽訂後，作為對亞洲政治局勢變化的回應，尤其是隨著反對殖民主義的民族解放運動的興起，蘇聯將東方學研究所從列寧格勒遷到莫斯科。[39] 新中國成立後，蘇聯對當代中國歷史、經濟、文化的興趣逐漸變得濃厚，由於中蘇之間締結了政治聯盟，1956 年 9 月 14 日，蘇共中央政治局在蘇聯科學院成立中國研究所。這個所正式成立於 1956 年 11 月，是之前東方學研究所中國組的擴充。這個研究所重點關注新中國的經濟文化建設、歷史、語言、文學和外交關係等等。[40] 按照蘇聯科學院主席團的指示，中國學研究所「對中華人民共和國國家經濟、文化建設、歷史、語言、文學以及國際關係等各方面進行科學研究和準備編寫各種科學著作。同時研究所將負責準備中國歷史文獻以及現代史、經濟、社會政治等譯文的出版工作。並且就有關中國學的問題同中國的科學機構和專家們取得廣泛的業務上的合作。」[41] 這個機構包括 6 個研究室：歷史研究室、經濟研究室、國家建設研究室、中國各民族語言研究室、文學和文化研究室、中國古文獻研究室。雖然它也重視古代文獻的翻譯和出版，但顯然這個新的研究所較早地從傳統漢學轉向了當代中國研究，1957 年至 1960 年，該所的許多專案致力於當代中國研究，其中最為人知的便是編寫《中國近現代史大綱（1919-1957）》。從 1958 年開始，該研究所發行了半月刊《蘇聯中國研究》。[42] 根據發刊詞，這份刊物旨在研究中國社會主義建

[39] O. Edmund Clubb, "Soviet Oriental Studies and the Asian Revolution," *Pacific Affairs*, 31:4(1958), pp. 380-389.

[40] Ivan Spector, trans., "Organization of the Soviet Institute of Chinese Studies and Its Tasks," *Journal of Asian Studies*, 16 (1957), pp. 677-678.

[41] 杜曼，〈蘇聯的中國學科學中心〉，郭福英譯自《蘇聯科學院通報》1957年11月號；載《科學通報》，1958年第9期第2號，62頁。儘管這個所主要側重當代中國研究，也重視出版有關舊中國生活、風俗習慣、宗教、藝術材料，以便讓蘇聯人民瞭解普通中國人民的形象。研究所還重視中國古代社會政治思想文獻的翻譯與出版。據1958年的報告，中國學研究所當時的重點題目包括中國工人運動史、國際關係史、社會思想史、太平天國農民戰爭史。但語言學研究室也計畫翻譯介紹呂叔湘的中國語言學著作。

[42] Derk Bodde, "*Sovetskoye Kitayevedenie* (Soviet Sinology)," *Journal of Asian*

設的成就和經驗，反對資產階級的漢學研究。1959 年這份刊物與《東方問題》合作。[43]1961 年下半年，這份刊物更名為《亞非人民：歷史，經濟和文化》。[44]1950 年代他們將重點轉向近現代亞洲研究，以匹配近現代中國和印度在亞洲日益增長的影響力。蘇聯試圖拓展和加強他們在現代亞洲問題上的研究。[45]1956 年蘇聯科學院中國學研究所的成立與中國國內當時對厚今薄古歷史研究趨勢遙相呼應，可以起到和中國歷史學接軌的作用，例如它還組織翻譯了中國馬克思主義歷史學者的著作，包括范文瀾的《中國古代史》、尚鉞的《中國歷史綱要》以及呂振羽的《中國政治思想史》，這體現了中蘇兩國馬克思主義史學在中國史研究領域存在相互影響，而不是單面向的中國接受蘇聯模式。

　　1960 年，蘇聯科學院的東方學研究所更名為「亞洲人民研究所」，中國研究所再次被改組進這個新機構。這次更名標誌著亞洲研究的去東方化（de-orientalization）趨勢。[46]然而，蘇聯並非第一個這樣進行去東方化的國家。1956 年，美國將 8 年前成立的「遠東學會」（Far Eastern Association）更名為「亞洲研究學會」（Association for Asian Studies），將研究範圍從東亞拓展到了南亞和東南亞。而在同時期的英國，印度史專家西瑞爾・菲力浦（Cyril Henry Philips）也在 1956 年和 1958 年的一些學術會議上調查和評估亞洲民族史的歷史書寫特點。[47]

　　筆者以為，1960 年蘇聯的「東方學研究所」更名成「亞洲民族研究所」可能有更深層次的含義。1960 年中蘇分裂這一重大歷史事件，對亞洲

　　Studies, 18:3 (1959), pp. 428-431.

[43] 它銜接了《蘇聯東方研究》（*Soviet Oriental Studies*）。

[44] 1990年被《東方：今昔亞非社會》取代。

[45] R. Swearingen, "Asian Studies in the Soviet Union," *Journal of Asian Studies,* 17:3(1958), pp.522-525.

[46] Francesco Gabrieli, "Apology for Orientalism," in: A. L. Macfie edt., *Orientalism: A Reader* (New York: NYU Press, 2000), p.85.

[47] 會議論文集以《亞洲各民族的歷史書寫》之名集結出版，參見*Historical Writing on the Peoples of Asia,* Oxford: Oxford University Press, 1961-1962.

國家來說是一個關鍵的時間節點，在此之前，蘇聯自詡是亞非世界反帝和反殖的唯一領導者，但此後情況就有所變化。由於在中國境外召開的一系列國際政治性會議以及中國自身的學術發展比如建立起獨立的亞洲史學科體系，使得中國成為許多亞非國家認可的新興領導者。

　　實際上，「亞洲民族」這一概念對蘇聯而言並不新鮮，只是1960年之前並沒有被系統闡釋。早在1930年，蘇聯的民族學家已經開始建立新的社會主義民族學，用於研究亞洲各民族，起初關注蘇聯境內如西伯利亞和遠東地區的原住民。1931年，葉夫根尼（Evgenïi G. Kagarov）出版了一本名為《蘇聯民族》的小冊子。蘇聯科學院遠東研究所組織了《蘇聯民族》多卷本的出版計畫。1932年至1939年出版的第四卷便是關注西伯利亞和遠東的各民族。[48] 然而，這個出版計畫大部分關注的是亞洲的與世界其他地區的原住民。

　　1941年太平洋戰爭的爆發，二戰全面席捲亞洲。美國也捲入同盟國與軸心國的戰爭之中，加入反法西斯盟軍。1943年1月，英美兩國政府和當時的國民政府作為盟友簽署條約，終止了在中國的治外法權。這一新的發展應該視作西方列強承認中國在亞洲擁有獨立主權的關鍵一步。二戰後，1940年代末至1950年代初，亞非政治環境的急劇變化讓亞非人民從殖民主義和帝國主義的壓迫下獨立出來。蘇聯必然考慮到這些變化，例如1949年蘇聯科學院意識到亞非民族的解放運動如火如荼進行，東方研究所出版的《蘇聯東方研究雜誌》已經跟不上時代了。[49] 所以，科學院鼓勵蘇聯的東方史學家關注一些較為應景的課題，如東方的農奴反抗運動、東方的社會經濟發展、東方的農民起義等等。簡言之，1950年代初，蘇聯史學家被鼓勵去研究亞洲現代史，以加深對亞洲革命發展的理解。蘇聯1950年刊

---

[48] David G. Anderson & Dmitry V. Arzyutov, "The Construction of Soviet Ethnography and The Peoples of Siberia," *History and Anthropology*, 27:2(2016) pp.183-209.

[49] 余元盫譯，〈蘇維埃東方史家的迫切任務〉，《科學通報》，1950年第1期，第232-235頁。這是對蘇聯科學院主辦的《歷史問題》雜誌1949年的第4號社論的節譯。

登的《歷史問題》中，有作者指出中華人民共和國的成立是中華民族對封建制度和帝國主義的勝利，開啟了東方歷史的新篇章，中華人民共和國是蘇聯最忠誠和強大的盟友。更進一步指出蘇聯的東方學者應該學習亞洲各民族的鬥爭史，關注亞洲的現當代史，亞洲反對帝國主義的解放運動和中國、越南、蒙古和朝鮮的現狀。1960 年，新更名的「亞洲民族研究所」反映了蘇聯學術界對研究當代亞非地區有了強烈的研究意識。中蘇的分裂只是促發了東方研究所的研究方向的轉變。如傑佛瑞・朱克斯（Geoffery Jukes）所指出，蘇聯的意識形態學說將亞非的政治變革視作其為擺脫殖民主義，為爭取政治和經濟自由而進行的民族解放運動。這個概念在 1950 年代末和 1960 年代初得到了充分的闡釋。1956 年的蘇共二十大支持了這一提法，蘇聯對擺脫史達林模式的新興國家採用了不同的研究方法。[50]1954 年，蘇聯第一次派代表團參加在劍橋大學舉行的第 23 屆國際東方學家大會，這標誌著蘇聯東方學研究進入一個新階段，將東方放置在一個更廣闊的國際背景下探討。

　　1950 年代初期，國際東方研究學術界意識到亞洲國家的獨立運動和通過東方學家展現亞洲歷史文化問題之間的聯繫。1954 年 8 月 25 日在劍橋舉行的第 23 屆國際東方學大會上，菲力浦（Cyril Henry Philips, 1912-2005）作為「東方主義與歷史」[51] 小組討論的主持人，他評論道：「當亞洲人民實現了他們的獨立，我們雙方有必要重新審視東方研究和歷史的關係，以目前的現有框架研究亞洲史是否恰當。」[52]

　　1950 年代，在冷戰的陰雲下，亞非國家的獨立運動如火如荼地進行。然而，更為重要是這些國家之間的結盟。1950 年代這些亞洲國家在政治上

---

[50] 參見Geoffrey Jukes, *The Soviet Union in Asia*, Berkeley and Los Angeles: University of California Press, 1973; 尤其是該書第一和第二章的內容。

[51] Denis Sinor ed., *Orientalism and History*, Cambridge: W. Heffer and Sons Ltd., 1954; revised edition, Bloomington: Indiana University Press, 1970.

[52] Denis Sinor ed., *Proceedings of the Twenty-Third International Congress of Orientalists, Cambridge, 21st-28th August 1954*, London: The Royal Asiatic Society, 1956, pp.41-43.

出現了三種變化趨勢，第一，一些亞洲國家結盟，但不跟美國或者蘇聯站在同一戰線上。早在 1947 年 3 月，印度總理尼赫魯在新德里組織亞洲關係會議，以促進亞洲聯合，其中有許多獨立的新興國家。這次大會標誌著亞洲作為一個整體登上世界歷史舞臺。第二、1950 年代印度和中國通過政治、經濟、科學、文化代表團的交流計畫和積極互訪，發展了雙邊友好關係。[53] 第三、1955 年 4 月 18 到 24 日的萬隆會議標誌著亞非國家的聯合。萬隆會議傳遞著反對美蘇干涉他國內政的強烈呼聲。1956 年 7 月 19 日，鐵托、尼赫魯、蘇加諾、納賽爾和恩克魯瑪簽署《布里俄尼宣言》，聯合聲明在冷戰陰雲下採取中立立場的不結盟政策。

　　1950 年代，由於亞洲國家迅速地去殖民化，蘇聯改變了對外援助的政策，計畫通過大量的技術和教育支持來幫助亞洲的發展中國家。史達林去世後，蘇聯開始對印度實行援助。[54] 1950 年代末到 1960 年代初，臺灣的「資產階級」史學家和大陸的馬克思主義史學家同時批判歐美學術界的東方主義。[55] 以下筆者引用方豪和劉大年的一些論述。1958 年方豪指出所謂的東方研究的對象大部分是和西方先前的殖民地和託管地。同時他承認西方學者研究這些領域所具備的優勢，但他反感西方學者在東方學研究中所表現出的西方優越論。[56] 大陸許多學者發表文章表達他們對西方學者的西方中心論的批判。[57] 東方主義，誠然是批判的中心。其中一篇最著名的文章是

---

[53] 關於中印關係史的最新研究，參見Arunabh Ghosh, "Before 1962: The Case for 1950s China-India History," *Journal of Asian Studies,* 76: 3 (2017), pp.697-727.

[54] Katsuhiko Yokoi, "The Colombo Plan and Industrialization in India," Shigeru Akita, Gerold Krozewski, Shoichi Watanabe eds., *The Transformation of the International Order of Asia: Decolonization, the Cold War, and the Colombo Plan* (London: Routledge, 2014), p.59.

[55] Hans Hägerdal, "The Orientalism Debate and the Chinese Wall," pp. 19-40；德里克（Arif Dirlik）指出一些亞洲的知識分子存在自我東方化的現象。參見Dirlik, *Chinese History and the Question of Orientalism, History and Theory,* 35:4(1996), pp.96-118.

[56] 方豪，〈出席第11屆國際青年漢學家會議報告〉，《方豪六十自定稿補編》，臺北：學生書局，1969年，第2624頁。

[57] 吳延民，〈民國以來國內史學界對歐洲中心論的批評〉，《史學理論研究》，2015年第

劉大年在 1965 年巴基斯坦舉行的第 15 屆歷史年會上的發言稿〈亞洲史怎樣評價？〉。[58] 在這篇論文中，劉大年認為亞洲是世界文明最古老的發祥地之一，亞洲民族是一個優秀的民族。他認為長期以來西方資產階級學者沒有客觀看待亞洲歷史，只是貶低、歪曲亞洲歷史。在他看來，雖然西方學術界對亞洲的客觀研究少之又少，大量的研究試圖將亞洲作為一個野蠻的、落後的、不道德、不文明的地區，同時他也提及西方學者試圖將亞洲的現代化視作西方的慷慨恩賜。

1950 年代的中國學者撰寫了大量的研究，挑戰西方對中國和亞洲的殖民和帝國主義影響的敘事方式。[59] 比如在《亞洲各國史》的前言裡，朱杰勤認為歐美資產階級學者將亞洲視作野蠻落後，無法決定自我命運的民族。他尤其指出，劍橋史叢書充滿著偏見，沒有充分反映亞洲人民對世界歷史的貢獻。[60] 第一，朱認為歐美資產階級學者研究亞洲歷史是為了維護他們的資產階級利益，支援他們的殖民政策，以此壓榨亞洲人民；第二，朱杰勤認為許多亞洲研究的專家同時也是殖民者的官員；[61] 第三，朱杰勤指出許多西方探險家以科考之名去這些國家刺探情報。這些探險家是為帝國主義服務的，他們調查這些國家的資源，偷竊了大量的文化藝術品；第四，西方文獻學者脫離社會實際，忽略了對亞洲社會經濟的基礎性研究，同時關注了非常細枝末節的東西。因此，朱杰勤提倡使用一些新方法，通過研究亞洲政治經濟問題，包括研究亞洲文化的偉大貢獻，研究亞洲國家反對西方殖民主義和帝國主義的解放運動，詮釋亞洲民族之間的友好交往

4期，第116-126頁。

[58] 劉大年，〈亞洲史應該怎樣評價？〉，《歷史研究》，1965年第3期，第1-10頁。

[59] 關於新中國的馬克思主義史學者對西方概念的認知的研究，參見王晴佳的論文，Edward Wang, "Encountering the World: China and Its Other(s) in Historical Narratives, 1949-1989," *Journal of World History*, 14: 3 (2003), pp.327-358.

[60] 朱杰勤，〈亞洲各國史〉，朱杰勤，《朱杰勤文集：世界史》，第78-79頁。

[61] 美國的國際區域問題研究從美國政府那獲得大量資助。參見Bruce Cumings, "Boundary Displacement: Area Studies and International Studies during and after the Cold War," *Bulletin of Concerned Asian Scholars*, 29:1(1997), pp.6-26.

和相互支持，解釋俄國十月革命和中國革命和亞洲人民的解放運動的重要性，以駁斥西方資產階級學者的學說。[62]

最近二十年裡，當代中國學者開始批判性地重估馬克思列寧主義史學對中國史學的影響。比如王學典指出關於中國馬克思主義史學史上經典的「五朵金花」問題，其基礎是蘇聯對中國歷史的理解模式，正所謂「披著紅色外衣的東方主義」。[63] 王學典認為，所謂的蘇聯模式也是西方舶來品，並沒有立足中國，從中國視角出發來理解中國歷史。

結語

亞洲史作為一個全新推出的學科，出現在 1950 年代的中國大學課程中，是服務於新中國國家建構，隨著亞洲反帝反殖反霸權運動的風起雲湧，新中國試圖在亞洲的政治與歷史語境中尋找定位。在高教部的推動下，歷史學科通過重新書寫和詮釋亞洲歷史，繼而在大學課程體系中不斷實踐，試圖讓中國民眾從意識形態和文化領域裡理解和重建這個新生的人民共和國。此外，新中國還計畫在國際學術界推新中國的廣亞洲史研究典範。該典範自然是以馬克思列寧主義和歷史唯物主義為基礎，對內服務於新的國家建構，對外服務於建立新的國際秩序。由於國內外政治與社會環境的變化，從晚清到1950年代，亞洲史的教學經歷了從「天下模式」到「革命模式」的轉型。然而，1950 年代的「亞洲史」更像是一個傳統與現代的雜糅品，它將晚清的史學視野、蘇聯東方史的教學模式，以及新中國的馬克思列寧主義史學整合起來。

再次，「亞洲史」在 1956 年作為一個獨立的學科，與中國史、世界史一樣，被納入大學課程中。亞洲史在 1950 年代發展起來，受到濃重的

[62] 朱杰勤，〈亞洲各國史〉，朱杰勤：《朱杰勤文集：世界史》，第80-82頁。
[63] 王學典，〈五朵金花：意識形態語境中的學術論爭〉，《良史的命運》，北京：三聯書店，2013年，第267-268頁。

意識形態的制約，在全國各大學制度化的教學實踐下，培養出亞洲各國史的新一代研究者，這有助於發展中國同亞洲各國的友好關係。這些國家和第三世界其他國家一道，幫助新中國在 1971 年重返聯合國。

　　最後，1950 年代興起的「亞洲史」是雜糅了三種傳統的衍生品，即晚清的亞洲各國史教學模式，蘇聯馬克思列寧主義的革命史書寫模式（關注反帝反殖的歷史唯物主義），以及新中國挑戰西方的東方主義和蘇聯式的披著紅色外衣的東方主義的史學傳統。新中國的歷史學家試圖奪回他們解釋歷史的權利和權威。美國的亞洲史教學似乎是西方中心論，強調歐洲的擴張和西方文明的影響，教學目標是使學生更好地理解西方文明。在中國，亞洲史教學的思想與意識形態反映出強烈的反殖反帝情感。

　　筆者認為，在經歷過了太平洋戰爭和朝鮮戰爭等一系列戰爭之後，1940、1950 年代亞洲各國的去殖民化使得全世界，尤其是太平洋西岸的國家意識到將亞洲史建設成大學教學研究學科的重要性。在亞太地區，當我們將中國、蘇聯、美國的亞洲史模式進行比較，可以很明顯地發現，三國的亞洲史課程有一個共同點，均避免提及蘇聯領土內的中亞國家。此外，當代政治格局的變化對中美兩國的亞洲史施加了導向因素，兩國分別從國家政策層面回應了亞洲政治的挑戰，但這樣的回應是基於雙方對不同歷史背景和現實政策的理解。在美國，賓板橋在柏克萊教授「亞洲史」的方法是基於他對太平洋戰爭和亞洲在美國外交關係中所扮演的角色的理解，誠然，美國的亞洲史教學也受到朝鮮戰爭和麥卡錫主義的影響。而中國的亞洲史研究則是對新中國成立後，加之亞洲世界反帝反殖的解放運動的興起，特別是亞非各國在 1950 年代初國家之間的緊密合作，以及不結盟運動發展的回應。總而言之，中國亞洲史研究的興起不僅繼承於晚清以來的史學傳統，還受到了亞洲和世界新興政治發展的影響，最終實現了新中國在亞洲及其他地區建立新秩序這一當代政治的需要。

第六章
中國史學現代腳注成立史論

引言

什麼是腳注？為什麼研究腳注？腳注值得研究嗎？可能每個學者對這些問題的回答都不同。如果我們將腳注（footnotes）視為現代史學（modern historiography）的產物，那腳注對於學術工作者來說已經是日常工作中不可或缺的必需品，無論是研究還是教學都離不開腳注。在西文學界，以研究而言，很多學校在審查入學申請時即要求申請人提供一個寫作樣本，通過這個樣本瞭解學生對一手文獻的閱讀和分析以及對二手文獻的掌握程度，其中腳注和參考書目（bibliography, references, works cited）即是非常重要的參數。腳注技術在整個研究生生涯中乃至畢業後從事研究工作之後將不斷得到加強。而大學老師上課準備教案，給學生佈置作業，如果涉及到寫小論文，必須為學生提供詳細的寫作格式說明，告知學生要求完成的小論文長度，做注釋方式，是否需要提供參考書目等等。目前西文人文學界有兩種常見的格式，即所謂《芝加哥手冊》（the *Chicago Manual*）格式和現代語言學會（Modern Language Association, MLA）格式，無論哪種格式，腳注的使用都是必須的。

很多學界讀者都更習慣腳注而非尾注（endnotes）或夾注（in-text notes），正文中間的夾注常常因為篇幅有限，而只能提供作者和發表年代及頁碼等有限資訊，尾注則不時需要讀者翻到文章或者書後部分才能看到引用資訊，也頗為不便，因此腳注最受歡迎。對腳注的審閱也是抓抄襲和學術不端行為的利器，很多心術不正的學術抄襲犯往往將他人的研究成果化為己用，不注明實際出處，而直接以引一手文獻的方式進行「洗稿」，從而在表面上讓不熟悉具體內容的讀者看上去以為是作者自己的發現和論述，實際上真正的學者一眼就能通過這樣的偽注看出真相。榮新江先生已經提示過「現代學術是現代科學主義的產物，它發展出的規範都帶有西方文化的特點，中國是在近代西方科學傳入以後，才慢慢接受比如標點符號、引文注釋等學術寫作規範的。」[1] 現代學術的國際規範與一套嚴格的格式緊密結合在一起，不同國家的學者也才能更好地在同一層面上進行學術交流，而非閉門造車、自說自話。

　　什麼是現代學術的普遍格式？美國學者隆德（Roger D. Lund）說，獻辭（dedication）、序言（preface）、腳注和索引（index）乃是現代學術的慣用手段。[2] 但實際操作中，中文和西文論著並非四者皆備。中文著作常常要請人作序或者有自序，然後自己寫個後記或者跋（postscript），而序跋在西文學術論著中現在並不常見，請人寫序更是幾乎絕跡，因而隆德並未涉及於此。西文論著中比較常見的獻詞和銘謝（acknowledgments）在中文論著中單獨列出是非常罕見的，而往往作者更願意在後記中列出致謝名單。西文書一般有索引，而中文書較少在書末附上索引。參考書目也有類似的情況，但並非每一本學術書必備。索引和參考書目可以讓讀者快速瞭解作者使用參考文獻的範圍及其對本領域研究進展的熟悉程度，而不需要翻遍全書。如果沒有參考書目，會對讀者造成一定程度的不便。像陳寅恪《柳如是別傳》、卞僧慧編《陳寅恪先生年譜長編》等等都沒有參考書目。假設讀者看到一本相關論著或論文，想看看陳著或卞書引了沒有，就非翻遍全書不可。因此，任何一本學術論著都最好能列出腳注和參考書目。

　　1980 年代開始，腳注史逐漸作為學術史、史學史上一樁大事因緣進入歐美學者的視野之內，一方面得益於西文學界對人文學科史（history of humanities）的反思，另一方面也是 1980 年代日益繁榮的新文化史（new cultural history）和書籍史（history of books）自身發展結果。在西文學界，很早便有學者注意到腳注的學術史，早期比較重要的一篇論文是普林斯頓高等研究院古代史學者鮑爾索克（Glen W. Bowersock）發表於 1984 年討論

---

[1]　榮新江，《學術訓練與學術規範》，北京：北京大學出版社，2011年，第2頁。
[2]　Roger D. Lund, "The Eel of Science: Index Learning, Scriblerian Satire, and the Rise of Information Culture," *Eighteenth-Century Life*, 22: 2 (1998), pp.18-42.

吉本腳注藝術的小文章。[3] 這篇文章引起了在普林斯頓大學任教的近代早期歐洲文化史專家格拉夫敦（Anthony Grafton）注意，1994 年他開始在《歷史與理論》（*History and Theory*）期刊發表一篇文章討論從德圖到蘭克的腳注史，隨後在第二年利用在柏林高等研究院訪學的機會出版了一本德文小書，最終於 1997 年刊出了他集大成的研究著作《腳注趣史》。[4] 他指出：「從文法家的注疏、到神學家的隱喻、再到語文學家的校訂，沒有一種傳統的注釋形式是與史學的腳注完全相同的。現代歷史學家們要求的是，對歷史的每一段新穎敘述都附有系統的注釋，作者在其中要寫明史料。這是職業化了的歷史學科的學界規則。」[5] 在他看來，腳注在史學中的扎根源於 19 世紀德國新式大學體系傾向於原創而非敘事，腳注和文獻附錄更被年輕一代史學家重視，他們更樂於選擇史料考證並在博士論文中使用詳實的注釋，這樣才完成了從內容到形式的匹配。[6] 格拉夫敦的研究表明，腳注作為一種現代史學書寫和發表形式的功能和意義在於，它標明了一手證據，保證文章在本質上的創新性，也指出了二手資料，避免這些資料在形式和論點方面破壞文章的創新性，而其意義則在於確認了該篇史學著作出自一位專業人士之手，對專業人士的證據來源提供一種合法性和權威性。[7] 腳注發揮了兩種功能：一是說服，使讀者相信歷史學家做了相當數量的工作，已經足夠在學界發聲了。二是指明歷史學家確實使用過主要史料，提示有批判眼光和持開明態度的讀者去挖掘歷史學家詮釋文本的過程。[8] 他

[3] Glen W. Bowersock, "The Art of Footnote," *The American Scholar*, 53:1(1984), pp.54-62.

[4] Anthony Grafton, *The Footnote: A Curious History*, Cambridge, MA: Harvard University Press, 1997.《腳注趣史》中譯本（北京大學出版社，2014年）出版之後，本人應邀寫了一篇書評（〈腳注史研究的旨趣〉載《新京報》書評週刊2014年6月14日），在準備這篇書評的過程產生了一些想法，因受書評體例和篇幅限制未能展開討論，數年來陸續收集相關資料，終可撰文加以詳細梳理和論證。

[5] 格拉夫敦，《腳注趣史》，第31頁。

[6] 格拉夫敦，《腳注趣史》，第304頁。

[7] 格拉夫敦，《腳注趣史》，第4-7頁。

[8] 格拉夫敦，《腳注趣史》，第22-23頁。

將史學腳注的性質和功能與傳統注釋進行了細緻的區分，並賦予其在史學現代化、專業化過程中所起到的特殊意義，都深具啟發性。

由於格拉夫敦特別熟悉近世歐洲史家吉本、蘭克等人，他的這本著作主要在歐洲史學史的框架內討論腳注的演化。[9]儘管他也注意到神學家、哲學家和語文學家甚至作家對腳注發展的貢獻，但未涉及其他人文社科領域興起過程中腳注的演化。2002 年，知名記者澤比出人意料地出版了《魔鬼的細節：腳注史》一書，將腳注最初的出現歸結為 17 世紀英國文學傳統的發明。[10]實際上，隨著近代學科分野的出現，在人文學科之外，自然科學的影響、印刷技術的演化對腳注的興起均有影響，格氏也注意不多。儘管他對科技史並無太大興趣，但他對書寫史和印刷史亦頗具功力。17、18 世紀科學實驗的發展，實驗報告、科技論文的寫作中如何使用腳注，是否影響其他學科，腳注的使用如何受到印刷技術的影響等等，也許都值得進一步思考。

如果我們將視野轉向東亞，情況似乎更為複雜。在東亞漢字文化圈，中國和日本學者書寫和發表論著的傳統方式長期以來都在紙上留出天眉底腳，以便讀者做筆記，書籍出版都是直排，現代腳注傳統也是域外所傳，也存在一個逐漸接受的過程。畢竟傳統印刷方式不使用腳注也受到豎排的影響，西文是字母文字，橫排看起來比較舒服，豎排的西文很難看，不符合讀者的閱讀習慣。[11]這又涉及到書寫、印刷與知識的獲得與讀者認知的過程。比如，希爾伯特（Betsy Hilbert）注意到技術因素對學生尾注和腳注

---

[9] 詳細的中文書評見陸揚，〈把正文給我，別管腳注——評格拉夫敦和他的《腳注趣史》〉，《清華大學學報》2014年第5期，第96-103頁。

[10] Chuck Zerby, *The Devil's Details: A History of Footnotes*, New York: Touchstone Books/Simon & Schuster, 2002.

[11] 1981年10月北京商務印書館重印嚴復《群學肄言》（斯賓塞著，屬於嚴譯名著叢刊之一種）時，說將直排改為橫排，繁體字改為簡體字，改斷句為新式標點。以前的版本在書末附有譯名表，間或有一些注釋，新版也將譯名對照和注文全部移為腳注，以便讀者進行查考。而原著者以及譯者的注在1931年的版本中均印在天眉，這次也都移入腳注，並用原著者注、譯者注、原編者（商務印書館編譯所）注等字樣標示清楚（iii頁）。

使用的影響。她指出 1960、1970 年代的學生疏於計算頁底預留做注的空間，常常與教授達成妥協使用尾注，但他們的方便卻對讀者造成困擾，因為人們不得不常常翻到後面去看其注釋。[12]

　　儘管史學中的現代腳注是舶來品，注釋（notes，annotations，explanatory notes）在中國文化中有著漫長的傳統，名稱也非常多，甚至有時候腳注和注腳在一些近現代學者的作品中也是混用的。而古人所謂傳、注、疏、解、釋、正義等等，都是廣義的注釋，很多作品本身就是注釋，有名者如《左傳》（《春秋左氏傳》）、《易傳》、《水經注》等等。這些注釋與腳注是有區別的。腳注這一名詞在漢文文獻中出現也很早，有學者指出早在唐代佛教文獻中即已出現，即指頁腳的小字注文，即便是寫本如出土於吐魯番的唐代戶籍文書也使用了腳注，即用小字列在正文下方的注文。[13] 不過，梁啟超對中國傳統史學之注釋功能做過清晰的闡發，他說：「史籍既多，則注釋考證，自然踵起。注釋有二：一曰注訓詁，如裴駰、徐野民等之於《史記》，應劭、如淳等之於《漢書》。二曰注事實，如裴松之之於《三國志》。前者於史跡無甚關係，後者則與本書相輔矣。考證者，所以審定史料之是否正確，實為史家求征信之要具。」[14] 梁啟超對傳統史學注釋的闡發與現代史學腳注的功能較為不同。史學中的現代腳注功能顯然更為廣

---

[12] Betsy Hilbert, "Elegy for Excursus: The Descent of the Footnote," *College English* 51:4(1989), pp.400-404. 西文的出版技術對尾注和腳注的選擇的確有很明顯的影響，茲再舉一例。知名的東方學家海尼士在1966年去世後，蒙古學家Nicholas Pope先後發表了兩篇訃告紀念海尼士。1966年Pope在《蒙古學會通訊》上發表了一篇簡短的訃告，列舉了海尼士在蒙古學四個領域的貢獻。當時的《蒙古學會通訊》看起來似乎並非是正式出版物，而是比較簡陋的列印稿，所以這篇文章是列印發表，打字機列印的痕跡非常明顯，專有名詞甚至使用底線，在Pope落款後面有12條尾注；見Nicholas Pope, "Erich Haenisch," *The Mongolia Society Bulletin*, 5: 1&2 (1966), pp. 7-9. 到了1968年，Pope又在《中亞研究學刊》上發表了一篇較長的訃告，內容仍然是列舉海尼士在蒙古學四個領域的貢獻，但內容更為詳細，作為正式出版物，文章使用了腳注，注明作者所引用的海尼士的作品，一共有23個腳注；見Nicholas Pope, "Erich Haenisch," *Central Asiatic Journal*, 12:1(1968), pp.71-78.

[13] 冉啟斌，〈「腳注」出現的時代及釋義〉，《語言科學》2008年第7卷第1期，第90-92頁。

[14] 梁啟超，《中國歷史研究法》，1922年；收入《梁啟超史學論著四種》，長沙：嶽麓書社，1985年，第129頁。

泛而複雜，既要引用一手文獻以支持正文中的論證，又要引用二手文獻以便提示一些觀點來自最初的發明者，而讀者也通過腳注來認識與理解作者研究的可信性與誠實性，如對其他學者的尊重程度，並通過腳注瞭解更多相關研究資訊。

正因為在中國史學傳統中存在各種注釋形式，這種現代腳注形式作為舶來品在中國史學中被完全接受要遲至 20 世紀中葉以後。我的這一研究雖然受格拉夫敦《腳注趣史》一書的啟發，但關心的問題和處理的材料完全不同，也不會像他那樣專注於幾個重要人物，且將討論的時代拉長到三個世紀。我關注的歷史時段大約是半個多世紀，主要是 19 世紀末到 1950年代，並按照我所理解和分析的腳注傳統發展轉捩點（turning points）分為兩個主要時期，即清末民初到 1930 年代、1950 年代。整個研究將以倒敘的方式來著重闡述以下兩個方面。先闡述 20 世紀中葉中國史學如何接受這種現代腳注形式，這種接受主要是由馬克思主義史學傳統奠定，為何馬克思主義史學傳統需要並能夠奠定這種腳注形式。再從近代東亞史學的大背景來追溯現代腳注之演進過程，著重分析近現代中國和日本史學家在20 世紀上半葉如何看待、接受和使用腳注，本土學者和留洋學者對於腳注的使用是否存在差異，中日學者對於這種域外學術傳統的態度又有何異同，另外也簡單提示腳注作為外來語如何在近代東亞辭典和工具書中出現並被逐漸認知和接受。

第一節　中國現代史學腳注傳統的確立：《歷史研究》與 《文史哲》

中國史學如同西文文獻一樣使用腳注究竟從何時開始、因為何種因緣確立這種現代學術的規範？儘管現在的學術期刊都有嚴格的撰稿要求，但在 1950 年代之前並沒有現在這樣嚴格的規範。我想不妨從中國史學界最具權威性的出版物入手來探討這一問題，即《歷史研究》從何時開始使用腳注，又是如何接受和確立這種學術規範。不過，《歷史研究》並非是 1950 年代最早開始出版的學術期刊，[15] 如果和其他刊物進行比較，也許會有比較清晰的線索。因此，本節將引入 1950 年代開始創刊並迅速取得巨大影響力的《文史哲》，與《歷史研究》進行比較，從而追溯腳注在學術刊物中得以確立的發展路徑。隨著新中國成立，中國史學也受到政治大環境影響，開始與蘇聯史學密切接觸，因此 1950 年代中蘇史學之間關係無疑也影響了中國史學的發展，而腳注發展史也應該放在這樣一個學術與政治的大背景下考察。

1949 年 10 月新中國成立，南京中研院史語所主要領導人大多離開了大陸，所長傅斯年以及考古組負責人李濟遷往臺灣，語言組負責人趙元任赴美任教，只有歷史組負責人陳寅恪留在大陸，南下到嶺南大學任教，史語所的《史語所集刊》也遷到臺灣。而新成立的中國科學院並未立即成立歷史所，而率先於 1950 年成立了考古所、語言所，前者由梁思永、夏鼐等人領導，後者由羅常培負責，同時也在華北大學歷史研究室基礎上成立了近代史研究所，由范文瀾負責。1951 年在北京成立了以馬克思主義史家為主導的中國史學會，作為新中國史學工作者的專業組織。1952 年又進行了高等教育改革，全國各大院系重新調整，教會大學和私立大學被取消，各個科系併入新政府領導的學校，一些私立大學教師也被重新分配到公立

---

[15] 最早的刊物是1951年創刊的《歷史教學》，該刊也是直排，一開始沒有採用腳注形式，也沒有採用「直排腳注」，普通採用尾注和文中夾注。比如第1期發表的第一篇文章是周一良先生的〈東學黨──朝鮮的反封建反帝鬥爭〉（第1-4頁），使用了尾注；賈蘭坡的〈中國猿人及其文化〉（第12-16頁）則列出了四個尾注，中英文混排的參考書目。1951年第2期刊出了〈徵稿簡約〉（第72頁），一共七條，一是說明涵蓋的內容為歷史科學「教」與「學」兩方面，專論、通論、譯述、評介等稿一律歡迎；二是要求文稿用語體文為主，希加新式標點，三是譯文盡可能附原文。並無提及注釋形式。這一期發表的余元盦譯〈蘇聯歷史教育法──思想戰線的戰鬥領域〉（第29-30頁）則使用文中夾注的形式，提供了詳細的出版資訊，出版社、出版年和頁碼。1954年起，《歷史教學》上逐漸越來越多的文章使用「直排腳注」，如第12月號上段昌同的〈東晉政權的衰亡與孫恩盧循的起義〉（第26-29頁），不過引用古籍也只是給出書名、卷數和篇名。1956年《歷史教學》才遵照文化部的出版指示真正實現了普及橫排腳注格式。

大學，如陳寅恪從嶺南大學轉入中山大學任教。北京負責全國科研領導工作的中國科學院直到 1954 年才成立了歷史所第一所（古代史）和第二所（中古史），並將近代史所改為第三所。[16] 但《歷史研究》最初並非是歷史所的刊物，其創刊與歷史所第一所和第二所的籌辦基本上同時展開，中國史學會領導人在其中起了很大作用。1954 年《歷史研究》剛剛創辦時，中科院院長郭沫若出任編委會召集人，尹達任主編，劉大年任副主編。郭沫若在組織編委會時力圖貫徹百家爭鳴的方針，編委會成員以馬列主義史家為主，如尹達、杜國庠、胡繩、吳晗、侯外廬、呂振羽、范文瀾、翦伯贊、劉大年等人，但也有三分之一非馬克思主義史家，如向達、季羨林、陳垣、陳寅恪、湯用彤等人。1954 年 1 月 16 日郭沫若親自致信給陳寅恪邀請他出任編委，1 月 23 日陳寅恪覆信表示應允。[17] 儘管馬克思主義史家一再強調歷史唯物主義的理論指導作用，作為中國史學界領袖的郭沫若當時仍然非常強調史學工作者要盡可能掌握史料，因此將一些在當時已經成名的非馬克思主義史家納入編委會也有利於建立中國史學的聲譽。

　　1954 年 2 月《歷史研究》創刊時所發表的《徵稿啟事》只是強調了稿件的內容，包括五方面，即歷史科學理論的闡發、有關中外歷史的學術論文、重要歷史事件的考證、重要史料的介紹、國內外史學界重要論著的評論或介紹等等，並未對稿件格式提出任何詳細的要求。而且當時《歷史研究》的出版採取直排方式，即使文章有注釋，也不會是西文橫排方式下的腳注，而是排在每一頁左側，應該稱為「側注」，算是一種頁末注釋格式，

---

[16] 趙慶雲，〈中國科學院1950年率先成立近代史研究所考析〉，《清華大學學報》，2018年第2期，第155-165頁，他提示了近代史早期歷史上延安史學與民國舊史學之間的緊張關係。而本章的分析可以看出學術規範方面特別是腳注的運用也體現出這種張力。

[17] 張越，〈《歷史研究》的創辦及相關史實辨析〉，《淮陰師範學院學報》，2020年第1期，第29-33頁；張越指出《歷史教學》、《新史學通訊》、《文史哲》、《歷史研究》的創刊，進一步夯實了中國馬克思主義史學的主導地位，適應了當時歷史學界和各級學校歷史教師學習以唯物史觀進行歷史研究和教學的需求，更重要的是，為中國馬克思主義史學在和平年代全面開展學術研究、建立健全學術研究體制與規範創造了條件。本章正是特別以腳注為例來說明這一學術規範建立的早期歷史。

但這種注釋方式與文章結束時才出現的尾注不同，實際上可以看作是一種「直排腳注」。直到 1956 年《歷史研究》全面改版為橫排，文章注釋排印在每頁頁腳，腳注形式才最終得以確立。

　　讓我們先來看看最早的《歷史研究》刊出後如何在格式上使用注釋。1954 年出版的《歷史研究》第 1 期一共七篇論文，即胡繩〈中國近代歷史的分期問題〉、侯外廬〈中國封建社會土地所有制形式的問題──中國封建社會發展規律商兌之一〉、陳寅恪〈記唐代之李武韋楊婚姻集團〉、王崇武〈論元末農民起義的社會背景〉、浦江清〈屈原生年月日的推算問題〉、朱德熙〈壽縣出土楚器銘文研究〉、馮家昇〈元代畏兀兒文契約二種〉等。其中三篇文章係受馬克思主義影響用歷史唯物主義思想作為理論指導完成的論文，即胡繩、侯外廬和王崇武的論文，他們這三篇論文處理的主題屬於 1950 年代馬克思主義歷史學界最矚目的五朵金花中的三朵，這裡的五朵金花即當時馬列史學最注重的五大基本史學理論問題：中國古代史分期問題、中國封建土地所有制形式問題、中國封建社會農民戰爭問題、中國資本主義萌芽問題、漢民族形成問題。而這三篇馬列史學論文無一例外都使用了「直排腳注」，其中二手文獻主要是馬列主義經典作家馬克思、恩格斯、列寧、史達林等人的論述，引用這些文獻的腳注都提供了所引文獻的出版資訊，包括作者、論著名稱、出版社資訊和頁碼。毫無疑問，按照現代史學的格式標準而言，他們的論文使用的正是標準的腳注格式。這也說明當時如果引用馬克思主義經典作家的作品必須給出詳細的注釋，可能是為了防止犯政治錯誤，同時也體現出馬克思主義著作的經典性、權威性、規範性。而這三篇論文引用一手文獻特別是傳統古籍使用腳注時，僅提供了作者、書名和卷數，並沒有提供具體出版資訊和頁碼，比如侯外廬引用正史、《唐文粹》、《明夷待訪錄》、《大清會典》等，以及王崇武引用正史、《滋溪文稿》、《元典章》等，這種引用傳統古籍僅提供書名和卷數的傳統繼承了 1949 年前的徵引傳統和格式。還有一些細節較為有趣，值得指出。第一篇胡繩的文章在涉及馬克思主義著作時使用腳注更為規範詳盡，除了列出作者、書名、出版社之外，還提供了頁碼，如《毛澤東選集》、《蘇聯歷史分期問題討論》等等，而對其他近現代學者的著作，也僅列出作者、書名和出版社，未列出頁碼，如文中所引用的李泰棻《新著中國近百年史》（1924 年）、孟世傑《中國最近世史》（1926年）、曹伯韓《中國近百年史十講》（1942 年）、華崗《中國民族解放運動史》（1951）、范文瀾《中國近代史》（1947 年）等等。這其中不少還是馬克思主義學者如華崗、范文瀾的著作。這恰恰表明當時史學工作者對馬克思主義經典作家的尊崇，而對其他學者的作品則並不追求經典性和權威性的徵引標準和規範。

　　那麼，當時蘇聯史學在中國史學腳注傳統確立中扮演了何種角色呢？有趣的是，《歷史研究》1954 年第 6 期發表了第一篇來自域外學者的論文，作者是蘇聯專家潘克拉托娃（Анна Михайловна Панкратова, 1897-1957）院士，這篇文章題為〈一九〇五至一九〇七年第一次俄國革命的國際意義〉，主要是為了紀念第一次俄國革命爆發 50 週年（1905-1955 年）。該文使用了兩條「直排腳注」，分別是《列寧全集》和《史達林全集》，列出了書名、卷數、俄文版、具體頁碼，但未列出出版地、出版社、出版年分，以今天的標準而言，並不算完整嚴格的腳注引文格式。可能因為俄文版《列寧全集》和《史達林全集》當時已經在馬克思主義史學家中廣為人知。潘克拉托娃剛剛在 1953 年被選為蘇聯科學院院士，並主編蘇聯科學院歷史研究所的機關刊物《歷史問題》（*Вопросы истории*）。[18]1953 年蘇聯科學院選

---

[18] 1991年2月，武衡在中國科學院內刊《院史資料與研究》上發表〈中國科學院代表團首次訪問蘇聯〉一文，回憶和闡述了訪蘇的經過與意義，當時代表團由錢三強任團長，張稼夫任代表團臨時黨支部書記，武衡任秘書長，團員包括：華羅庚、汪志華（數學）；張鈺哲（天文學）；趙九章（地球物理學）；宋應、張文佑（地質學）；馬溶之（土壤學）；劉咸一、彭少逸（化學）；吳征鎰（植物學）；朱洗（動物學）；貝時璋（生物物理學）；馮德培（生理學）；梁思成（建築學）；曹言行（土木工程學）；于道文（機械工程學）；陳蔭殼（電機工程學）；劉大年（歷史學）；呂叔湘（語言學）。1953年3月19日，蘇聯科學院學術秘書長托布契也夫院士、科學幹部培養處處長諾維科夫、歷史哲學部代理院士秘書潘克拉托娃等與中國科學院代表團座談培養科學幹部問題。

舉院士是一件大事，中科院的《科學通報》很快做了詳細報導，並以〈蘇聯科學院新院士介紹〉為題對所有新當選院士的個人簡介進行了連載。潘克拉托娃的簡介如下：

> 潘克拉托娃以蘇聯史方面的專長當選為院士。1917 年畢業於新俄大學，1925 年畢業於紅色教授學院；從 1923 年開始在高等學校從事教學工作。1939 年被選為蘇聯科學院通訊院士，從那時候起便在蘇聯科學院歷史研究所工作，她是白俄羅斯科學院和俄羅斯教育科學院正式院士。從 1947 年起是蘇共中央社會科學院教授，1953 年擔任《歷史問題》期刊主編。發表過 150 種以上著作，其中關於俄國工人階級歷史方面的研究佔據主要地位。她最初的專著《1917-1918 年俄國職工運動中的政治鬥爭》和《1917 年革命中的工廠委員會和職工會》已經有著材料豐富、分析深刻的特點；她的《第一次俄國革命》一書享有盛名。現在正在編寫《蘇聯工人階級史》這一巨著，並領導出版多卷文件集《19 世紀俄國工人運動》。因參加外交史集體創作榮獲 1946 年的史達林獎金。1919 年起就是蘇共黨員，19 大選為蘇共中央委員，多次獲得列寧勳章、紅旗勳章和蘇聯獎章。」[19]

雖然當時中國史學界對蘇聯史的研究可謂是剛剛起步，但與蘇聯史學家已經開始交往。1953 年初，中國馬克思主義史學家的代表人物之一劉大年即隨中國科學院代表團訪問蘇聯，這個報告會在蘇聯科學院哲學歷史學部舉行，由科學院老資格的副院長巴爾金主持，有潘克拉托娃院士、涅契金娜通訊院士等一百餘人參加，劉大年（Лю Да-нянь）做了題為〈中國歷史科學現狀〉（Состояние исторической науки в Китае）的報告，隨後該文

---

[19] 編譯自《蘇聯科學院通報》，《科學通報》1954年9月號，第73頁；潘院士1953-1957年間擔任《歷史問題》主編。

俄譯稿刊載在同年第五期《歷史問題》上。[20]

　　從蘇聯回來之後，劉大年又將自己在蘇聯的一些見聞加上對蘇聯歷史學的理解和感想寫成一篇題為〈蘇聯的先進歷史科學〉，發表在中國科學院《科學通報》上。[21] 限於工作報告體例，該文沒有腳注，但有一些正文中的夾注（in-text citations），完全限於馬克思、恩格斯、列寧、史達林的著述，不僅列出書名，也給出了版本和具體頁碼。比如第 20 頁談到研究歷史的重大意義時引用列寧的教導「為要獲得勝利，就必須懂得舊資產階級世界底全部深刻歷史」（《列寧文選》兩卷集，第二卷，682 頁）。第21 頁討論封建制度的概念以及封建時期分期問題時則使用了夾注（《馬恩列斯思想方法論》，人民出版社本，340 頁）。第 22 頁引用了史達林在1931 年與德國作家劉第維赫的談話評論彼得大帝的歷史貢獻與局限（史達林：《論列寧》，人民出版社本，49 頁）。第 23 頁引用了列寧 1921 年對蘇維埃國家的指示（《列寧文選》兩卷集，第二卷 906 頁）。同一頁也引了馬林科夫在蘇共十九大上的總結報告中關於史達林對社會主義民族政策的指示（人民出版社本，74 頁）。第 24 頁則引用了史達林對民族運動的指示（《列寧主義問題》，80-81 頁）。這些涉及夾注的地方無一例外都是直接引文，全都直接引到了頁碼，但偶爾也忽略了出版社名稱，只有簡單的版本說明。無論如何，這篇劉大年的報告只有馬列主義經典作家的話才給出具體注釋，這和《歷史研究》上論文的注釋體例完全一致，反映了當時中國歷史學家在引用馬克思主義經典作家作品時非常注意注釋規範。

　　如果仔細看一下當時其他相關史料，將劉大年在蘇聯發表文章的史事放在當時中蘇之間的學術交往語境之中，不難看出蘇聯和中國兩國科學院互相發表對方的文章實際是中國史學家與蘇聯史學家之間的一種禮尚往

---

[20] 劉大年，〈山長水又遠，佳景在前頭：對老朋友齊赫文斯基院士的祝願〉，《讀書》1998年第3期，第4-10頁。該文目錄見《歷史問題》網站：http://online.eastview.com/projects/voprosy_istorii/indices/vi_1953.html

[21] 《科學通報》，1953年11月號，第4期，20-24頁。

來，即劉大年在 1953 年訪蘇時在蘇聯科學院的報告以俄譯本發表在潘克拉托娃主編的蘇聯科學院刊物《歷史問題》上，潘克拉托娃訪華在中科院的報告則以中譯本形式發表於劉大年任副主編的《歷史研究》。據當年《科學通報》報導，1954 年 10 月 4 日中國科學院郭沫若院長舉行茶會歡迎蘇聯文化代表團。該團團長為蘇聯對外文化協會理事會主席傑尼索夫，團員中包括《歷史問題》雜誌總編輯、歷史學博士、蘇聯最高蘇維埃代表潘克拉托娃院士。蘇聯科學院副院長代表蘇聯科學院主席團把許多珍貴的蘇聯科學、歷史、經濟書籍贈送給中國科學院，潘克拉托娃在會上做了熱情的講話。蘇聯《歷史問題》總編輯潘克拉托娃院士應中國科學院的邀請參加了由中國科學院郭沫若院長主持的《歷史問題》座談會。在會上，中蘇歷史學家們相互介紹了歷史研究工作的進展和現狀，並懇切地就如何進一步加強聯繫合作的問題交換了意見。潘克拉托娃院士還應中國科學院和北京大學的邀請作了「1905-1907 年俄國革命的國際意義」和「蘇聯工農聯盟的作用」等報告。[22] 儘管《科學通報》並未列出潘院士在中科院所做的報告的詳細內容，但其題目與她在《歷史研究》上的題目完全一致，應該就是同一篇報告。借重劉大年的悉心安排，潘院士在《歷史研究》上發表文章。考慮到該文出自蘇聯權威史學家之手，其對馬克思主義經典作家的引用，無論在思想上還是形式上，應當說這對當時中國馬克思主義史學家都是一種標竿。

　　與馬克思主義史學家相比較，「舊」史家並不注重腳注形式和規範，而這些「舊」史家當中，當時最負盛名者之一無疑是陳寅恪。這裡以在《歷史研究》最早兩期刊物上發表論文的陳寅恪為例。1953 年 9 月 21 日中共中央中國歷史問題研究委員會第一次會議上陳寅恪被提名擔任中國科學院歷史研究所第二所所長，由劉大年負責開展聘請陳寅恪的具體工作，協助劉大年辦理此事的人是北大歷史系汪籛，陳寅恪以前的學生。但汪先生未

---

[22] 葉逸徽，〈各國科學家來我國作友誼的訪問〉，《科學通報》，1954年11月號，第5期，第49-51頁。

能說服陳寅恪北上，讓劉大年感到十分惋惜。不過，陳寅恪允諾進入《歷史研究》編委會並擔任中國科學院社會科學學部委員，並托汪帶回兩篇文章〈記唐代之李武韋楊婚姻集團〉與〈論韓愈〉，劉大年當時是《歷史研究》副主編，遂安排將這兩篇論文分別發表在《歷史研究》1954 年第 1 期和第 2 期。[23] 陳寅恪的文章全文無論是一手文獻如四部典籍包括正史《晉書》、《舊唐書》、《新唐書》等及《通鑑》、《冊府元龜》、《李義山文集》還是二手文獻如同他以前所刊《唐代政治史述論稿》、《隋唐制度淵源略論稿》等等一樣都沒有使用腳注，因此讀者亦無從知道他所使用的版本以及準確頁碼，也因此讓覆核其所引一手、二手文獻變得較為困難。[24]顯然陳寅恪作為所謂「舊」史家，仍然堅持他自己長期一貫的做法，並無使用腳注的習慣。

　　在 1954 年《歷史研究》第 4 期上發表文章的鄧廣銘也採取了和陳寅恪一樣的做法，並不特別措意腳注規範。他發表的〈唐代租庸調法研究〉一文也是同樣如此，未通過腳注或夾注形式提供自己所引文獻如《會要》、《通典》、《文獻通考》、《舊唐書》等等的版本資訊，但根據論文的論述順序增加了五個部分的小標題。他也引用了法藏和英藏敦煌文獻特別是沙州敦煌縣戶籍殘卷，但因為沒有提供任何引用的殘卷編號和版本資訊，讓讀者無法對照原捲進行覆核，除非是曾經看過這些殘卷且非常熟悉其內容的讀者或許能夠找到原始殘卷。文章中提到的一些前人的研究如陳登原、鈴木俊、玉井是博、仁井田陞、平野義太郎等人的二手文獻，或沒有提供任何詳細資訊，或僅提供書名。這些做法與當時同在《歷史研究》發文的馬克思主義史學家有所不同。

---

[23] 黃仁國，〈劉大年與陳寅恪的關聯——兼論現代中國史學的建構〉，《南京社會科學》，2018年第6期，150頁；張越，〈新中國史學的初建：郭沫若與中國馬克思主義史學主導地位的確立〉，《史學理論研究》，2020年第2期，61-73頁，梳理了陳寅恪與中科院歷史所及《歷史研究》的關係。

[24] 因為視力受損，陳寅恪晚年未能兼採同時代學者的很多研究，如《柳如是別傳》並未引用吳晗和其他同時代歐美學者如富路特及衛德明對錢謙益的研究；參見拙文〈《柳如是別傳》之前的錢謙益研究〉，《文匯報》學人週刊，2014年7月21日。

　　鄧先生也屬於所謂「舊」史家。按照翦伯贊先生的說法，當時北大歷史系非馬克思主義史學家主要來自 1949 年以前北大、清華、燕京歷史系的殘餘勢力，即北大胡適的舊部，如鄧廣銘先生，清華蔣廷黻的舊部，如邵循正先生，燕京洪業的舊部，如周一良先生。邵循正在朝鮮戰爭爆發後即迅速轉向了跟現實密切相關的近代史研究，特別是近代中國人民反對帝國主義的革命鬥爭史，他在《歷史研究》1954 年第 2 期發表了〈一九〇五年四月中國工人反抗帝國主義資本家的鬥爭〉一文，只有一頁，主要利用了《時報》、《字林西報》等報刊資料揭示最早期中國工人階級自發的反抗帝國主義的經濟鬥爭。[25] 全文並無腳注，但在夾注中提示了報紙出版的年月日和頁碼。邵先生又在 1954 年《歷史研究》第 3 期發表了〈一八四五年洋布暢銷對閩南土布江浙棉布的影響〉一文，也只有一頁，亦無腳注，主要使用了故宮博物院文獻館收藏的軍機處檔案。同一期也有周一良發表的〈論諸葛亮〉一文，已經開始自覺運用階級分析的方法論述諸葛亮，文中引用古籍都使用了腳注，但只有書名和卷書，並無具體版本資訊和頁碼，並不是後來真正的腳注。

　　在所謂馬克思主義史學家和「舊」史家之間，向達也許算一個異類，他並沒有被視為馬克思主義史學家，他也不像胡適、蔣廷黻、洪業的學生和追隨者一樣很容易被翦伯贊視為他們的「舊部」。他在《歷史研究》1954 年第 2 期發表的〈南詔史略論──南詔史上若干問題的試探〉一文並不涉及活學活用歷史唯物論，但卻在使用「直排腳注」上相當規範，這篇文章很「現代」，不僅有正、副標題，還有目錄，很像當時一些海外西文刊物和海內《華裔學志》的風格，目錄列出了四個二級標題，一、引論，二、南詔史上的民族問題，三、南詔和天師道、氏族、北方語系語言，以及吐蕃有關的幾個問題的解釋，四、論南詔史上的史料問題。該文使用了大量「直排腳注」，而且往往篇幅很長，不僅提供了所引用的中文、西文

---

[25] 拙文〈冷戰下中西史家的首次接觸：1955年萊頓漢學會議試探〉，《文史哲》，2015年第1期，第72頁。

論著和期刊論文及卷數乃至頁碼，還有很多辯難和解釋，已經和當時最為規範的西文論文腳注一樣，如引伯希和論文，列出了馮承鈞譯本的頁碼；而引用 J. F. Rock 的英文論著甚至引用了 60-61 頁的注四五。[26] 只是引用傳統古籍仍和其他學者一樣僅列出書名、卷數、篇名，未提供版本資訊。無論如何，他的文章在格式上是最為「現代」的，對與主題相關的中外二手文獻可謂搜羅殆盡，這也許和他長期注意中外學術進展並虛心學習各種學術標準有關。1954 年第 3 期上周一良、唐長孺、湯用彤、任繼愈等人發表的文章雖然也有「直排腳注」，但都較為簡單，這也表明是不是使用規範的腳注與這些史學家是否曾留洋或獲得域外學位並無直接關係。

　　徐宗勉在當年的《科學通報》發表了〈介紹新創刊的歷史科學期刊——《歷史研究》〉一文，對馬列主義史學以外的五篇論文作了評論，認為「發表有價值的史料性的文章，也應該是《歷史研究》的一項重要工作。掌握真實、有用的材料是做好歷史研究工作的一個根本條件，有時甚至成為解決歷史研究中某些疑難問題的關鍵。因此，《歷史研究》在歷史研究工作的某些重要方面將新發現的或是經過認真、細緻的考證、分析和綜合的有價值的史料發表出來，提供有關的史學工作者時參考，是對於整個研究工作的進展有好處的。」[27] 這包括陳寅恪、王崇武、浦江清、朱德熙、馮家昇等五人的文章。他還指出《歷史研究》第一期中看不見書評一欄，「大家都知道，書評欄對於一個學術刊物是不可缺少的。《歷史研究》應該經常發表關於新出版的書籍以及那些過去出版的但現在還有必要提出來討論的書籍的評論。」可見當時也有學者注意到一些現代史學刊物的基本國際通例，即一個正規的刊物既要有論文，也應該有書評。不過，他對論文的書寫和排印格式並無任何具體意見和建議。

　　《歷史研究》並非新中國成立後最早創刊的史學刊物，比它創刊更早

---

[26] 向達，〈南詔史略論——南詔史上若干問題的試探〉，《歷史研究》，1954年第2期，第23頁注一。

[27] 《科學通報》1954年6月號，第5期，67-68頁。

且更有影響的刊物是 1951 年創刊的《文史哲》。《文史哲》不限於發表歷史學論文，也有不少論文關於文學研究。如同《歷史研究》一樣，該刊剛剛開始出版時，也是直排，並不要求稿件遵守一定的規範和格式，大多數文章使用文中夾注，少數文章使用尾注。1955 年該刊改版為橫排。值得注意的是，1951 年《文史哲》第 1 期上一共發表了 11 篇文章，其中第一篇是社論〈「實踐論」──思想方法的最高準則〉，沒有使用尾注或「直排腳注」，而是使用了文中夾注，引用了一些論著，但未提供具體版本資訊，如馬克思《黑格爾法律哲學批判》、《資本論》第一卷、史達林〈關於列寧主義底基礎〉、〈一八四五年五月馬克思給露格的信〉、〈聯共（布）黨史簡明教程〉第 437 頁、列寧〈論民族自決權〉等等。而這一期中使用注釋的學者大多為歷史學家，而且是馬克思主義歷史學家們，包括楊向奎、趙儷生、盧南喬三人，他們在文章中都使用了尾注。楊向奎的文章〈學習《實踐論》──一個史學工作者的體會〉是第一篇，不完全是史學論文，只是一篇記錄學習毛主席《實踐論》之後進行理論思考的文章，只有一個很簡單的尾注：「見《新建設》四卷一期學習毛主席的《實踐論》」，落款為 1951 年 4 月 15 日寫完於青島山東大學歷史語文研究所。另外兩篇也使用了尾注的文章分別是趙儷生的〈愛國主義思想家顧炎武底反清鬥爭〉、盧南喬〈十六世紀中朝聯合抗日的新認識〉。趙文尾注有 26 條之多，並無任何馬列主義理論著作，全都是史料，如黃宗羲《明夷待訪錄》、劉繼莊《廣陽雜記》、王源《居業堂文集》等等，但沒有任何二手文獻。盧文則有尾注 10 條，主要是一手文獻如《明紀》、《明史》、《明史紀事本末》、《續通考》等等，但也引用了不少二手文獻如《史語所集刊》第十七本王崇武〈論萬曆東征島山之役〉一文、《日本史講話》、《朝鮮通史》、《日支交涉外史》等等。同一期也有鄭鶴聲發表的〈洪秀全狀貌考〉一文，引用頗多二手文獻，包括外文文獻，然而採用了文中注的形式。而呂熒譯〈列寧論托爾斯泰〉一文則只有一個譯者尾注解釋「杜馬」一詞。這一期中其他文章主要涉及理論及文學研究，如華崗〈魯迅思想的邏輯發展〉、孫昌熙〈魯迅與高爾基〉，都採用了文中注形式。從第一期發表的論文來看，史學論文並無大量引用馬克思主義經典作家作品的跡象，但理論文章中均有引用，但大多並未提供詳細版本資訊和頁碼。這一現象延續到 1952 年第 1 期，這一期主要是政治報告和政治理論學習文章。但 1952 年第 2 期發生了一些變化，出現更多學術文章。

　　早期《文史哲》上使用尾注最規範的文章其實是 1952 年第 2 期上日知發表的〈與童書業先生論亞細亞生產方式問題〉一文，[28] 該文引了《馬恩文存》和蘇聯學者的俄文參考資料，注 1 為《蘇聯東方學》1949 年的文章，注出頁碼 140；注 2《古代史通報》1950 年第 1 期，116 頁；注 3 為蘇聯教育部批准的，阿夫基耶夫編，《古代東方史教程提綱》第二十二，結論，1949 年版；注 4 為俄文；注 5 為《中國古代社會史》頁 41；注 5《馬恩文存》俄文版，卷一，頁 285（1924 年））。非常規範，但看起來似乎是受到蘇聯學者的影響，因為他引了不少蘇聯學者的成果。緊隨其後的是童書業先生發表的〈答日知先生論亞細亞生產方式問題〉一文，使用了文中夾注，馬恩列斯經典作家的作品引用注出了頁碼。同一期還發表了歐陽珍在山東大學歷史語文研究所的讀書報告〈馬克思恩格斯論鴉[29] 片戰爭〉（15-19 頁），使用了尾注，有極為詳細的版本資訊和頁碼。如「注（一）馬克思：《資本論》第一卷，轉引自古柏爾等著、吳清友譯的《殖民地保護國新歷史》，讀書出版社一九四八年版，中卷第二冊 B 十五頁。注二是轉引《學習雜誌》第三卷第十一期胡繩著〈帝國主義對中國的侵略〉。注三引《馬克思恩格斯論中國》，解放社一九五〇年版第四頁。後面還有 22 個注釋，都是引用此書。

　　儘管華崗在《文史哲》最早三期上都有文章發表，但大多是政治報告，

---

[28] 日知，〈與童書業先生論亞細亞生產方式問題〉，《文史哲》，1952年第2期，第20-22頁；這一期第一篇文章是華崗的〈清算教育工作者中的資產階級思想〉（1-4頁），首頁作者名字是個人毛筆簽名，該文沒有任何注釋。

[29] 此處「鴉」錯為「雅」字。

可是到 1952 年第 3 期，他的文章出現了一些變化，不僅內容更有學術性，格式上也開始更為規範。這也許反映了作為校領導幹部的華崗在學界日益規範的發展態勢下也逐漸採用較為規範的學術格式。《文史哲》1952 年第 3 期華崗發表了〈論中國民族資產階級的歷史地位〉一文（7-15 頁），有 12 條尾注，大多給出了詳細的版本資訊和頁碼，參考文獻也主要是馬列主義經典作家的作品，如第一條是《資本論》（第一卷第七篇第二十四章第一節，沒有出版社資訊），第二條是《共產黨宣言》（中國出版社譯本第二○頁），第三條也是《共產黨宣言》，第四條是 1928 年共產國際第六次世界大會所通過的《殖民地與半殖民地運動大綱》，第五條是 1927 年史達林在共產國際執委會上的演說，後面還引了《列寧史達林論中國》（解放社第一六二頁）、《人民日報》、周恩來副主席在全國政協的報告、毛主席的〈論人民民主專政〉、〈聯共（布）黨史簡明教程〉等。這篇文章也是這一期中唯一使用了尾注的文章。其他文章主要涉及清除腐朽的資產階級教育思想、學習毛主席的語言和《矛盾論》等、批判胡適、批判康有為。1952 年第四期主要是三反運動與思想改造文章。第 5 期上使用了尾注的文章是趙儷生的《馬克思怎樣分析法國第二共和時期的歷史——為〈拿破崙第三政變記〉問世一百週年而作——》（15-22 頁），有 26 條注釋，主要是引用了馬克思、恩格斯、列寧、毛主席等人的著作，有版本資訊和頁碼。

　　《文史哲》上第一篇使用「直排腳注」的文章是《文史哲》1953 年第 1 期上馬克思著、日知譯〈前資本主義生產形態〉。[30] 這是日知譯自聯共（布）中央馬恩列學院的俄譯本。但文中的腳注並非是馬克思原文版本中使用的腳注，主要是中譯者注，還有少數幾條俄譯本編者注。顯然中譯者是追隨俄譯本編者注而補充了自己的注釋。俄譯本編者注主要是提供版本資訊和頁碼，而中譯者注主要是提供專有名詞的中文譯詞與俄文以及其他

---

[30] 馬克思著，日知譯，〈前資本主義生產形態〉，《文史哲》1953 年第 1 期，第 23-27 頁。

西文原詞的對照，如德國資產階級史家尼布林、羅馬王政時代的路瑪、羅馬公民、村民、部落、村社、氏族等等。第 2 期、第 3 期這篇文章連載完畢。這種直排腳注的傳統似乎是因為中譯本要提供簡注而出現，比如類似的文章有《文史哲》1954 年第 2 期〈伯林斯基的美學〉，斯密爾諾瓦作、呂熒譯使用了腳注（42-47 頁）。也是中譯者注，主要注出裡面提到的人物和其他專有名詞。同一期布拉果依作、陸凡譯〈普希金的創作道路（上）〉（48-52 頁）也以腳注形式出現，都是譯者注。其實除了中譯本之外，在 1954 年第 3 期的原創文章已經開始使用「直排腳注」，如第 1 篇文章章世鴻〈論可能性和現實性及可能性向現實轉變的途徑——紀念史達林逝世一週年〉（1-5 頁）使用了腳注，其腳注主要是提供了史達林著作和《毛澤東選集》的引用資訊，版本以及頁碼。而同一期殷煥先〈談「連動式」〉（32-33）一文也用了腳注，但並非全是參考文獻的注釋（bibliographical footnotes），而主要是解釋性注釋，只有第四個也是最後一個注釋提到相當於西文腳注功能的書目資訊「張志公先生的《漢語語法常識》第四編第四章「動詞連用」頁談到怎樣辨認「連動式」，可以與本章參看。

　　1954 年第 4 期對於《文史哲》來說是個轉捩點，從這一期開始很多文章均使用了腳注。呂熒著《人民詩人普希金》（10-14 頁）除了第一頁幾乎每一頁都使用了腳注，提供了所引用的俄文論著書名、卷數，頁碼，較為規範，儘管沒有提供出版社名稱。同一期康特拉特葉夫作、黃嘉德譯〈蘇聯關於英國文學史的論著〉（17-19 頁）一文也使用了腳注，主要是譯者注，注出主要作家的介紹。同一期鄭鶴聲〈試論孫中山思想的發展道路〉（19-30）使用了腳注，注出〈聯共（布）黨史簡明教程〉、《列寧文選》、《毛澤東選集》、胡漢民編《總理全集》等等，這一篇文章引用文獻頗多，腳注豐富。同一期王仲犖〈春秋戰國之際的村公社與休耕制度〉（36-42）也使用了腳注，雖然引了《方言》、《爾雅郭璞注》、《左傳》、《周禮》、《墨子》、《史記》等古籍，但僅有篇名，並無版本資訊。同一期項文和〈對過渡時期社會發展的基本規律的認識〉（42-46 頁）一文也使用了腳注，主要是《聯共（布）黨史》、史達林的作品以及《毛澤東選集》，有詳細的版本資訊和頁碼，非常規範。吳大琨的〈答項文和〉（46-49 頁）一文一樣使用了腳注。看起來，這一期以後的文章腳注比較常見了，雖然不是每篇文章都有腳注，但腳注取代尾注已成定局。除非不用注釋，否則一般都是用腳注，不用尾注，比如後來張傳璽、楊向奎、趙儷生、譚丕謨等人的文章。

1955 年《文史哲》改版為橫排，所謂「腳注」才真正變成了頁腳的「腳注」。但這比《歷史研究》改用橫排要早，類似《光明日報》比《人民日報》要早一年使用橫排出版。[31] 這種排版的變化不限於學術期刊，中央級報紙《光明日報》已經開始採用橫排。1955 年 1 月 1 日，《光明日報》率先在全國報紙中由文字直排版改為橫排版，當天發表的〈告讀者〉一文說：「我們認為現在中國報刊書籍的排版方式，應該跟著時代文化的發展和它的需要而改變，應該跟著人們生活習慣的改變而改變。中國文字的橫排橫寫，是發展的趨勢。由直排改為橫排後，在過去沿用直排形式的時候，常常出現著的文字和標題有直有橫，上下左右沒有一定標準的混亂現象，就可完全消除。報紙橫排後，將更便於讀者閱讀。」在這天的報紙上，還發表了胡愈之的文章〈中國文字橫排橫寫是和人民的生活習慣相符合的〉。指出橫排的科學性，閱讀方便、自然省力、不易疲勞。1955 年 12 月 30 日，文化部向全國出版界發出〈關於推行漢文書籍、雜誌橫排的原則規定〉的通知，指出「對橫排書的版式設計，各出版社應該結合本單位出版物的特點進行研究，既要防止紙張利用率過低的偏向，又要照顧到實用美觀的要求。」[32]1956 年 1 月 1 日，《人民日報》也改為橫排。而且自 1956 年起全

---

[31] 1955年出版的《科學通報》也使用了腳注，比如4月號林純夫〈關於中國古代史分期問題的討論〉一文（40-43頁），是繁體橫排，每一頁都使用了腳注。如第40頁引用了《中國科學院歷史研究所第三所集刊》第一集、《歷史研究》1954年第6期、《教學與研究》1955年第2期、《文史哲》1952年第5期上范文瀾、吳大琨、鄭昌淦、王忍之、楊向奎等人的文章，用腳注提示出處，但未提供頁碼。

[32] 文陳出字第239號，見新聞出版署政策法規司編，《中華人民共和國現行新文出版法規彙編，1949-1990》，北京：人民出版社，1991年，第771-772頁。

國性雜誌如《歷史研究》、《文物參考資料》、《中國青年》、《人民文學》等也都橫排出版。[33]1956年三聯書店出版阿甫基耶夫著、王以鑄譯《古代東方史》即採用了標準的橫排帶腳注格式。[34]

　　從上文的梳理可以看出，1950年代初期無論是《文史哲》和《歷史研究》上發表文章的學者之中，儘管也有向達這樣很早就較為規範使用腳注的史家，但相比於民國「舊」史家，馬克思主義史學家大都比較遵守現代學術規範，使用了直排腳注，最後刊物變成橫排時，使用了腳注，注出了作者、書名、文章篇名，偶爾也提供版本說明和頁碼，較為規範。「舊」史家大多遵守舊規矩，很少提供詳細版本資訊和頁碼，一般引用傳統文獻僅限於列出《書名》、卷數和篇名。之所以馬克思主義史學家發表文章時較為規範，本章試加探討，並提出以下幾個原因。其一、當時史學界已經逐漸確立了馬克思主義和歷史唯物主義的指導原則，史學家們開始以歷史唯物論理解和解釋歷史。腳注的使用及其規範化，1950年代馬克思主義史學起了巨大的推動作用。這可能是因為馬克思主義史學家將史學視為現代科學的一支，歷史科學的提法和理論探討在1950年代蔚然成風。郭沫若在《歷史研究》發刊詞，特別提示歷史學乃是一門科學，「我們就請從我們所從事的歷史研究工作這一門科學方面努力達到實際的成果，來進行馬克思列寧主義的深入的學習吧，」以及「提倡用科學的歷史觀點，研究和解釋歷史，這就是我們所遵守的原則。」[35]當時史學強調馬克思主義理論的指導意義，必然大量引用馬克思主義經典作家的著作，特別是俄文和中文譯著，為了防止出錯造成政治問題，更需要在意引用權威的版本，並注釋到頁碼，以備讀者查詢。這種注釋可以突出馬克思主義經典作家論著的經典性、權威性和科學性。格拉夫敦也非常簡略地提到，東德的歷史學家

---

[33] 蔣善國，《漢字學》，上海：上海教育出版社，1987年，第67頁。

[34] 日知譯出的阿夫基耶夫〈古代東方史序論〉刊於《歷史教學》，1954年8月號，第6-12頁，採用的是豎排。

[35] 郭沫若，〈開展歷史研究，迎接文化建設高潮——為《歷史研究》發刊而作〉，《歷史研究》1954年第1期，1頁。

不顧字母表的順序，為了表達思想上的忠誠，將馬克思和恩格斯的著作放在引用文獻列表的首位。[36]

其二、隨著當時中蘇學者之間的密切交往，一方面中國學者不斷譯介馬克思主義經典作家的論著到中國，另一方面蘇聯專家如潘克拉托娃來華訪問發表文章，在這種域外蘇聯史學進入中國語境的過程中，中國史學家不僅和蘇聯學者一樣使用腳注，同時為了給讀者提供更多說明，也不得不使用注釋，這些都構成腳注的基礎。這《文史哲》所發表的一系列譯文可以看出，如日知翻譯馬克思的作品、呂熒譯斯密爾諾瓦的作品等等。實際上，早在三十年代郭沫若翻譯《德意志意識形態》時已經以腳注的形式處理譯者注。他在；《德意志意識形態》譯者弁言中說：「凡被塗改或刪除處，其內容有重要性者，一律揭載了出來，在印刷中是用括弧：「小字表示，其中再有被塗改處。是用雙重尖括弧「」。(b) 在不便一律恢復的時候，便施以腳注。(c) 原稿旁注或標識，其已標示插入處者已插入本文，無標示而不明者則收入腳注。」[37]可見郭沫若作為中國馬克思主義史學的先行者，對於腳注的使用早就不陌生。1950 年代馬克思主義史學對於史學論著中腳注使用的推廣和確立，也奠定了中國史學全面接受國際史學學術格式標準的基礎。

第二節　新舊史學轉型中腳注傳統之演進

上文說到，民國時期即已成名的所謂「舊」史家並不太接受史學的現

---

[36] 格拉夫敦，《腳注趣史》，第12頁。

[37] 四川大學郭沫若研究室、上海圖書館文獻資料室合編，《郭沫若集外序跋集》，成都：四川人民出版社，1983年，第351頁；郭沫若的譯本1938年由上海言行出版社出版，這個版本根據梁贊諾夫首次發表的德文本翻譯，大概也參考了日文版，他說在翻譯時大體上遵守了梁贊諾夫版本的編輯原則，但「有些無關宏旨的廢字、廢句以及腳注，則多半略去了」這說明版本問題或編排方式問題當時還沒有受到重視。相關提示見柴方國，〈關於《德意志意識形態》編排方式的考慮〉，《郭沫若史學研究》，成都：成都出版社，1990年，第83頁。

代腳注傳統。在 20 世紀上半葉，中國史學無疑經歷著巨大變遷和轉型。1922 年 8 月 28 日，胡適在日記中評論了當時活躍在學界的知名學者：「現今的中國學術界真凋敝零落極了。舊式學者只剩王國維、羅振玉、葉德輝、章炳麟四人；其次則半新半舊的過渡學者，也只有梁啟超和我們幾個人。內中章炳麟是在學術上已半僵化了，羅與葉沒有條理系統，只有王國維最有希望。」[38] 這裡面胡適所謂「舊式學者」基本上都不使用腳注，過度學者早期也不用腳注，後來受到學術新風氣影響，梁啟超、胡適也逐漸開始使用腳注。20 年代中國學術界已經有不少人使用腳注，但尚未形成統一標準格式。而 20 世紀 20 年代留美中國學生在美國大學研究院以英文撰寫博士論文一般都使用了腳注（圖六）。[39]

　　1930 年代已經有學者注意到腳注之重要性，如鍾魯齋在 1935 年出版的《教育之科學研究法》一書中即專門談及腳注的位置：「注腳應該放在何處，則看原本的分段如何。大約中文著作可放在每頁的後邊或下面，每節的後邊或是每章的後邊。英文的著作多是放在每頁的下面，必畫一線以與正文隔開。」[40] 他雖然用的是「注腳」一詞，但這裡指的就是學術著作中的腳注。後文我將討論到，現代社會科學作為舶來品，比史學更容易接受歐美現代學術的影響。這裡可以看出教育學論著的一點端倪。當時眉批和腳注是並用的，如鄭振鐸在編選新文學散文集時所說：「但是向來的選家習慣，似乎都要有些眉批和腳注，穩算稱職，我在這裡，也只能加上些蛇足，以符舊例。我不是批評家，所見所談也許荒謬絕倫，讀者若拿來作腳注看，或者還能識破愚者之一得。」[41] 他說的主要是文學領域的情況，

---

[38] 胡適著，曹伯言整理，《胡適日記全集》冊3，1922年8月28日條，臺北：聯經出版公司，2004年，第734頁。

[39] 胡適1922年出版的哥倫比亞大學博士論文《先秦名學史》使用了標準的腳注形式，從第二頁開始有腳注，給出了所引用二手文獻的作者、書名、年代、版本和頁碼；見Hu Shih, *The Development of the Logical Method in Ancient China*, Shanghai: The Oriental Book Company, 1922.

[40] 鍾魯齋，《教育之科學研究法》，上海：商務印書館，1935年，第22-23頁。

[41] 鄭振鐸，《中國新文學大系：散文二集》，上海：良友圖書公司，1935年，第13頁。

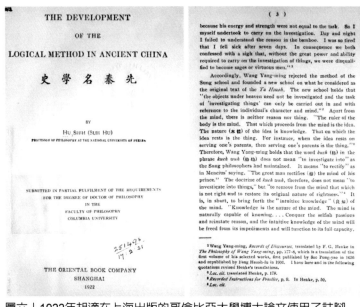

圖六｜1922年胡適在上海出版的哥倫比亞大學博士論文使用了註腳

民國史學在使用腳注方面也同樣較為複雜。何炳松是前清秀才，又獲得普大碩士，但其回國後作文仍然是中國式的，沒有腳注。1924 年，何炳松翻譯出版了魯濱孫的《新史學》，以直排印刷，使用了尾注。1934 年 9 月10 日，何炳松發表《教育雜誌》復刊辭也有六個尾注，且明確標注出注一、注二、注三、注四、注五、注六，其中注一和注三合併為一條，注五為中文參考書：「第一次中國教育年鑒，第五六一頁。[42]」

我們先看看一些學術刊物。1920 年代開始陸續出現一些史學相關刊物，如北京高師史地學會主辦的《史地叢刊》、南高史地研究會主辦的《史地學報》[43]、中國史地學會主辦的《史學與地學》、北大國學門主辦的《國

---

[42] 劉寅生、房鑫亮編，《何炳松文集》第二卷，北京：商務印書館，1997年，第690頁。陳峰最近指出，何炳松雖主要引介美國所謂「新史學」，但實際受到1920年代中國學界風氣影響而更心儀於實證史學；見陳峰，〈錯位的「新史學」：何炳松學術路向辨析〉，《文史哲》2020年第4期，第129-136頁。

[43] 相關研究參見陳寶雲，《學術與國家：〈史地學報〉及其學人群研究》，合肥：安徽教

學季刊》、清華國學院主辦的《國學論叢》、中國史學會主辦的《史學雜誌》、燕京大學史學會主辦的《史學年報》、中山大學語言歷史研究所主辦的《國立第一中山大學語言歷史研究所週刊》等等，1930 年代出現了一些影響較大的專業史學刊物，如《禹貢》和《食貨》，以及綜合性大學學報，如《清華學報》、《燕京學報》等等。[44] 但本節將以民國時期較有代表性的中國史學界旗艦刊物《史語所集刊》和在華教會大學創辦的《燕京學報》為例來看看所謂「舊」史家如何實踐現代史學的學術規範。

　　選取這兩家刊物的理由如下：《史語所集刊》由史語所創辦，聚集了當時中國史學界最為活躍最有代表性的一群學者，也是中國人文學科現代轉型的標誌性刊物，作者和他們的文章不僅涉及史學，也涉及史學與語言學、考古學、人類學的相互關係；《燕京學報》則代表當時在華教會大學的學術傳統，其作者很多都有留學背景。同時，也可以將這些刊物與當時在中國學界廣為人知的一些西文刊物作一比較。應該指出的是，民國時期流寓中華的人士在華出版西文刊物屢見不鮮，如英國皇家亞洲文會北華支會從 19 世紀下半葉開始即在華出版定期刊物《皇家亞洲文會北華支會會刊》（*Journal of the North China Branch of the Royal Asiatic Society*），該刊在格式上與英倫本土的刊物並無差別，使用規範的西文腳注格式（1858-1948 年在華出版發行）。早在民國初年，中國創辦的英文學術刊物，已經開始採用腳注，如 1916 年創刊的《中國社會及政治學報》（*The Chinese Social and Political Science Review*），這是 1915 年在北京成立的中國社會政治學會會刊。該學會由美國駐華公使芮恩施（Paul S. Reinsch）與中國駐美公使顧維鈞倡議仿照美國政治學會的模式建立。該刊上發表的不少文章都非常規範，學術規範和格式方面顯然參考了 1906 年創刊的美國政治學會會刊《美國

育出版社，2010年；彭明輝，〈《史地學報》與歷史地理學的興起〉，《政治大學歷史學報》，第11期，1994年，第109-142頁。

[44] 王建偉，〈專業期刊與民國新史學──以二三十年代學術的發表行為為中心〉，《二十一世紀》2007年二月號，2月25日出版，網路版第59期；http://www.cuhk.edu.hk/ics/21c/media/online/0612061.pdf。

政治學評論》（*American Political Science Review*）。而北平天主教輔仁大學在
1928 年創辦後不久即在 1935 年開始出版發行西文刊物《華裔學志》，其
編委會組織中外人士各占一半，體現出一種中外結合的方式。

傅斯年作為史語所創所所長，在《史語所集刊》創辦中起了很大作用。
《史語所集刊》首刊於 1928 年 10 月，中研院院長蔡元培作〈發刊詞〉，
緊接著是署名史語所籌備處所發表的〈歷史語言研究所工作之旨趣〉，實
際上傅斯年是主要執筆者，除了闡述歷史學與語言學的研究宗旨，亦揭示
史語所研究之範圍，提出了「要把歷史學語言學建設得和生物學地質學等
同樣」以及「要科學的東方學之正統在中國」等口號，這反映了傅斯年與
歐美人文學科特別是現代史學接軌的願望。《史語所集刊》從一開始創辦
即使用橫排[45]，在刊物扉頁的附白的確簡短地提到了格式問題，但只提到
要有目錄、檢題和英文或法文提要，外文論文則要附上漢文提要，完全沒
有提到腳注或尾注問題。如果略加考察，不難發現《史語所集刊》當時可
以發表中、英文論文，可謂是雙語刊物，因為刊物以橫排出版，如果使用
頁下注，即是腳注（footnote）形式。但 1928 年 10 月印行的第一本第一分
一共發表董作賓、商承祚、胡適、丁山、余永梁、容肇祖、傅斯年等七人
的八篇論文，其中丁山兩篇，都是文史考證文章，無一使用腳注或尾注，
全都直接在文中引用傳統古籍，連以文中夾注提示版本者都未見，可見七
位學者仍然是傳統的文章寫作方式，儘管這七人之中胡適、傅斯年有海外
遊學經歷，前者有哥倫比亞大學博士，後者曾遊學歐洲。

《史語所集刊》第一篇使用腳注的文章也是它發表的第一篇英文論
文乃是十月革命後長期旅居中國的俄國學者史祿國（Sergéi Mikháilovich
Shirokogórov, 1887-1939）的〈記猓玀音〉（Phonetic Notes on a Lolo Dialect
and Consonant L.），載第一本第二分，1930 年 5 月出版。該文第一個腳

---

[45] 桑兵認為「與北大新文化派多有爭執的南高學派，所辦《史地學報》開始也是橫排，其
內容的西學色彩更加濃重。」見《晚清民國的國學研究》，北京：北京師範大學出版
社，2014年，第29頁。

注提示了文章的材料來源於他 1928 年去雲南東南部地區所做的田野調查，第二個腳注提示了當地人的語音標注形式，引用了法國傳教士田德能（Alfred Liétard, 1872-1912）和鄧明德（Paul Vial, 1855-1917）所著研究雲南的法文二手文獻，[46] 注出了頁碼，也對他直接引用的法文原文進行了辨析。[47] 這是標準的現代史學腳注形式，明確提示二手文獻，讓讀者瞭解他進行學術對話的對象。而《史語所集刊》上第一篇也許勉強算有「腳注」的中文文章是傅斯年《論所謂五等爵》（見 110 頁），之所以說它勉強算事，因為它只是簡單在第 110 頁的頁腳標示注一、馬融後作康王之誥；注二、或不始於鄭君。甚至正文中連數位標示都沒有，內容起不到標準腳注的功能，未提供參考文獻以幫助讀者瞭解作者觀點的證據所在，並不能算真正的現代腳注。文章落款云中華民國 19 年 1 月寫於北平。而「此文主旨，大體想就於 6、7 年前旅居柏林時，後曾以大意忽忽寫投顧頡剛先生，為顧先生登於《國立中山大學語言歷史學研究所週刊》第十四期。今思之較周，節目自異，然立論所歸仍以前同。附記於此，以標異同。」陳垣在《史語所集刊》第二本第一分上關於辯機的文章〈大唐西域記撰人辯機〉已經有緒論、餘論，但沒有注釋，這一點和他在《華裔學志》上發表的英千里譯英文文章在體例和格式上一致，也和他給陳樂素所寫的信中對腳注的態度一致。

當時史語所的歷史組由陳寅恪負責，他主要是在清華大學任教，同時兼任史語所研究員，但他在《史語所集刊》第一本第二分（1930 年 6 月出版）發表的〈大乘義章書後〉（121-123 頁）一文沒有任何尾注或腳注，所引佛教文獻如《大乘法苑義林章》、《宗鏡錄》、《大乘義章》、《續高僧傳》、《妙法蓮華經玄義》、《集古今佛道論衡》等，均未提及任何

---

[46] Alfred Liétard, *Au Yun-nan: Les Lo-lo p'o. Une tribu des aborigènes de la Chine méridionale*, Münster: Aschendorffsche Verlagsbuchhandlung, Anthropos Bibliothek, 1913; Paul Vial, *Dictionnaire français-lolo*, Hongkong: Impr. de la Société des missions étrangères, 1909.

[47] 史祿國，〈記猓玀音〉，《史語所集刊》第一本第二分，1930年，第183頁。

版本資訊。在文章最後一段稍微涉及一點版本資訊，云《大乘義章》有日本刊本，[48] 卷一標題下有「草書惑人，傷失之甚，傳者必真，慎勿草書」16 字，然後舉他所見敦煌文書佛經注疏大多是草書，以此說明中古時期古人傳寫佛典時以真書寫經論而以草書寫注疏。陳寅恪引用的資料版本，都以人名為標誌，如某某人抄本、刊本等等，如《蒙古源流》施密德校譯本、某某拓本、某某轉錄本等等。舉其《史語所集刊》第二本第一分（民國 19 年 5 月版）上發表的〈吐蕃彞泰贊普名號年代考〉（《蒙古源流》研究之一）（第 1-5 頁）為例。文中所引一手、二手文獻均未使用腳注，亦無尾注。所引漢文傳統古籍如《新唐書》、《資治通鑒考異》等僅舉出卷數或篇名，如《新唐書‧吐蕃傳》、《資治通鑒考異》卷 21《唐紀》13 等等，並無版本資訊和頁碼。所引《蒙古源流》亦僅稱坊刻本。不過提到藏文《嘉剌卜經》時提示是 Emil Schalgintweit 的刊本，並舉出了頁碼和行數。而《蒙古源流》滿文譯本係來自景陽宮，他還參考了喀爾喀親王成袞箚布所進呈的蒙文本、彭楚克林沁所校對的中譯本、施密德（Isaac Jacob Schmidt）的蒙文校譯本，並指出施密德本更佳。然而對於這些文本，無一提供了具體的出版資訊。而對於拉薩的《長慶唐蕃會盟碑》中的吐蕃文，他使用的是北京大學研究所國學門所藏繆氏藝風堂拓本。不過，在引用湯瑪斯（F. W. Thomas）對會盟碑上吐蕃文贊普名號的考證時，倒是以夾注的形式列出了具體的刊物《英國皇家亞洲學會會刊》（*JRAS*）和文章名（Tibetan Documents Concerning Chinese Turkestan），以及出版年代（1928）和頁碼（pp.71, 72, 76）。後文也以夾注的形式提示了高楠順次郎英譯《南海寄歸內法傳》中義淨的「持」字對音。文章最後的附文提及他檢視了北平圖書館所藏敦煌寫本中《八婆羅夷淨》附載當日吐蕃詔書，不過未提供具體資訊。當時北平圖書館所藏敦煌文書尚未進行具體編目，因此不可能引用和提供具體文書編號，陳寅恪無法提供具體資訊，這也是可以理解的。

---

[48] 儘管他只說是日本刊本，很可能是《大正藏》本。

　　不過，作為曾遊學海外多年的學者，陳寅恪在使用腳注方面卻完全是中國傳統學術文章的做派，看不出任何西文學術傳統的影響。考慮到他在1925 年回國前並沒有發表正式的學術論文，這種不使用腳注的習慣並非長年累月的積習，而更應該看作是一種個人的選擇，甚至是文化民族主義的一種體現。[49] 換個角度而言，這也可能是因為他和王國維聲氣相通，在寫論文形式上和王國維一樣接受中國固有傳統之影響。王國維沒有在歐美的留學經歷，但和伯希和等旅華學者有所過從，他雖然曾流亡日本京都並與當時日本一些活躍在關西地區的漢學家交往，但那時新式學術論著的形式在日本學者中並不流行，日本漢學家們並不用腳注，因此王國維也未在日本受新式學術論著形式影響。[50] 陳寅恪評論王國維的學術之所以轉移一時之風氣而示來者以規則，主要在於「一取地下之實物與紙上之遺文互相釋證，」「二取異族之故書與吾國之舊籍互相補正，」「三取外來之觀念，以固有之材料互相參證。」[51] 前兩者主要指使用材料的方法，用考古出土文物和西域胡漢語文獻來與傳統舊籍相互發明，第三個評價則是從治學方法和角度來說的。完全沒有提到新式寫作格式，似乎說明他們這一代人其實不重視寫作格式。換言之，對他們而言，形式不重要，重要的是論文有使用新材料、新方法提出新觀點、新看法，做出新貢獻。

　　如果將陳寅恪對於腳注的態度和實踐與他同時代的歐美日本學者進行比較，會發現一些有趣的現象。陳寅恪的歐美與日本同輩學者，大多數都開始使用腳注，而他上一輩學者，或者說他老師輩的學者，東洋學者並無

---

[49] 參見拙著《在西方發現陳寅恪》中的討論，北京：北京師範大學出版社，2013年；陳寅恪的學術在思路上多受歐美學者影響，但在形式上仍以華夏固有傳統出現，不寫當時已經開始日益流行的白話文即是一例。

[50] 王國維、羅振玉都不用現代腳注形式。羅繼祖主編《羅振玉學術論著集》《殷商貞卜文字考》外五種（上古2013年）使用的是雕版／活字排印本，注釋用雙行小字，夾在正文之中。《殷墟書契考釋》亦同（《增訂殷墟書契考釋》三卷，丁卯二月東方學會印；甲寅冬十有二月海甯王國維序）、《流沙墜簡》（上虞羅氏宸翰樓印；宣統甲寅正月上虞羅振玉序）；均為正文之中雙行夾注。

[51] 陳寅恪，〈王靜安先生遺書序〉，載《金明館叢稿二編》，上海：上海古籍出版社，1980年，第219頁。

使用腳注的習慣，而西洋學者則已經使用腳注。與陳寅恪同輩的歐洲和日本學者，無論是研究梵文文獻的諾貝爾（Johannes Nobel, 1887-1960）還是研究唐史的白樂日（Étienne Balazs, 1905-1963）與玉井是博，在出版論著和發表文章時都使用了很規範的腳注格式。諾貝爾和白樂日是陳寅恪 1920年代初在柏林大學留學時的同學，而玉井是博在 1930 年訪問北京時與陳寅恪有過從。[52] 陳寅恪在柏林大學的印度學老師呂德斯也使用腳注，[53] 儘管陳寅恪在早期有關東方學研究的論文中曾引用呂德斯的研究成果，但只是按照中國傳統書寫習慣使用文中夾注提示，並不接受西文常見的腳注形式。是以他的早期文章在格式上完全看不出來他曾受過良好的德國東方學教育。玉井是博的老師內藤湖南開始發表文章時也不用腳注，後來在二十年代後期其早期論文結集出版時則增加了尾注格式，比如 1912 年東京弘道館內藤湖南出版的《清朝衰亡論》無注，1924 年 9 月京都弘文堂所刊內藤湖南《日本文化史研究》無注，昭和 4 年（1929）8 月京都弘文堂所刊內藤湖南《讀史叢錄》，多半為明治末發表的論文，當時都沒有注釋；但昭和 2、3、4 年加了附記附注，附注為尾注。這很可能和內藤使用毛筆寫作有關，不方便使用西文的注釋格式。但在印刷時則作技術處理，這也反映了東亞漢字文化圈書寫與印刷文化之間的巨大差異。

也許陳寅恪回國後，在清華學校國學研究院開始工作，很快接觸到王國維這樣非常有學問卻仍按照中國固有傳統做文章的大學者，也跟著不太在乎形式了，他原本就不接受當時逐漸形成風氣的白話文，更何況腳注這種形式更是小事。他更注重內容和創見，形式是次要的。他也不需要像德國近代蘭克的學生一輩專業史學家那樣需要通過規範的學術格式來獲得史家的自我身分認同。當陳寅恪剛剛進入清華學校國學院時，尚未明確將自己定位為史學家，更多地是東方學家。這些因素都導致他沒有追隨他的歐

---

[52] 拙著《在西方發現陳寅恪》，北京：北京師範大學出版社，2013年，第70-114頁。

[53] 茲舉一例為證，Heinrich Lüders, *Das Würfelspiel im alten Indien*, Berlin: Weidmannsche Buchhandlung, 1907.

美和東洋同行而使用當時逐漸開始規範起來的腳注形式。

　　有意思的是，陳寅恪 1936 年和 1938 年在《哈佛亞洲學報》發表了兩篇魏魯南（James R. Ware）英譯文章，即〈韓愈與唐代小說〉[54] 和〈《順宗實錄》與《續玄怪錄》〉，[55] 均使用了腳注，但不是很規範的腳注，甚至多條腳注直接排印漢文。後者中文版於 1940 年 1 月刊於《國立北京大學四十週年紀念論文集》乙編上冊，[56] 並未使用任何腳注，只有簡短的文中夾注，辨析字詞。這兩篇英文文章都發表在《哈佛亞洲學報》紀念專號上，顯然是編委會約稿，因此儘管魏魯南按照當時英文論文一般格式將一些陳寅恪引用的傳統古籍放入腳注，但並不是標準的腳注。類似的文章還見於湯用彤和陳寅恪一同發表在《哈佛亞洲學報》1936 年第 1 卷第 1 期上的《四十二章經》版本考，[57] 也是魏魯南英譯，提供了腳注。這也不符合湯用彤中文撰述習慣，湯用彤 1933 年出版的《漢魏兩晉南北朝佛教史》一書並未使用腳注。應該指出的是，《哈佛亞洲學報》1936 年剛剛開始創刊時，也不是所有文章都按照當時西文學術出版物通行的習慣使用腳注，和陳寅恪、湯用彤一起在同一期刊出論文的大多數學者包括中日學者如趙元任、姊崎正治以及俄國學者鋼和泰都使用了腳注，而恰恰美國本土培養的學者愛哲頓（Franklin Edgerton）有關佛教混合梵語的文章未使用腳注，[58] 而該刊第 1 卷第 2 期發表波林（Birger Bohlin）有關走訪敦煌石窟的短文也無腳

---

[54] Tschen Yinkoh, "'Han Yü and The T'ang Novel," *Harvard Journal of Asiatic Studies,* 1: 1 (Apr., 1936), pp. 39-43. 此文由程千帆譯成漢文，1947年7月發表在《國文月刊》第57期；收入《陳寅恪集：講義及雜稿》，北京：三聯書店，2002年，第440-444頁。

[55] Tschen Yinkoh, "The Shun-Tsung Shih-Lu and The Hsu Hsuan-Kuai Lu," *Harvard Journal of Asiatic Studies,* 3:1(Apr., 1938), pp.9-16.

[56] 收入《金明館叢稿二編》，北京：三聯書店，2001年，第81-88頁。

[57] T'ang Yung-T'ung, "The Editions of The Ssŭ-shih-êrh-chang-ching," *Harvard Journal of Asiatic Studies,* 1:1(Apr., 1936), pp.147-155. 1936年在《哈佛亞洲學報》發表文章的其他學者如胡適、馮漢驥、裘開明等人都使用了腳注。

[58] Franklin Edgerton, "Nouns of The a-Declension in Buddhist Hybrid Sanskrit," *Harvard Journal of Asiatic Studies,* 1: No. 1 (Apr., 1936), pp.65-83.

注，[59]第 3 卷第 1 期上魏勒（Friedrich Weller）的文章也只有極為簡略的腳注。
這些現象說明當時《哈佛亞洲學報》處於草創時期，作者來自世界各地，
從事不同學術領域研究，因此學報對論文統一格式並無嚴格要求。

　　《史語所集刊》第二本第二分上第一篇文章為林語堂的〈支脂之三部
古讀考〉，該文提供了詳盡的注釋格式，但只是文間夾注，不是腳注。如
第五節「駁珂羅倔倫[60]之部收 g 音說」提到了三位國學家同時獨立倡為「之」
部讀入聲說，各有專篇發表，一是胡適於 1928 年 10 月至 12 月間所著〈寄
夏劍丞先生書〉，及〈入聲考〉，登《新月》第二卷第二號，這一篇林語
堂未提供頁碼。第二篇是瑞典高本漢（Bernhard Karlgren）1928 年正月所著
〈古代漢語的問題〉。[61]這一篇林語堂也沒注出頁碼。第三篇是德國西門華
德（Walter Simon）1927 年著〈關於古代漢語語末輔音的考證〉，[62]亦未注
出頁碼。顯然當時林語堂引用西文參考文獻也只是按照中文參考文獻的做
法，注出作者、文章題目、發表期刊、卷數、年代，但沒有頁碼。但具體
引用原文時提供了頁碼（146 頁），如引用高本漢對西門華德的批評：「The
mere possibility of explaining the phonetics and the Shi-king rimes in question is not
the same as proof,」p.795. 這種引用原文給出頁碼似乎符合他在德國受過的
學術訓練，他也和陳寅恪一樣 1919 年在哈佛留學，後來都轉往德國求學，
後於 1923 年在萊比錫大學獲得博士學位。同一期上趙元任發表了一篇英
文短文〈聽寫倒英文〉（Transcribing Reversed English），僅僅在 219 頁有
一個腳注，解釋中文詞紙煤子是 a kind of paper roll to smoke the water pipe with
但提供了中文摘要。

　　《史語所集刊》上真正第一個使用現代腳注規範的文章是王靜如在第

---

[59] Birger Bohlin, "Newly Visited Western Caves at Tun-Huang," *Harvard Journal of Asiatic Studies*, 1:2(Jul., 1936), pp.163-166.

[60] 即 Karlgren，高本漢。

[61] 其文注為："Problems of Archaic Chinese," 登 *Journal of Royal Asiatic Society*, October,1928.

[62] 其文注為："Zur Rekonstrucktion der altschinesichen Engkonsonanten",登於柏林 *Mitteilungs des Seminars fur Orientalische Sprachen*, BD. XXX, 1927, Abt.1.

二本第二分上發表的〈西夏文漢藏譯音釋略〉（171-184 頁），全文一共
12 個腳注，腳注連續編號，主要是為正文中以中文提及的二手研究文獻提
供原文，引用文獻有作者、論著或文章名，出版年代，但無出版地和具體
頁碼。如 171 頁即有四個腳注，第一個是狄維利亞著《西夏唐古特國字研
究》，[63] 第二個是勞咈以印支語族來推球西夏音值，[64] 第三個是聶斯基以漢
藏譯對照研究少數西夏字音，[65] 第四個是伊鳳閣。[66] 這裡面第二個實際是刊
登在《通報》中的論文，但論文名稱和期刊名稱都使用了斜體，未作區分，
亦未提供出版年分。172 頁則有兩個腳注，分別是注 5《蕃漢合時掌中珠》
以及注 6 高本漢的著作，[67] 引用高本漢這本書時給出了頁碼，卻沒有出版
地和年分，此書後來由趙元任、李方桂、羅常培譯出，即 1940 年商務印
書館刊出的《中國音韻學研究》。175 頁則有注 8 鋼和泰的論文《音譯梵
書與中國古音》，並提供了胡適在 1923 年《國學季刊》第一卷第一號上
的中譯本資訊，但未提供頁碼。176 頁注 9 引了伯希和的考證，未給出具
體文獻資訊，注 10 為馬伯樂的論文《唐長安方言》。181 頁注 11 是解釋
半鼻音與舌頭運動之關係，而 182 頁注 12 解釋中原音韻可能與地方音特
別西北音不同。這些腳注提供的資訊都相對明確，所引二手文獻便利讀者
進行核查。

　　和王靜如文章可以放在一起考察的是同一分緊接著的高本漢著、王靜
如譯〈中國古音（切韻）之系統及其演變〉（185-204 頁）一文，該文的
腳注大都是王靜如的中譯者注，為說明讀者獲得進一步的資訊，作者原注
很少，只有 195 頁注 7 為原注，云《切韻》將山、刪分為二韻，後者或是
長一點，-am；但對於此種說法還沒有強有力的證明，所以都寫成 -an 了。

---

[63] 其文注為Deveria: *L'Ecriture du Royaume de Si-hia ou Tangut*, 1894.
[64] 其文注為：Berthold Laufer: *The Si-hia Language a Study in Indo-Chinese Philology, Toung Pao*, vol. XVII.
[65] 其文注為：Nicolas Nevsky: *A Brief Manual of The Si-hia Character with Tibetan Transcriptions*, 1926.
[66] 其文注為：A. I. Ivanov：西夏國書說——國學季刊第一卷第四號，1923.
[67] *Etudes sur la Phonologic Chinoise*, 1924，第四冊（字典），714至764頁。

一共十四個腳注，都是王靜如根據自己的理解提供了一些反證，與高本漢進行對話，特別是引用趙元任在清華大學的講義。如 196 頁注 8 說唐寫本切韻殘卷沒有諄部，裡頭的字都算真部合口，而且贇字是「於倫反」。這篇文章用白話文譯出，得到趙元任的指點，譯文開頭有簡短的譯者說明，指出自己給高本漢的北平音標改了幾點。185 頁注 1 是注明該文譯自高本漢的《中國分析字典》引論第二章。[68] 王靜如的譯者說明中說引論中的第三章〈論諧聲〉一篇已經由趙元任譯成漢文，即注 2〈高本漢的諧聲說〉，載清華《國學論叢》第二期。王靜如當時尚未出國留學，他 1927 年進入清華大學國學研究院求學，深受趙元任影響，對語言學頗有興趣。也許是這種學術傳承使得他在趙元任影響下接觸到高本漢的著作，並接受了西文學術的通行格式，從而使用了較為規範的腳注。

必須指出，《史語所集刊》早期發表的使用規範腳注的文章大多並非來自史學領域，而是出自語言學領域，如史祿國、林語堂、王靜如、趙元任、高本漢等人的文章。中國有些學術領域有很強的舊學傳統，如史學、小學等等，儘管陳寅恪當時已經以東方學知名，尚未正式轉入史學領域，按理說應該介紹歐洲歷史語言學入華，但他並不特別在意學術規範。隨著國外新知傳入，中國學界的學術研究模式和寫作方式都在改變，比如隨著歐洲語言學逐漸入華，現代語音學、方言調查的學術新方法也逐漸被介紹到中國學界，趙元任、高本漢等人的研究和傳統的文字學、音韻學、訓詁學有很大差別。作為在哈佛獲得博士的學者，和陳寅恪一樣在清華學校國學研究院任教的趙元任、李濟就不同，他們的文章大都有腳注。如趙元任早年論文〈北京、蘇州、常州語助詞的研究〉，有腳注，引用 Harold E. Palmer 的英文〈口語語法〉，和胡適的《胡適文存》中關於《水滸傳》、《紅樓夢》、《儒林外史》中「的」和「得」的比較。所以，王靜如在《史語所集刊》上的文章之所以使用現代腳注形式，很可能受到高本漢和趙元任

---

[68] Karlgren, *Analytic Dictionary of Chinese and Sino-Japanese* 書中引論第二章，原文名 *The Phonetic System of Ancient Chinese (Tsie jun)*, 1923。

的雙重影響。主要在史語所工作，同時在清華國學院兼任講師的李濟，似乎因為獲得了哈佛博士，寫過博士論文，有過長期艱苦的訓練，已經形成習慣，不論中英文論文皆有腳注，並遵守學術規範。他在1926年發表的〈中國民族的形成〉用了腳注，而他的英文著作也使用了腳注。1930年，李濟在歷史語言研究所專刊之一《安陽發掘報告》第二期發表的〈民國十八年秋季發掘殷墟之經過及其重要發現〉、〈小屯與仰韶〉也有腳注。第三期發表的〈俯身葬〉也有腳注。不過，他在1920-30年代發表一些中文演講稿，並非嚴格的科技論文，所以也沒有腳注。

　　《燕京學報》創刊比《史語所集刊》更早，第一期於1927年6月出版，當時編輯委員包括主任容庚，委員趙紫宸、許地山、馮友蘭、黃子通、謝婉瑩、洪煨蓮、吳雷川等人，大多數編委都有海外遊學特別是留學美國的經歷。第一期上張蔭麟譯翟林奈（Lionel Giles）研究敦煌本〈秦婦吟〉一文是唯一使用腳注的文章，這篇是譯文，顯然在格式上依照了英文原文。而第二期上張蔭麟所著〈九章及兩漢之數學〉一文也有腳注，見306頁，他在解釋《九章算術》中「盈不足」一章時指出此為算數難題之一，然後舉出一例。其腳注云「十二世紀中『盈不足』術由中國傳入西遼，後由西遼轉傳入亞拉伯。故亞拉伯人稱此術為『契丹算術』；契丹者，亞拉伯人西遼之稱也。其後亞拉伯人又轉此術入歐洲焉。」並附上了他實際是引用錢寶琮：〈盈不足術流傳歐洲考〉，《科學》第十二卷第六期頁707-708除了沒有列出年分，其提供的引文資訊非常符合規範。

　　不過，《燕京》上第一篇中國學者使用腳注的文章卻是許地山所著〈道家思想與道教〉一文，載《燕京學報》第二期，1927年12月出版，當時他也是編輯委員。[69]許先生此文非常規範，首先是緒論，然後按小節分為

---

[69] 此文落款云民國十六年五月改舊稿於海淀。應該正好是他剛從國外回國不久進入燕京大學任教時寫成的文章。許地山1920年畢業燕京大學宗教學院，1922年前往哥倫比亞大學研究宗教史，1924年獲得碩士學位後轉入牛津大學研究宗教史、佛學、印度學、梵文，並學習了法文、德文、希臘文、拉丁文等等，1926年獲得牛津大學文學學位（Bachelor of Letters, B.Litt.），1927年回國任燕京大學教授。所以他發表文章時已經

一、原始的道教思想；二、道教思想底形成。結論部分並沒有提示是結論，只是空一格再開始新的一節。儘管他文章中引用的《道德經》、《莊子》、《前漢藝文志》、《內經素問》等均以夾注形式出現，僅提供篇名，但他在緒論中就以夾注的形式引用了黎弗卡匿（J. H. Rivett-Carnac）的論文，提供了詳細引用資訊，[70]261 頁在討論陰陽、四時、八位、十二度、二十四節時用腳注解釋了八位和十二度：「八位謂八卦之位。十二度即十二次，謂日月交會所在底星次。《書‧堯典傳》：『寅日析木，卯日大火，辰日壽星，巳日鶉尾，午日鶉或，未日鶉首，申日實沉，酉日大樑，戌日降婁，亥日娵訾，子日玄枵，丑日星紀。』」

後文中的腳注則引用道藏文獻《文昌大洞仙經》以及印度瑜伽學派文獻，以及其他傳統古籍，如《隋書‧經籍志》等。此文腳注頗多，涉及中、印、日等國文史知識以及文獻多種。

洪業雖然在美國受高等教育，1920 年代初即回國任教，後來長期在燕京大學任教，但似乎一生都不用腳注，即使是他晚年由哈佛大學出版社刊印的《杜甫：中國最偉大的詩人》一書也未使用腳注格式。[71] 他寫於 1920-30 年代的小文章，儘管有些篇幅極短，且討論極小的問題，但引用一手二手文獻，並未使用腳注來提示版本或文獻出處，而且所提示的版本，經常沒有年代和頁碼，並非完整的版本資訊，帶有舊時代的痕跡，尤其是傳統古籍，常常只提示書名和卷數以及篇名，並無具體出版資訊和年代。但是，後來其門人翁獨健、王鐘翰搜集整理出版他的論文集，[72] 統一都按照 1980 年代的學術規範，給提供了腳注，如第一篇〈明呂乾齋呂宇衡祖孫二墓誌

在國外多年，獲得了正式學位，可以說受過比較嚴格的學術訓練。有關許地山的學術經歷與成就，參見周俟松、杜汝淼編，《許地山研究集》，南京：南京大學出版社，1989年；王盛，《許地山評傳》，南京：南京出版社，1989年。

[70] "Cup-Mark as an Archaic Form of Inscription," *JRAS*, 1903, pp.517-43.

[71] William Hung, *Tu Fu: China's Greatest Poet*, Cambridge, MA: Harvard University Press, 1952.

[72] 洪業，《洪業論學集》，北京：中華書局，1981年。

銘考〉一文，此文原刊於《燕京學報》1928年第3期，[73]原本無腳注。其門人將此文編入文集重刊時補充了幾個腳注。第一個腳注云「雍正《泰州志》卷6《人物志》」，並無提示版本資訊以及頁碼。第二個腳注引顧祖禹《讀史方輿紀要》卷23列出泰州的歷代地理設置沿革。第二篇為刊於《燕京大學圖報》1931年第1期的〈太平天國文件之未經發表者——詔書蓋璽頒行論〉（1-2頁），只是一篇不足千字的短文，討論他1930年春在哈佛上課時所見英國戴德華君從巴黎東方語言學校帶回而入藏燕京大學圖書館的《詔書蓋璽頒行論》抄本，竟然也有四個腳注，第一個腳注提示文中所引《太平天國史料第一集》出版的年份（1926年）和刊行者（北京大學排印），第二個腳注是提示凌善清《太平天國野史》的出版年代（1923年初版，1926年三版）與出版社（上海文明書局本），第三個腳注是引曾國藩《曾文正公奏稿》卷20〈同治三年六月二十五日金陵克復折〉，第四個腳注則是提示文中所引〈太平天國玉璽考略〉一文刊出的《國立歷史博物館叢刊》第一年（1926年），2/2。這些短文都是箚記式的短文，大多是介紹新發現的史料，簡單考釋並提示其史料價值，的確也不太需要出注。如果是論述性文章，需要和其他學者論辯，則需要引用二手文獻，或許才更需要使用注釋。

　　1930年代，中國學術已經開始比較規範，當然不同學科的學者對待學術規範的態度不一樣，實踐方式也不一樣。現代社會科學似乎更為規範，比如政治學、經濟學、社會學、人口學。陳達1934年刊出的《人口問題》採用橫排，[74]乃是非常規範的現代學術著作，有腳注，英文，作者、論文有期刊出處，出版者，並提示了詳細頁碼。序也非常規範，係全書導論和銘謝合一，不僅提示了全書主旨、理論依據和方法論，還提示了全書的讀

---

[73] 比如第一篇〈明呂乾齋呂宇衡祖孫二墓誌銘考〉，《燕京學報》1928年第3期，第523-536頁。

[74] 原文稱民國1923年6月18日序於北平清華大學；上海書店影印版《民國叢書》第一編，社會科學總論類；19，據商務印書館1934年版影印。

者對象，以及成書過程，最後詳細列出了致謝名單，以及部分章節先前刊
發的刊物，如《清華學報》、《社會學刊》、《人口副刊》等等，並說自
己已將過去已刊文章重寫或修正。這完全是現代學術論著的規範格式。

當時更流行的學術規範是在論著中使用尾注，此處略舉二例。吳雷川
1936 年刊《基督教與中國文化》有尾注。朱謙之 1940 年商務印書館出版
的《中國思想對於歐洲文化之影響》（民國叢書第一編 5，上海書店影印）
一書有極為詳盡的尾注，西文、中文、日文參考文獻應有盡有，且大多數
文獻都注到頁碼，還有按語，提示一些西文書有多種譯本，如前論部分的
第一章「歐洲文藝復興與中國文明」注 70 提示了英文《馬可波羅遊記》
（他列出 1914 年刊）有三種譯本，即張星烺譯注《馬哥波羅遊記》以玉
爾與高迪（Yule-Cordier）注本為依據，馮承鈞譯本《馬可波羅行紀》，以
沙海昂（Antoine Joseph Henri Charignon）注本為依據，李季譯本《馬可波
羅遊記》，以柯姆羅夫（Manuel Komroff）編訂本為根據，並表明自己引
文頁碼來自英譯本萬人叢書本，漢譯則依照李譯、馮譯，以李譯為根據（42
頁）。這也許說明朱謙之從事中西交通史研究難免閱讀大量西文文獻，不
知不覺在注釋格式會受到西文風格的影響。

陳垣在早期發表的文章時和陳寅恪類似，也不採用腳注形式，引用
傳統古籍僅限於書名、卷數和篇名。他在《華裔學志》1935 年第 1 卷第
2 期上發表的英文文章，係由他在輔仁大學的英文秘書英千里譯出，即沒
有使用當時其他西文作者一般採用的腳注形式。《華裔學志》1935 年在
天主教輔仁大學創刊，由聖言會會士鮑潤生（F. X. Biallas, 1878-1936）任主
編，編委會一共六人，西人和華人各占一半，西人包括田清波（Antoine
Mostaert, 1881-1971），鋼和泰（Baron A. von Staël-Holstein）、艾鍔風（Gustav
Ecke）、謝禮士（Ernst Schierlitz），華人編委包括陳垣、沈兼士、張星烺、
英千里。[75] 編輯部啟事僅對稿件內容略作說明，並未對稿件格式作任何要

[75] 有關這本刊物及其與輔仁大學之關係，參見魏思齊（Zbigniew Wesolowski）主編，
《有關中國學術性的對話：以《華裔學志》為例》，新北：輔仁大學出版社，2004年；

求。早期在上面發表文章的西人學者大多使用腳注，如顧立雅（Herrlee Glessner Creel）、衛德明（Hellmut Wilhelm）、福克司（Walter Fuchs）、謝禮士等等。但有兩位編委的文章未使用腳注，包括陳垣和艾鍔風。[76] 考慮到 1935 年《華裔學志》也是處於草創時期，可能和 1936 年創刊的《哈佛亞洲學報》一樣，都還沒有確立統一格式的現代學術規範。

不過，陳垣對現代史學腳注傳統不太以為然，他在 1946 年 4 月 8 日致陳樂素函中有清楚、詳細說明，他認為一篇文章不應該有太多引號，如果引號太多，傳寫排印時容易脫落出錯，行文時能夠做到不加引號而讓引文與自己的文字分開才可貴。陳垣也認為不應該有太多長達兩三行的小注，要陳樂素設法減少小注，改為正文。陳垣認為作注比較適合詩賦銘頌等詞章，因為這些體裁字句長短有限制，不能暢所欲言才需要自注，史傳散文不應多加注。他說自己近來所寫的文章：「力避小注，不論引文、解釋、考證、評論，皆作正文，此體將來未知如何，我現在尚在嘗試中，未識能成風氣否也？且要問注之意義為何，無非是想人明白，恐人誤會耳。既是想人明白，何不以作正文？若是無關緊要之言，又何必注？」[77] 這和陳寅恪對待文章注釋的做法基本相近。

王國維、陳垣等人雖然沒有留學歐美，但和東洋學者聯繫較多。前文也提到姉崎正治 1936 年在《哈佛亞洲學報》上發表文章也使用了腳注，

　　黃湲婷，〈《華裔學志》：走過八十年歷史的期刊與漢學機構〉，《漢學研究通訊》34:4，2015年，第20-29頁；孫邦華，《身等國寶，志存輔仁：輔仁大學校長陳垣》，濟南：山東教育出版社，2004年，第232頁。

[76] Ch'en Yüan, "The Ch'ieh Yun and Its Hsien-Pi Authorship," translated by Ying Ts'ien-li 英千里, *Monumenta Serica*, 1: 2 (1935), pp. 245-252; 250頁有陸氏世系表，其中有一些説明在251頁下以附注的形式出現。但這種説明並非真正的腳注，和引用無關。艾鍔風的文章沒有使用腳注，使用了文中夾注的形式，見Gustav Ecke, "Structural Features of the Stone-Built T'ing-Pagoda: A Preliminary Study," *Monumenta Serica*, 1:2(1935), pp.253-276.

[77] 《陳垣來往書信集》，1141-1142頁。在〈校勘學釋例〉中，陳垣即以《元典章》為例，指出正文化為小注，小注化為正文，但版式已成，不得不挖版補入，造成錯訛的情況；見劉夢溪主編《中國現代學術經典：陳垣卷》，石家莊：河北教育出版社，1996年，第328-329頁。

他是大正時期曾在哈佛任教的日本學者，和歐美學界接觸很早。因為明治維新的影響，日本在 19 世紀後半葉開始出現脫亞入歐運動，這種風氣也影響到日本學界。日本史學逐漸開始脫離出傳統學問變成獨立的現代學科，這主要體現在專業學會的成立和專業期刊的創立。梁啟超在《中國歷史研究法》中認為「日本以歐化治東學，亦頗有所啟發，然其業未成。」其所舉出的例子包括白鳥庫吉、那珂通世之古史及地理，松本文三郎之佛教，內藤虎次郎之目錄、金石，鳥居龍藏之古石器，他說這些人在這些領域「皆有心得，但其意見皆發表於雜誌論文，未成專書。」[78] 而外國人對於中國之研究，他舉了沙畹、勞佛、伯希和、斯坦因、霍恩雷、鋼和泰、福蘭閣等人。

　　考慮到前文主要探討了《史語所集刊》和其他民國早期的刊物，我想結合梁啟超的論述，重點考察日本學者如何在日本專業學刊和專業史學成立過程中使用腳注的情況。日本早期的職業史學家主要指活躍在明治末期、大正、昭和初期的史家，這包括日本史專家和東洋史專家、西洋史專家，不過我會更側重對東洋史家的考察。早期日本史學家如重野安繹、三上參次等人都不用腳注。明治 22 年（1889）11 月 1 日下午 1 點，日本學者聚集在東京帝國大學文科大學的第十號教室舉行第一次會議，成立日本史學會。這一史學專業學會的成立可以看作是日本學術走向現代學科分野之後史學專業化（professionalization）的起點。

　　日本史學會從成立一開始即決定出版學會機關刊物《史學會雜誌》，但該刊的啟事只列出對稿件內容方面的要求，包括以下幾類：國史編纂之論說；制度、文物、衣服、什器之考證；文獻書籍的辨偽和解題；提供史料如文獻碑銘等雜錄；史學會記事。[79] 卻沒有關於文章體例和格式方面的

---

[78]　《梁啟超史學論著四種》，第170-171頁。

[79]　1899年史學會會例會上決定從1900年《史學雜誌》第十一編第一號起將論說和考證兩欄目合併。1899年出版社的謝罪書：「致歉聲明：（原定）一月發行之期刊，各位（作者的）稿件早由編輯委員受理。因木板雕刻（印刷）之由，發行期大大延誤，勞煩不少會員詢問（此事）。此責全在弊房（富山房），惶恐至極。特此致歉。合資會社　富山房。」

說明。對怎麼寫文章，要遵守什麼規範、格式，並沒有提出具體的要求。也許它認為因為投稿者限於史學會會員，而這些會員不需要如何撰文。當時日本史學會的會員來源也十分廣泛，並不限於大學和研究機構的職業學者，也有很多愛好者、古物收集者、舊書店掌櫃等等，只是這些人逐漸接受現代史學規範。19世紀出版的十幾號刊物用的都是文中用括弧附注，沒有標明頁碼，沒有文獻的版本資訊。比如，第一號、第二號的文章都沒有腳注，作者都是直接引用文獻，但未提供版本資訊。第二號開始介紹德國歷史學家尼布林和蘭克。1889年出版的第一號有白鳥庫吉〈歷史與地志及其關係〉一文，白鳥深受德國蘭克學派影響，被當代學者認為是日本東洋史的主要奠基人之一。[80] 白鳥當時似乎並無做注的習慣，另外一例是1897年東京富山房出版白鳥庫吉所編述《西洋歷史》。這本書作為高校教科書，並無腳注，有凡例，正文未提供西文名詞，偶爾有年代用括弧附出。書末有日文和十六種西文人名地名對照表。凡例解釋這書乃為中等教育用的教科書，西洋人所為西洋史，相當於日本人所為世界史或萬國史。此書略古詳今，重視講述史實，在史論方面較為簡略。教師主要解說偉人的行為和時運之大勢，但學生應批判考察。西洋的地名、人名如見於漢籍，則出注（比如窩罕、哈什葛爾、阿母河之類）。

　　《史學會雜誌》第二號出現了插注附記（雜錄部分，45頁），岡田正之所撰〈伊達政宗向西班牙國王贈書〉一文。介紹伊達政宗的家臣支倉常長受命出使西班牙、羅馬等地的贈書活動。他在1889年隨星野恒到宮城岩手縣採訪編年史料。岡田正之從石田母氏處獲得一些案宗，係石田母氏從政宗舊家臣處獲得的文獻，其中包括慶長18年（1613）9月4日政宗給西班牙國王的書翰最為珍貴。岡田刊佈了這封信件，並在文中用括弧附上了注釋，主要是為了解釋一些較難理解的詞。第三號星野恒的《織田信長對僧徒之處置》一文也有夾注，如19頁引用《多聞院日記》元龜元年

---

[80] 有關白鳥和里斯的關係，參考Stefan Tanaka, *Japan's Orient: Rendering Pasts into History*, Berkeley: University of California Press, 1993.

（1570）三月十九日條。第五號第一篇文章是里斯（Ludwig Riess）的《關
於史學雜誌編纂的意見》（1890 年 2 月，小川銀次郎譯），批評之前的幾
號雜誌作者多發抽象議論，未編輯、發表史料，第 6 頁特別提到德國的重
要雜誌《檔案》（*Archiv*）。第 7 頁提到德國 *Monumenta Germaniae Historica* 的
貢獻；提議設立、編集、發行 *Monumenta Japoniae Historica*，廣泛搜集文書
檔案。他是蘭克的傳人，1887 年應明治政府邀請到日本任教於東京帝國大
學，在日本介紹蘭克史學。1921 年《史學雜誌》第 32 篇第 7 號附錄發表
堀竹雄譯出的 Vasiliĭ Osipovich Kliuchevskiĭ 所著《ロシヤ國史講義》仍然沒
有腳注[81]。這表明這個刊物出版了 30 年，仍然沒有完全建立西文刊物當時
通行的學術規範和格式，即使是有里斯這樣德國訓練出來的史學家親自參
與和指導。1921 年第 32 卷《史學雜誌》第六號所刊高桑駒吉〈赤土國考
補遺〉一文（第 467 頁），也無腳注，文中夾注所引用的 Henry Yule《馬
可波羅行紀校注》，以直排形式印刷西文，看起來讓人很不舒服。

　　19 世紀最後十年到 20 世紀最初二十年，日本出版的大多數文史著作
都沒有使用腳注，可以列舉歷史、哲學、考古、人類學等領域的一些例證，
如 1897 年藤田豐八著《支那文學史稿・先秦文學》、1898 年渡邊又次郎
出版《近世倫理學史》、1901 年東京專門學校刊行松平康國編著《世界近
世史》，雖然借用了西文資料卻無注釋也未附西文原文、1902 年 5 月八木
奘三郎《日本考古學》、1903 年東京光融觀刊行了村上專精的《大乘佛說
論批判》，無腳注但有天頭簡注、1907 年 10 月佐佐木多門編著《經濟學
派比較評論》、1907 年大隈重信撰《開國五十年史》仍然採用傳統的天頭
附注格式、1907 年 7 月小川市太郎著《經濟學史》無腳注但有天頭所附簡
注、1909 年出版的《地學雜誌》有英文目錄（Journal of Geography）但無
注、1910 年日本文明協會編輯發行的《比較文學史》儘管引用很多西文文
獻但無注釋、1913 年高橋健《考古學》、1915 年高楠順次郎《道德之真

[81] 日譯出了單行本，見クリュチェフスキー著、堀竹雄譯《ペートル大帝時代露西亞史論》，
東京：興亡史論刊行會，1918年。

義》、[82]1918 年 11 月渡邊海旭《歐美之佛教》（東京丙午出版社）介紹歐美佛教學、梵語學的一些最新進展。這些著作沒有腳注可能也主要因為當時仍然流行直排印刷書籍。

　　不過，曾旅居海外遊學歐美的日本學者有所不同，如果他們在歐美發表論著，通常會遵守歐美學術規範，除了前文我提到在《哈佛亞洲學報》第 1 卷第 1 期發文的姊崎正治，一些在歐洲遊學的日本佛教學家 19 世紀末和 20 世紀初出版英文論著時均使用了當時歐洲通行的腳注形式，如高楠順次郎 1896 年在歐洲漢學期刊《通報》發表的論文、1896 年在牛津出版的小書，以及在《巴厘文聖典學會會刊》發表的論文。[83] 在歐洲出版論著的南條文雄也一樣使用了較為規範的學術格式。早在 1883 年，南條文雄即在牛津出版了《大明三藏聖教目錄》，按照西文的習慣用腳注，甚至還有題獻（dedication），獻辭云該書獻給牛津的繆勒教授，以感激和尊敬之情紀念其良善之教學、幫助和同情。1876 年 6 月，南條離開日本到達倫敦，當時他甚至根本不會英文。他先在倫敦學習了兩年半英文，隨即開始學習梵文。1879 年 2 月到牛津，在那裡看到了比爾（Samuel Beal）收藏的明代《漢文大藏經》目錄。這部藏經係日本 1678 至 1681 年重印的明代佛藏，1875 年由日本政治家岩倉具視（1825-1883）贈送給英國印度事務部圖書館。1880 年 9 月在牛津留學的南條獲准閱讀這部大藏經，進而決定編製

---

[82] 但高楠順次郎在歐美發表論著時還是使用了腳注，這說明很大程度上可能西文出版物的橫排習慣和日文出版物的直排習慣影響了腳注的使用。比如1896年他在《通報》上發表的文章使用了腳注，J. Takakusu, "The Name of 'Messiah' Found in a Buddhist Book; The Nestorian Missionary Adam, Presbyter, Papas of China, Translating a Buddhist Sûtra," *T'oung Pao*, 7: 5 (1896), pp. 589-591; 同一年他在牛津刊行的小書也使用了腳注，形式非常規範，內容較為豐富，有些腳注乃是較長的文字說明；見Jyun Takakusu, *An Introduction to I-tsing's Record of the Buddhist Religion as Practiced in India and the Malay Archipelago*, Oxford: Printed for Private Circulation, 1896. 不過，鈴木大拙1914年在倫敦出版《早期中國哲學簡史》第二版並無腳注；見Daisetz Teitaro Suzuki, *A Brief History of Early Chinese Philosophy*, 2nd edition, London: Probsthain & Co., 1914.

[83] Junjiro Takakusu, ' On the Abhidharma Literature of the Sarvāstivādins', *Journal of the Pali Text Society 57 (1904-5)*, pp. 73-80.

一部英文目錄，以方便英文讀者使用這部藏經。他在導言中還列出了他所
參考的中文、西文論著目錄，的確是一部非常規範的英文學術作品。

　　不過明治晚期日本已經有學者注意到注釋的重要性。1904 年東京金港
堂出版建部遯吾（1871-1945）《普通社會學》第一卷〈社會學序說〉，[84]
書中指出研究學問先要確立其學問的根基，而學問的根基在於瞭解這一學
問研究的對象、性質、範圍和方法。這本書的目的就是講述社會學研究的
對象、性質、範圍和方法。此書仍用直排形式，而在第 7 頁明確區分本文
和注文、冠注。建部認為國語的獨立乃是學問獨立和社會獨立的一大要
素，因此在文中盡可能不用外文，而盡可能用日文。用新語介紹新觀念、
新名目，所以他也擔心引入大量新語會造成讀者的困擾，畢竟新語的運用
缺乏穩定和典雅，同時也使得行文更為蕪雜。在形式方面，這本書由本文、
注文和冠注三部分組成，本文以大字印刷，主要是講述作者自己的意見和
引述其他學者的一些言說，並進行歷史考察。注文也用大字，引用其他人
的說法。冠注則主要是引用學者的書目、注釋一些語句、一些出典的照應
等等，且冠注用數字連續編號。[85] 功能上而言，此即西文書所常見的腳注，
因為注文在天頭，但主要是列出所引文獻的資訊，屬於腳注性質，儘管形
式上還是傳統的天頭。該書在末尾列出了法文參考文獻目錄。

　　建部於明治 29 年夏畢業於帝國大學文科大學哲學科，之後選定社會
學專業準備進入研究生院，但導師外山正一（1843-1900）教授認為社會學
範圍太大，應確定一個方面來研究。不過他更感興趣對社會進行通盤的、

---

[84] 據黃克武，〈晚清社會學翻譯中的思想分途——嚴復、梁啟超與章太炎所譯社會學之研
　　究〉，《文匯報》2011年8月22日，梁啟超在《新民叢報》上介紹了斯賓塞社會學說以
　　及日本社會學者建部遯吾的《社會學序說》。建部遯吾學說的特色在於嘗試將儒家思想
　　與西方社會學（特別是孔德和斯賓塞；與日本同時期學者相比，建部更重視前者）結合
　　起來。1907年湯一顎翻譯出版了日本建部豚吾著《普通理論社會學綱領》，書名為《社
　　會學》。林爾嘉五子林履信早歲亦曾入日本皇家學習院。後入東京帝國大學文學部社會
　　學科，從著名的社會學家建部遯吾學習，自許為中國留學社會學的第一人。畢業後返
　　台，主持《臺灣新民報》、著有《蕭伯納研究》，娶二嫂王臻治（林剛義之妻）之妹王
　　寶治為妻。
[85] 建部遯吾《普通社會學》第一卷〈社會學序說〉，東京：金港堂，1904年，第4-5頁。

基礎的研究，因此希望確立對社會學這一學科的面貌作一個瞭解。1897 年
參加外山的社會學講座。1898 年 7 月到海外遊學，近距離「觀察歐西社會
文明之真相」。[86] 回來後撰寫《普通社會學》四卷，一共 12 篇、35 章、
236 節，提供學界一個有關社會學的通盤的、基礎的研究。每卷卷尾附上
了歐文文獻總覽，以備讀者參考。他雖然專攻社會學，但注意從理論和歷
史兩方面入手，認為社會學研究有四個取向：一是完全的研究，要理論研
究和歷史研究兩者兼顧；二是注重理論的研究，缺乏歷史的研究；三是只
有歷史的研究，沒有理論的研究；四是兩者皆無，只是模仿前人的研究。[87]

　　日本學界的腳注傳統在 1920-1930 年代逐漸開始出現，[88] 但仍未取得
主導地位，仍然存在一個從尾注到腳注的過渡階段。這一時期一些有著遊
學歐洲的日本學者回國發表論著，但也仍然只是使用尾注，而非歐美通行
腳注，這可能主要是因為日本書籍是直排的緣故，尾注遠比「直排腳注」
在技術上容易掌握。前文我已經提到昭和初期刊行的內藤湖南著作雖然一
改之前完全沒有注釋的習慣，但也只是加上了尾注。不過，年輕一代學者
慢慢開始使用腳注，如曾遊學歐洲的內藤湖南弟子玉井是博已經習慣使用
腳注，桑原騭藏《蒲壽庚考》也使用了腳注。1922 年 7 月濱田耕作在東京
和大阪大鐙閣出版的《通論考古學》第三章在談到考古學和其他學科的關
係時，引用了法國學者摩爾根提到埃及考古學的泰斗 Flinders Petrie 批評當

---

[86] 建部遯吾，〈社會學序説〉，第3頁。
[87] 建部認為亞洲的「仁義」是比西方「正義」更高明的概念。仁義是基於自身給以的愛
　　的人道主義的公平，而正義僅僅是法律意義上的術語。「仁義」與「八紘一宇」的概
　　念共同奠定了日本帝國王道樂土統治的道德基礎，這可能反映了建部是天皇主義者；
　　見Sven Saaler, J. Victor Koschmann ed., *Pan-Asianism in Modern Japanese
　　History: Colonialism, Regionalism and Borders*, London: Routledge, 2007, p.
　　27; 建部和谷本富一起1900年8月在巴黎參加了國際心理學會第四屆年會，見Miki
　　Takasuna, "Japan," in David B. Baker ed., *The Oxford Handbook of the History
　　of Psychology: Global Perspectives*, Oxford: Oxford University Press, 2012, p.352.
[88] 仍然很多學者不習慣使用注釋，如1924年鳥居龍藏《人類學上所見西南支那》沒有用
　　腳注；材料來自明治35年7月至36年3月作者受東京帝大委託做人類學上的苗族調查。
　　1928年八木奘三郎出版的《滿洲考古學》也沒有注釋。

時學者在自然科學和人文科學之間相背離，其實考古學和兩者這研究學問的關係都很深，是自由教育的重要組成部分，先引用了摩爾根的話，最後用了注釋，[89] 屬於引用原文加的文中夾注，但以直排的形式直接印上了法文，不過沒有提供詳細的出版資訊，也沒有將西文書名用斜體排印。第 30 頁討論考古學與人類學的關係時，引用了小金井良精（1859-1944）在《東京人類學雜誌》第六卷上所發表的〈有關日本石器時代的住民〉一文，用括弧標出作為文獻來源。219 頁以下是「主要參考書解題」部分，對十四種主要書籍進行介紹，個別列出了主要目錄，這些書也是直接印出西文原文，主要是英、法、德文。1926 年小金井良精在東京大岡山書店出版的《人類學研究》用了少量尾注。此書主要研究體質人類學，所以主要談體質測量，有很多圖表和照片，提供了日文和西文參考書目，尾注主要是引用的西文論著。[90]

　　1922 年當里斯的學生內田銀藏出版著作時，也使用了腳注，見《史學與哲學》，[91] 其注釋提供了一些所引用文本的版本資訊以及頁碼，以及同一文獻的不同版本之間的差異的比較，也解釋了一些專門術語。該文很規範，有目次、緒言、腳注、結論，首尾完整。首刊於《藝文》雜誌第 1 年第一、第四、第六、第九號。內田雖然是里斯在東京帝大的學生，後來出國時卻選擇了去牛津，而非柏林。[92] 1927 年，桑原隲藏《東洋史說苑》中刊行的論文有不少都有腳注。在哲學界也有類似的現象，如 1931 年 10 月松原寬出版的《黑格爾與歷史哲學》，東京同文館，有腳注、有參考書目，

---

[89] De Morgarn, *Les Rechershes archéologiques*, pp. 83-84. 並無出版地、出版社、出版年資訊。

[90] 他 1880 年 11 月到德國留學，1881 年 1 月進入柏林大學，主要學習解剖學、組織學。1887 年獲得醫學博士學位。1888-1889 年在北海道因調查阿伊努人骨骼而轉向人類學。1893 年創設日本解剖學會，1896 年擔任帝國大學醫科大學學長，1902 年當選日本學士院會員，1921 年退休後仍在學界活躍。

[91] 載《史學理論》，收入《內田銀藏遺稿全集》第四輯，東京同文館，1922 年，150 頁以下。

[92] Y. Komatsu, "The Study of Economic History in Japan," *The Economic History Review*, New Series, 14: 1 (1961), p.115.

也有專有名詞索引。因此，到 30 年代，日本學者在論著中使用腳注似乎越來越多了。

最後，不少研究近代東亞史的學者關注 19 世紀末 20 世紀初西學進入東亞的過程，特別注意新思想與新名詞之關係，相當多的研究集中在晚清翻譯西學作品時新名詞的出現。[93] 我想簡單提示一下「腳注」作為一種域外「新名詞」如何進入東亞辭典，其明確進入東亞辭典的時間大概是 20 世紀最初十年。如果只是說到注釋，晚清民國時期中國學者在中文論著中似乎腳注、注腳不分，經常混用。胡禮恒編《梨園娛老集》「是集合中外古今宗教、名教、治術、學術一爐而治之，歸宿於哲學，以為至治大同之根據」的大書，而第一冊《樂府新聲第一冊破專制》中提到所謂「注腳」，其「則天徐策」第三首注，「凡作注者，俱在句下，故曰注腳。」[94] 這裡說的注腳實際上就是句子下面的注釋，並非西文所謂「腳注」，西文腳注，特別是英文腳注，乃是 footnote 之直譯。

日文則用片假名「フットノート」（或フット・ノート）來指腳注。[95] 早在 1916 年日本《動物學雜誌》第 28 卷（第 121 頁）即提到日文都是直排，而歐文是橫排（橫刷），所以加起腳注（フット・ノート）來比較容易。1917 年《地質學雜誌》、1920 年《東洋學藝術誌》、1925 年《有史以前之日本》都用フットノート這個詞指腳注。從《動物學雜誌》和《地質學雜誌》的情況來看，需要較多引用歐文文獻的自然科學出版品對於腳注的

---

[93] Michael Lackner, Iwo Amelung, Joachim Kurtz eds., *New Terms for New Ideas: Western Knowledge and Lexical Change in Late Imperial China*, Leiden: Brill, 2001；沈國威主編，《漢字文化圈諸言語の近代語彙の形成─創出と共有》，大阪：關西大學出版部，2008 年；沈國威，《近代中日詞匯交流研究：漢字新詞的創制、容受與共用》，北京：中華書局，2010 年；黃興濤，《「她」字的文化史：女性新代詞的發明與認同研究》，北京：北京師範大學出版社，2015 年等等。

[94] 胡禮恒編，《梨園娛老集》，香港：廣藝印書局，1908 年，第 126 頁。

[95] 荒川惣兵衛，《日本語となった英語：1931 年に於ける我国外来語の總記錄》，東京：研究社，1931 年，第 45 頁；同作者《外來語學序説：モダン語研究》，名古屋：荒川出版，1932 年，第 102 頁。亦見於這之後的許多辭典，如 1934 年《新修百科大辭典》等等。

注意比較常見。[96]加藤正世 1933 年出版的《昆蟲界》第一卷在說明該雜誌的出版細節時，直接用這個片假名指 footnote，與勘誤表列在一起。[97]山岡謹七《造本與印刷》一書提到歐文排版中的腳注（フットノート）實記上相當於日文的頭注（天頭的注釋），即用活字將腳注以小字排印到每頁的最下部，造成本文和腳注之間的空隙。[98]

　　如果以 footnote 作為腳注之直譯詞來檢索哪些晚清民初的英漢辭典收了此詞或更有旨趣。好在中研院近史所已經編輯了電子資料庫《英華字典資料庫》，其網站上說：「收錄 1815 年至 1919 年間極具代表性的早期英華字典，由外籍宣教士及語言學家，如馬禮遜、衛三畏、麥都思、羅存德、井上哲次郎、鄺其照、顏惠慶、翟理斯、赫美玲等人編纂而成。資料庫現有字典 24 套，其中全文輸入 14 套（包含 11 套英華字典、3 套華英字典），合計約有英文詞目 11.3 萬個，中文詞目 1.8 萬個，對應 84 萬個中英文解釋、例句等詞條。」這 14 套全文字典包括 1822 年馬禮遜《英華字典》、1844年衛三畏《英華韻府曆階》、1847-48 年麥都思《英華字典》，1865 年馬禮遜《五車韻府》、1866-69 年羅布存德（Wilhelm Lobscheid, 1822-1893）《英華字典》、[99]1872 年盧公明《英華萃林韻府》、1874 年司登得《中英袖珍字典》、1884 年井上哲次郎《訂增英華字典》、1899 年鄺其照《華英字典集成》、1908 年顏惠慶《英華大辭典》、1911 年衛禮賢《德英華文科學字典》、1912 年翟理斯《華英字典》、1913 年商務書館《英華新字典》、1916 年《赫美玲官話》。以「footnote」一詞檢索，可發現該詞

---

[96] 1909年出版的《國際法外交雜誌》第8卷也明確提及了正文和注腳，不過沒有使用片假名，且用注腳不用腳注，這是傳統日文出版物的做法，和中國傳統典籍類似。

[97] 加藤正世，《昆蟲界：昆蟲趣味の會機關雜誌》，東京：四條書房，1933年，第183頁。

[98] 山岡謹七，《造本と印刷：出版技術読本》，東京：印刷學會出版部，1949年，第110頁。

[99] 1902年上海商務印書館刊印《華英音韻字典集成》未收footnote或endnote兩詞。據沈國威〈近代英華辭典環流：從羅存德、井上哲次郎到商務印書館〉（《思想史》7《英華字典與思想史研究》專號，第19-37頁），羅存德這本辭典代表了19世紀漢外辭典的最高成就，對日本產生巨大影響，井上《訂增；英華字典》即受其影響，而商務印書館1902年又根據井上的字典編輯了《華英音韻字典集成》。

最早出現在 1908 年顏惠慶《英華大辭典》，有 2 筆記錄；亦見於翟理斯《華英字典》2 筆，和《赫美玲官話》2 筆。其中，最早由中國人編輯的英漢字典是鄺其照著《英華字典集成》（*An English-Chinese Dictionary: Compiled from the Latest and Best Authorities, and Containing all Words in Common Use, with Many Examples of Their Use*，1887），並未收 footnote 和 endnote 兩次詞。[100] 黃少瓊《字典匯選集成》（*An English-Chinese Dictionary*）1895 年香港出版，foot 相關詞條也是起於 foot 終於 foot-stool（143 頁），基本上是重印了鄺其照的辭典。[101] 到了 20 世紀第一個十年，事情發生了變化。出現「footnote」一詞最早的是 1908 年顏惠慶編的《英華大辭典》，在第 930 頁，有該詞，注為名詞，意為「A note at the foot of the page,」漢語注釋為「頁腳注、底注、注解。」這裡就明確說是「頁腳注」，未使用中文「注腳」一詞來解釋英文 footnote。這本字典編者為譯學進士顏惠慶，來自聖約翰大學，有校長作序，由上海商務印書館出版。1915 年日本三省堂發行的《日本外來語辭

---

[100] 見143頁f下條目，起於foot腳，終於Foot-stool腳踏凳。本書是第一本由中國人編纂的英漢辭典，因為出版年代較早，對明治維新時期的日本也有影響。它原本是1868年鄺其照編的一本詞彙，後來在1875年修訂為字典，1887年出版了增訂本；日本學界對其做了非常廣泛和深入的研究，高田時雄、內田慶市均有相關文章，前者見〈清末的英語學──鄺其照とその著作〉，《東方学》第117輯，2009年，第1-19頁，後者見《鄺其照の〈華英字典集成〉をめぐって》，《關西大學中國文學會紀要》第19號，1998年3月，第1-17頁；全面和綜合研究見宮田和子《英華字典の総合的研究》，東京：白帝社，2010年。

[101] 我檢索了另外兩本辭典，也沒有收footnote和endnote兩詞；如James Scarlh Gale (1863-1936) 的《韓英字典》（Korean-English Dictionary, Yokohama, Shangahai: Kelly & Walsh, 1897），以及John Harington Gubbins的《漢語英譯辭典》（*A Dictionary of Chinese-Japanese Words in the Japanese Language*）（Trübner & Company, 1889）；1905年George Carter Stent刊出的*A Dictionary from English to Colloquial Mandarin Chinese*（Statistical Department of the Inspectorate General of Customs）也沒有收footnote/foot-note（332-333頁foot字頭下沒有收foot-note一詞）；甚至更晚的1933年Robert Henry Mathews 出版的《麥氏漢英大辭典》168頁腳字下的詞條也沒有腳注一詞；120頁提到箋注 comment on ancient books；189頁提到幾種「注」：to explain，explanatory note；annotations，注解和注腳：explanatory notes；注釋or注疏：to explain；explanations；notes；commentary，補注：additional notes。

典》第 395 頁收了英文詞 foot-note。蔣英豪注意到梁啟超的作品中 1904 年已經出現了 footnote，而梁啟超發表文章的《時務報》、《清議報》、《新民叢報》中至少出現了 10 次 footnote 一詞。[102] 總而言之，看起來 20 世紀第一個十年，footnote 作為一個英文外來詞業已進入中國學者的論述和辭典的條目之中，逐漸為越來越多的讀者接受。

結語

本章雖然主要論述史學中的腳注傳統之演進，必須注意到中國史學在 20 世紀上半葉也經歷了巨大的變化，近代新史學與作為傳統四部之學的史學逐漸走上不同的道路，因為歐文、日文之新思想、新觀念、新問題、新格式之輸入，新史學逐漸接受域外影響。不過，腳注之接受存在一個長期跌宕起伏的發展歷程。雖然漢語詞「腳注」早已存在，也在日本較為流行，但似乎無論是在中國還是日本，作為外來語的新詞「腳注」（footnote/foot-note）至晚到 20 世紀第一個十年才廣泛進入中國和日本的辭典和出版物之中。19 世紀末葉日本遊學西方的學者如高楠順次郎、南條文雄等人在歐洲發表論著，已經接受歐洲的現代學術新格式使用腳注。但大多數日本學者包括有遊學歐美經歷的人在日本本土發表論著仍然不使用腳注，這也許主要是因為當時大多數出版物都以直排的形式出現，使用西文常見的腳注在技術上有難度，且對閱讀不便。

即便到 20 世紀第一個十年，中國鼓吹新史學的代表人物如梁啟超等人也並未接受這樣的新學術格式。在 20 世紀初期，即便在海外受教育的處於「新」史學、「舊」傳統交替的中國學者，雖然常常在海外以西文發表論著時使用腳注的新格式，而回到國內以中文發表論文時仍追隨傳統格式。比如胡適在哥倫比亞大學的博士論文使用了腳注，回到國內卻仍然使

---

[102] 蔣英豪，〈梁啟超與近代漢語新詞〉，《中國文化研究所學報》第44期，2004年，第389頁。

用傳統寫作格式。而洪業、陳寅恪、湯用彤等曾在海外遊學卻並無長期參與國際學術發表經驗的學者，回國後主要以中文撰述論著，則從未真正接受過腳注格式。然後，年輕一代學者逐漸在 1920 年代後期及 1930 年代開始接受腳注這種外來的新格式，一方面受到西文學術的影響，追隨西文學者使用西文的標注注釋格式，另一方面也是因為越來越多的出版物使用橫排方式，更利於排印西文，而使用腳注也就成為很自然的選擇。

　　20 世紀上半葉，人口學、社會學、政治學等社會科學作為舶來品，更容易接受域外影響，在學術規範方面追趕域外潮流，並在國內學界引領新潮流。在中國出版的西文期刊比中文期刊更注意使用現代學術格式、更為規範。而中西方學者合作出版的刊物如《華裔學志》等則介於兩者之間，格式本身似乎並不是刊物特別注意的細節。尤其是草創之初，很多刊物為了吸引知名學者的作品，並不強求這些學者遵守海內外日益現代化的學術規範，不要求使用統一的學術格式。而中國史學也正因為其自身傳統源遠流長，反而在接受域外新觀念、新思想、新規範方面最為保守。梁啟超在 1902 年發表的《新史學》中說：「於今日泰西通行諸學科中，為中國所固有者，惟史學。史學者，學問之最博大而最切要者也。國民之明鏡也。愛國心之源泉也。今日歐洲民族主義所以發達，列國所以日進文明，史學之功居半焉。」[103] 然後正是因為史學作為中華固有之學科，在學術規範方面反而並不能迅速接受「域外野蠻精悍之血」。儘管中國「舊」史家傾向於固守傳統，民國初期中國學者在國外發表文章、論著，仍廣泛接受當時西文出版物通行的腳注格式，而外國學者在中國發表西文論著則也遵守西文出版物的通行格式，並未在中國入鄉隨俗，追隨中國傳統做法。比較值得注意的是，在《史語所集刊》和《歷史研究》上率先發表文章的外籍人士都是俄國人，前者是人類學家史祿國，後者是蘇聯史家潘克拉托娃，他們的文章都採用了西文的腳注形式，這對當時中國學界而言都是一件新

---

[103] 《梁啟超史學論著四種》，第241頁。

鮮事。

　　到 20 世紀中葉，恰恰隨著馬克思主義史學取得主導地位，其對歷史作為科學的強調，重視引用馬恩列斯毛等唯物主義理論家的經典，這種經典性、權威性、規範性的引用反而說明中國史學確立了腳注作為標準格式的地位。這不僅是中國馬克思主義史家的追求，中國學者與蘇聯專家的合作與交流也起了推波助瀾的作用。從出版史的角度而言，《文史哲》、《歷史研究》等具有標竿性的馬克思主義學術出版物在推廣腳注運用中起了重要作用。1956 年起由於文化部下令全國出版物以橫排形式出版使得腳注傳統得以最終確立。鑒於史學腳注用於說服讀者提供證據以供讀者核查一手二手文獻以及幫助讀者進一步檢索相關領域的研究進展等現代功能，這一國際標準學術格式的接受也正是中國史學走向世界的重要標誌之一。

第七章

中國中古史從中國走向世界

引言

從全世界範圍來看，無論是從業人員的數量，還是所生產出來的論著數量，中國大陸的中國史無疑首屈一指，而在中古史領域，更是一騎絕塵，其他任何地區都無以倫比。可以說中國大陸的中國中古史研究已經成為中國歷史學領域的一張耀眼名片。然而，以在全世界的學術影響而言，中國大陸之中國中古史在新典範的提出、新領域的開拓等方面，離引以為傲似尚有距離。我們也許會發現內藤湖南、宮崎市定、日野開三郎、斯波義信等日本學者的唐宋史研究成果在世界上影響更為深遠，這其中的因素是非常複雜的，比如在冷戰時期中外學術交流長期隔絕，而歐美學者與日本漢學卻繼續交流而深受其影響。

從世界史和中國史相互融合的角度出發，研究中古史，在學術貢獻方面必然面臨三個層次的問題，一是中國中古史對中國中古史本身的貢獻；二是中國中古史對中國史的貢獻，即中國中古史如何啟發中國古代史和近現代史研究？三是中國中古史對世界史乃至歷史學科的貢獻何在？中國史在海外亦被列入各個國家和地區歷史學科中的世界史範圍，那麼更廣泛意義上的世界史學者如何從中國中古史研究中獲得啟發，即是一個值得思考的問題。中國的中國中古史是否產生了所有中國史學者乃至世界史學者都有興趣並值得參考的論著？這個問題或許值得仔細討論。舉個例子，歐美的佛教學者很多都有聖經文獻學的背景，熟悉聖經文獻學的進展，有學者問，為何佛教學者需要從聖經文獻學中獲得啟發，而我們佛教學者能為聖經文獻學貢獻值得重視的成果或思路嗎？這個思考同樣值得中國的中古史學者參考和借鑒，為何我們需要瞭解和熟悉當代國際史學如法國史研究領域新文化史的新思路，而不能提供自己的新思路供其他國家的英國史、法國史學者思考和借鑒？

中國大陸之中國中古史最受矚目的成就主要仍在於新史料的整理與研

究以及一些具體問題上的深入進展，這主要歸功於歷史學界整理和辨析史料、還原或重建史實、梳理典章制度源流、考證人物生平與歷史影響等傳統治學方式。如果我們將歷史學細分為議題、方法與史料三方面，撇開史料，中國之中國中古史研究在提出新議題與探索新方法等方面較為欠缺。即便以史料和文獻而論，中國之中國中古史學者似仍需朝多語言學者的方向努力，具備相當的外語能力，盡可能瞭解和掌握多種語言的一手和二手文獻，能夠熟悉和運用本國及日本與歐美的思想資源，提高思考問題的能力，在寫作中使用更為嚴格的技術詞彙，因為除了考證之外，更需要對史料的選擇和解釋進行合乎邏輯的分析，最終實現與世界史及其他學科進行全面而系統的對話和討論。因此，在今天大家討論中國文化走出去、學術日益國際化之政治與思想語境下，中國中古史仍需從中國走向世界、朝向產生世界性影響之方向努力，這不是僅靠將中國中古史成果譯成外文才可實現，而需要在提出議題、改進方法、提供思想資源等諸多方面為世界的歷史學引領潮流，以期為世界學術之表率。[1]

誠然，如今學術研究專業分工很細，每位學者所專長的領域有限，要想全面把握第一手文獻和第二手文獻，絕非易事。但是，真正有影響的中古史研究，所面對的讀者對象不應該僅限於關心中古史具體問題的同行學者。追求世界之中國中古史研究的影響，必須要考慮超越時代、國別、學科界限。具體來說，真正稱得上世界之中國中古史的研究，應考慮對研究中國中古史的一些具體主題、對整個中國史領域、對世界其他地區的中古史研究均有啟發，甚而對整個歷史學學科有啟發。要想啟發其他領域，則在深耕新史料的同時，更應提出新議題、開拓新領域、探索新方法。

[1] 1953年蒲立本就任劍橋大學漢學教授時即發表演說，解釋中國史與世界史之關係，梳理了歐洲、日本學者以及中國馬克思主義史學家對中國歷史的看法；見Edwin G. Pulleyblank, "Chinese History and World History," 初刊*Sarawak Museum Journal* (1956)，收入其文集*Essays on Tang and Pre-Tang China*, Variorum Collected Studies Series (Aldershot, Hampshire, Great Britain; Burlington, Vt.: Ashgate, 2001), pp.1-20. 參見陳懷宇，〈國際中國社會史大論戰——以1956年中國歷史分期問題討論為中心〉，《文史哲》，2017年第1期，第63-64頁。

　　中國中古史研究早已不再限於漢文的運用，無論是第一手史料還是第二手文獻，都需要從業者盡可能多地掌握若干語言，才可能對整個領域有非同尋常的理解。儘管僅以史料而言，中國中古史的史料在所用語言、書寫規則、詞彙和語境等方面非常複雜，需要長期訓練才能熟練掌握。但我們也要看到，中國中古史的史料性質和來源與拜占庭帝國以及歐洲史的中古史史料存在很多共同點。比如以史料性質而言，我們可以分為出自中央朝廷的史料與出自地方的史料，文獻史料與圖像和器物史料，以及出自上層精英的史料與出自民間的史料。我們更要看到，單以唐史而言，因為唐朝是一個多語言（multi-lingual）、多族群（multi-ethnic）、多宗教（multi-religious）的世界主義（cosmopolitan）大國，我們所擁有的史料所使用的語言文字並不限於漢文，還有不少粟特文、藏文、突厥回鶻文、帕拉維文、波斯文、敘利亞文文獻，這些非漢文文獻甚至並非發現於邊疆如敦煌、吐魯番等地，而是來自中原地區，如長安所出的景教碑文即以漢、敘雙語寫成。一些中原地區出土的胡人墓誌則刻有胡語和漢語。[2] 無論如何，僅以史料而言，研究中國中古史不可限於漢文史料。這一點和拜占庭史實際上類似，因為研究拜占庭史也必須涉及歐亞大陸多種語文所寫的史料。

　　在 19 世紀後半葉到 20 世紀初，由於歐洲印歐語言學的突飛猛進，殖民主義的擴張，亞洲地區不少寫本和碑銘流入歐洲，歐洲學者借重印歐語言學知識積累的優勢，在處理中亞出土胡語文獻方面取得了令人矚目的成就。在相當長時期內，除伯希和等少數天縱英才之外，大多數致力於中亞出土文獻研究的歐洲學者雖長於解讀胡語文獻，卻常常不能大規模處理漢文史料。不過隨著近幾十年來的技術進步及其在人文領域的運用，對大規模漢文史料的處理或逐漸不再是中國學者的特權。[3]

---

[2] 中國學者姜伯勤、榮新江、葛承雍等人已經做過很多研究，尤以榮新江的《中古中國與粟特文明》（三聯書店，2014年）、《絲綢之路與東西文化交流》（北京大學出版社，2014年）等論著為代表。

[3] 如譚凱（Nicolas Tackett）處理唐代大族之社會變遷，即通過建立數據庫「唐五代人物傳記與社會網絡資料庫」使用了32000多人的傳記資料及3000多方基志，見 The

正如研究猶太教、基督教以外其他宗教傳統的學者常常不得不借鑒聖經文獻學的研究思路和成果一樣，中國史的研究常常要借鑒歐美史學領域的研究。如果中國的中古史研究不能借鑒其他領域的研究，則其思想資源極為有限。日本的中古史研究可以借重日本史研究的思想資源，而歐美的中國中古史研究必借重歐美史學研究與社會科學研究的思想資源，其所提出的問題和研究方法常常得到這些思想資源的支撐。有鑑於此，中國的世界史研究之進步，能為中國的中古史研究提供思想資源，則可極大推動中國的中國中古史研究走向世界。而反過來，中國的中國中古史研究亦可為世界史研究提供已經極為成熟的傳統文獻學方法以外的啟發。所以，中國史與世界史的發展相輔而相成。

基於本次討論的中國史與世界史之融合主題，本章著重從時間、空間、典範三方面闡述中國中古史從中國走向世界之新方向與新思路，即走出朝代史的限制，走出國別和地區的藩籬，走出陳寅恪所奠定的框架。這三者實際上相互聯繫、密不可分。希望這些思考能對有志於讓中國中古史更上一層樓的新一代學者有所啟發。

第一節　走出朝代史

毋庸置疑，當代學界早已意識到打破朝代史研究藩籬的重要性。比如，宋史學者劉靜貞指出學界打破朝代的呼聲可開闊研究者的視界而鳥瞰長時段、發現大問題，不過也使某些議題失焦而隱沒。「朝代史之斷代原是以政權的得與失為其基本考量，歷史敘述與研究自然不可能捨棄政治史這條主軸。問題是，在歷史發展與歷史記述之間，其相應或扭曲的關係，如何在研究中得以分明？又當如何把握政治史的角度，關注朝代特色而不

Destruction of the Medieval Chinese Aristocracy, Cambridge, MA: Harvard University Press, 2014.

自限於朝代？」[4]的確，以傳統政治史為中心的斷代史主要基於政權的得失，不過政治、經濟、軍事、文化的變化不限於朝代，改朝換代未必對很多典章制度和固有文化有根本性影響，冰凍三尺非一日之寒，制度、科技、文化實踐有其延續性，唐宋之間的一些制度和文化實踐尤其明顯，像科舉制、樞密使、宣徽使制度，大運河航運的開發與利用，印刷術對思想變化、學術文化、宗教民俗的影響等等。傳統的政治史偏重研究政治事件、政治人物，必然受到朝代的限制，而制度與文化則有慣性，即便在朝代滅亡之後，仍可能長期存在並轉型衍變成新的制度與文化。此外，對政治事件、人物的敘事和評價也會在後代發生變化，以適應時代的政治需要。

　　從處理史學對象的時間上來說，中國之中國中古史可謂存在鮮明的朝代史特色，中國的中古史學者訓練也主要圍繞朝代史進行，課程設置上主要包括所謂通史課程和斷代史課程。學者們對自己的定位並非籠統的「中古史學者」，而往往依據朝代史進行定位，比如「魏晉南北朝史」、「隋唐史」、「宋史」等等。這主要受三方面因素影響，一是中國固有的歷史學術傳統，如官修二十四史除《史記》之外，其他均為以朝代為分割的斷代史。二是學者自身學術興趣的內在因素，即這些學者專注於儘量窮盡某一斷代的史料，從而全面深入地理解和認識這一朝代。三是來自師承和訓練背景的影響，很多學校在招收碩士、博士研究生時即主要依據朝代史的分野來培養和訓練朝代史的學生。這與海外的培養模式較為不同，海外的中國古代史課程更多以研究領域或議題為中心，如外交史、政治史、經濟史、社會史、文化史等等，這種課程設置模式使得朝代的界限被自然消解了。當然，我們在研究和考察任何一個議題時，應盡可能搜集相關史料，將其置於廣闊的歷史背景下考察，特別是一個特定時間段內政治、經濟、文化因素對某種特定歷史現象的影響。因此，模糊改朝換代的時間斷限並非是說不要對某一朝代進行深入研究，恰恰相反，可以就某個歷史現象在

4　劉靜貞，〈政治史的再思考：以公眾史學為視角〉，《史學月刊》2014年3期，第10頁。

特定歷史階段的出現進行綜合研究。

　　進一步反思可知朝代史研究這一現象亦不限於中國學界，而應視為全世界範圍內現代學術分工越來越細的自然趨勢。在 1950-1960 年代，歐美也有不少類似的學者。蒲立本（Edwin G. Pulleyblank）早年主要從事唐史研究，出版博士論文《安祿山叛亂的背景》後轉向唐代史學史研究。而杜希德（Denis C. Twitchett）一生主要專注於唐代史，並培養了很多專攻唐史的國際學者。[5] 美國 1970-1980 年代相當一部分中古史學者也分「唐」和「宋」，他們培養的學生也隨之專注於斷代史。不過，也有不少歐美漢學家的興趣不斷轉移，如白樂日（Étienne Balazs）早年做南北朝時期思想史，後來博士論文寫隋唐經濟史，但晚年轉向宋史。白樂日組織的國際宋史研究計劃，聚集了歐美日本的主要宋史學者，卻沒有邀請中國學者參與。[6] 許理和（Erik Zürcher）與謝和耐（Jacques Gernet）在 1950、1960 年代都致力於佛教史研究，後來都轉向研究基督教與中國文化的相遇。即便是 1980 年代成長起來的學者如伊沛霞（Patricia Ebrey），其治學並非以朝代為限，關注的時間段從南北朝一直到唐宋，在中古社會史、女性史等多個領域都有重要貢獻。青年一代的學者也有一些人在嘗試走出朝代史，比如譚凱的第一本書寫唐史，第二本書則轉向宋史。[7]

　　中國的中古史研究傳統與陳寅恪所奠定的現代唐史研究模式分不開，下文將要特別提示走出陳寅恪所提供的中古史典範的問題。這裡僅就斷代史的局限略談數語。陳寅恪一生史學有三變，中午時期致力於唐史研究，但從不應被視為一位謹守單一朝代史研究藩籬的學者，他在南北朝文化史、隋唐史和明清史領域均有開創性的貢獻。不過，相比於比他早一輩的

---

[5]　有關歐美地區唐史研究學術史，參見陸揚，〈西方唐史研究概觀〉，收入《北美中國學研究——概述、專題及資源》，北京：中華書局，2010年，第83-110頁。

[6]　陳懷宇，《在西方發現陳寅恪》，北京：北京師範大學出版社，2013年，第70-87頁。

[7]　即《中古中國貴族統治的解體》（*The Destruction of the Medieval Chinese Aristocracy*）、《中國國體的諸起源：宋代中國與一個東亞世界秩序的鍛造》（*The Origins of the Chinese Nation: Song China and the Forging of an East Asian World Order*）。

內藤湖南而言，他的局限性則較為明顯，即仍著眼於斷代史議題的考察，儘管他多次對宋代政治思想文化發表極有旨趣的看法，如早年在與吳宓交談中比較朱熹與歐洲思想家等等，且指出中華文化造極於趙宋之世，他本人卻從未就宋史研究發表專業學術論文。內藤在 20 世紀初期提出的「唐宋變革論」即因未局限於唐史或宋史而著眼於中古時期長時段政治、經濟、社會、思想、文化變化，因而在全球學界影響深遠，[8] 並一舉奠定現當代學者反思中國史上中古時代與早期近代分期討論的格局。

　　改革傳統上以通史和斷代史為主導的課程設置，代之以政治史、經濟史、社會史、文化史等以研究領域為主導的課程設置，可以培養學生貫通式認識和理解同一議題在不同時代的發展，也可以讓學生從各自的學術背景與訓練出發，對同一議題在不同歷史語境下發生變化來進行討論。這也將為中國中古史與外國中古史在政治、經濟、社會領域的對話創造更好的條件。冀朝鼎提出的歷史上存在若干基本經濟區理論，影響深遠，仍然值得當代學者結合經濟史和科技史研究新進展對每個具體的經濟區進行跨朝代的詳細討論和重新評估。結合當代環境史，可以對比世界其他地區的歷史發展，從水文環境、河流水運、經濟網路、人口家庭等綜合因素出發，進行比較探討。這裡只是拋磚引玉，尚需學界同仁共同思考這一思路。

第二節　走出中國史

　　從空間上說，世界之中國中古史當然不能將討論限制在中國史範圍內。一位學者對話的對象越多，理論上他或她所能獲得的思想資源便越多。海外研究中國中古史的學者，會很快意識到自己不僅屬於中國中古史的學術共同體，也屬於中國學家的共同體，甚至屬於亞洲學家的共同體，同時也因為專業的關係，可參加相關的專業協會，如現代語言學會、歷史學會和宗教學會。這給予中古史學者與不同領域學者在多個層面對話的機會，海

8　張廣達，〈內藤湖南的唐宋變革說及其影響〉，《唐研究》11卷，2005年，第5-71頁。

外中國古代文學研究之出現「文學研究的文化史轉向」，即與文學研究者試圖與不同領域學者對話的嘗試分不開。在中國的中古史學者，或許也應該走出中國史，更多地參與和其他領域學者的對話，在對話中激發靈感和想像力，一定會幫助中古史學者提升對歷史總體感與豐富感的認識。

　　20 世紀初中國新史學的奠基者之一梁啟超已經提示了理解和認識中國的三個層次：從中國看中國，從亞洲看中國，從世界看中國。而陳寅恪所謂「外族盛衰之連環性及外患與內政之關係」業已揭示治中國中古史必須放在一個更為廣闊的亞洲大陸族群變動與政權內政之間互動的語境中討論。長期以來，大多數學者多從胡漢關係、華夷關係的角度來考察中古史，其論著多被視為民族史或中外關係史研究，前者如中原與周邊族群之關係，後者如中日、中韓關係史。然亦有少數學者，兼顧整個亞洲史的重大變動。[9] 事實上，中國不乏從早年研究世界史轉向治中國史的學者，如陳寅恪 1919 年入學哈佛時原打算學德國史，而何炳棣則是哥倫比亞大學英國史博士；亦不乏從中國史轉向世界史的學者，如周一良中年時期從魏晉南北朝史轉治日本史。這種轉變實際存在源於不同領域的訓練產生了潛移默化的影響。

　　如稍微留意一下其他一些主題，即可發現，缺乏對其他國家歷史的瞭解幾乎無法對唐朝的發展做出準確而全面的判斷。比如在景教碑中出現了三種日曆，分別是唐朝紀年、波斯曆日、希臘曆日，體現了更為廣闊的世界史語境，因為長安景寺的主要贊助者伊斯雖然是波斯王室後裔，他的家族卻流亡於中亞以希臘化城市巴爾赫（又作「縛喝」，Balkh）為據點的吐火羅斯坦，是以在多年流寓中原之後仍在景教碑敘利亞文銘文中使用希臘曆日。因此，中國之中古史無法離開世界史而獨立存在，可見一斑。要想

9　如王小甫即關注唐與吐蕃政權和大食政權在中亞的政治與軍事爭奪，見《唐、吐蕃、大食政治關係史》，北京：北京大學出版社，1992 年；王先生的論著出版之前，白桂思（Christopher I. Beckwith）已出版相關主題論著 *The Tibetan Empire in Central Asia: A History of the Struggle for Great Power Among Tibetan, Turks, Arabs and Chinese During the Early Middle Ages*, Princeton, Princeton University Press, 1987.

深入而全面地理解中國之中古史，必以理解世界史、亞洲史為基礎，也需要避免陷入中原中心主義意識。應通過理解和認識其他國家與地區的中古史，來加深理解和認識中國的中古史。

　　走出中國史之外來看中國中古史，日本學者做得比中國學者更好。一方面因為日本學者已有本國史背景，自然要追溯日本古代典章制度、文化風俗的起源，從而更容易將中國中古史與日本中古史聯繫起來討論；另一方面，日本近代東洋史將滿蒙地區、中國本部、朝鮮等視為日本殖民主義需要瞭解的「他者」，自然而然地將東亞視為一體。[10] 日本學者提出的所謂律令制國家，即是典型的走出中國史研究的一種取向。[11] 歐美學者則更多地偏向於將中國中古史與歐亞大陸其他地區進行聯繫和比較，特別是拜占庭帝國。無論是日本還是歐美的中國中古史研究在「走出中國史」這方面都值得中國的中國中古史學界借鑒。

　　毫無疑問，走出中國史，不僅僅意味著對中外歷史之間的聯繫（connections）進行關注，也意味著可透過中外史學的共通性議題（shared issues）進行比較（comparison）。如皇帝制度或王權制度的定義與含義、中央與地方之政治和經濟關係、政治制度和禮儀、實際權力與象徵權力的構建與實踐、政府組織形式、官員選拔制度、稅收制度與政權控制、軍隊的招募組織和調度以及軍事技術、政教關係、移民與旅行、健康與醫療、生態與環境、宗教與儀式、法律與國際關係、語言與文學、繪畫與建築、性別與家庭、書儀文化、寫本技術與印刷技術、圖書分類與保存、藝術實踐及其社會影響等等。以政教關係而言，唐朝皇帝受戒和拜占庭皇帝受洗制度與禮儀即可以進行比較，類似的則有皇室女性與宗教之關係。[12]

---

10 Stefan Tanaka, *Japan's Orient: Rendering Pasts into History*, Berkeley: University of California Press, 1993.

11 僅舉數例：堀敏一，《律令制と東アジア世界》，東京：汲古書院，1994年；池田溫編，《日中律令制の諸相》，京都：東方書店，2002年；大津透編，《律令制研究入門》，東京：名著刊行會，2011年。

12 張緒山，〈西摩卡塔所記中國歷史風俗事物考〉，《傳統中國研究集刊》第一輯，上海人民出版社，2006年，其中提到拜占庭所知一些中國史事可與拙撰《中古後妃為尼史事在歐美學界，比較秦漢帝國與羅馬帝國的研究已經頗豐富，成果也較為可觀。仍然有一些學校和研究機構組織一些大型專案，聚集不同領域的學者在一起進行討論，較為知名的專案集中於史丹福大學（Walter Scheidel領導）和麥吉爾大學（Griet Vankeerberghen與Hans Beck領導the Global Antiquities Research Network）等高校。全球中古學（global medieval studies）或全球中世紀（Global Middle Ages）研究則方興未艾，主要因為一些論者不滿足於全球史論者僅將全球化定義為現代世界的起源與演進以及將討論的時間段限制在16世紀以前，而在仔細研讀這些現代世界全球史論者的研究之後，全球中古學者認為現代全球化論者所提出的一些議題如遠距離貿易（long-distance trade）、自願與被迫的遷移（voluntary and forced migration）、多族群帝國（multi-ethnic empires）、文化形式的傳輸（the transmission of cultural forms）等等其實在中古時期並不鮮見。不過，目前全球中古學僅在英國和美國有一些小型和初步的活動，因為這些國家的中國中古史研究人員較少，確實也需要融入到更廣闊的中古史群體之中。[13] 但無論如何，這已經是最近十多年來的新發展。

　　拜占庭帝國和中華帝國在很多方面都可以做比較研究，比如帝國意識形態的構建、君主的形象塑造。帝國意識形態的構建與君主權威的塑造早在東羅馬帝國時期即以紀念君主為手段，通過建造君主雕塑和鑄造君主形象在錢幣之上體現出來，並輔以讚頌文字，這其實與中古時期中華帝國也在各地宗教場所懸掛帝王真像並輔以像贊有異曲同工之妙。有關建立帝王塑像的決定、紀念碑的形制[14]、相關銘文的修辭均在不斷變化，且受到多

考》中所論中國北朝後妃為尼之事對應。

[13] Catherine Holmes and Naomi Standen, "Defining the Global Middle Ages," AHRC Research Network AH/K001914/1, 2013-2015; Geraldine Heng, "The Global Middle Ages: An Experiment in Collaborative Humanities, or Imagining the World, 500-1500 C.E.," *English Language Notes*, 47.1 (Spring / Summer 2009), pp. 205-216. 另外自2015年起奧地利科學院開始出版期刊*medieval worlds: comparative & interdisciplinary studies*（《中古世界：比較與跨學科研究》）。

[14] 仇鹿鳴，《長安與河北之間：中晚唐的政治與文化》，北京：北京師範大學出版社，

種因素的影響，這些因素包括政治權威的議事日程、潛在的聽眾、塑像的形制與建立地點、銘文使用希臘文或拉丁文、地方政府對帝國意識形態的理解與運用等等。[15]

第三節　走出陳寅恪

　　眾所周知，陳寅恪為現代中國中古史研究奠定基礎。今天中國中古史學界討論的大多數問題，舉凡政治、經濟、軍事、宗教、思想、文化、風俗等等，常常可以追溯到陳寅恪的論斷或提示。對當代中古史研究影響最大的陳氏論著無疑是《隋唐制度淵源略論稿》與《唐代政治史述論稿》，前者開篇即指出隋唐兩朝典章制度之重要，早已超出中國之外，影響波及大漠、交趾、日本、中亞。[16] 陳寅恪固然是一位偉大的史家，他所指出的史學方向，不僅有與歐美史學傳統暗合之處，更常常是推陳出新，引領時代潮流。我們今天反思和超越陳寅恪學術，必須瞭解他所代表的現代史學傳統在 20 世紀整個世界學術史上的地位。陳寅恪不是一位僅從單一史學傳統中汲取思想資源的學者，他繼承了中國固有史學傳統，也熟知同時代的歐美學術，融各種舊學新知於一爐，是以創造出非凡的學術成果。陳寅恪之重視研究女性、隋唐制度中的禮儀制度，竟與歐美學者在 1960-70 年

　　2018年，第124-173頁。

[15] 有關東羅馬帝國的意識形態構建與君主紀念傳統的研究，見Caillan Davenport, "Imperial Ideology and Commemorative Culture in the Eastern Roman Empire, 284-450 CE," in: Danijel Dzino and Ken Parry eds., *Byzantium, Its Neighbours and Its Cultures* (Leiden: Brill, 2014), pp. 45-70；唐代帝王圖像的研究見Liu Yang, "Images for the Temple: Imperial Patronage in the Development of Tang Daoist Art," *Artibus Asiae*, vol. LXI, no. 2 (2001), pp. 189-261；雷聞，〈論唐代皇帝的圖像與祭祀〉，《唐研究》第九卷，2003年，第261-282頁；Chen Huaiyu, "Honoring the Dead: The Buddhist Reinvention of Portrait Eulogies in Early Medieval China," in: Mu-chou Poo and H. A. Drake eds., *Old Society, New Belief: Religious Transformation of China and Rome, ca. 1st-6th Centuries*, Oxford: Oxford University Press, 2017, pp. 91-105.

[16] 陳寅恪，《隋唐制度淵源略論稿》，北京：三聯書店，2001年，第3頁。

代以來所宣導的性別史與儀式研究主題暗合。當然，兩者在理論和分析角度上存在很大差別。即便如此，在今天看來，他的很多具體論斷常站不住乃至誤導，引起頗多中外學者的質疑和挑戰。比如梅維恒（Victor H. Mair）近年否定他所提示的早期佛教譯經中所謂「格義」說。[17]而羅漢（N. Harry Rothschild）也用新典範替代他研究武則天利用佛教為其政治意識形態張目的舊典範。[18]無論如何，中國的中古史在他奠定現代唐史研究軌則半個世紀之後，也應該走出他的學術傳統，繼續引領世界潮流。

　　陳寅恪之所以能在1940年代奠定現代中古史特別是唐史研究的基礎，正在於其政治史研究開創了政治制度史方向，這與之前的政治史研究更關注朝廷政治得失並以政治事件、政治人物、政府決策、政治與軍事活動為研究重點迥然不同。約略而言，我們或許可將20世紀中國中古政治史研究的史學史傳統分為三個階段，即傳統政治史研究模式、陳寅恪政治制度史模式、近年來所謂「政治文化」模式。陳寅恪的政治制度史模式影響深遠，主要訓練模式是熟讀兩唐書和《資治通鑒》以建立政治史敘事框架，以熟讀《唐六典》、《通典》、《唐律疏議》、《唐會要》等典章制度類文獻建立唐代制度變化之概念，輔之以《冊府元龜》等後代文獻加以校正。數代人在老師輩的訓練下接力以至於今日而常盛不衰，只是在近年才逐漸被所謂「活的制度史」、「新政治史」等新模式挑戰，學界從被看成是靜態的文本主義制度史，轉向關注動態的政治制度發展與政治運作過程。[19]

---

[17] Victor H. Mair, "What is Geyi, After All?" in: *Philosophy and Religion in Early Medieval China*, eds. by Alan K.L. Chan and Yuet-Keung Lo, Albany: State University of New York Press, 2010, pp. 227-264; reprinted in *China Report*, vol. 48, no. 1-2(2012), pp.29-59.

[18] N. Harry Rothschild, *Emperor Wu Zhao and Her Pantheon of Devis, Divinities, and Dynastic Mothers*, New York: Columbia University Press, 2015；他重新考察武則天相關文獻，指出實際上武則天是個政治機會主義者，利用的意識形態資源非常廣泛而複雜，包括女媧、嫘祖、文王之母等中國傳統女神以及佛道女性等等；參見筆者書評，載*Journal of Chinese Religions*, 45: 2 (2017), pp. 218-220.

[19] 參見包偉民、鄧小南等人的文章，載包偉民主編，《宋代制度史研究百年》，北京：商務印書館，2004年；黃寬重，〈從活的制度史邁向新的政治史：綜論宋代政治史研究趨

　　誠然，不少兩岸學者已經在 1980-1990 年代以來的各種史學新潮影響下，在政治史領域走出了以制度史為重點的陳寅恪時代。不過，要想真正實現向世界之中國中古史轉變，尚有很大的空間。單以政治史而論，尚需放大視野，重新定義政治史。儘管活的制度史研究趨向已經較陳寅恪時代有了很大變化，但是對政治事件、政治人物、政治史的認識仍然停留在陳寅恪時代，仍然是一種自上而下的視角。傳統的政治史之所以關注政治事件、宮廷政治、政治人物，很大程度上是因為傳統的二十四史以及典制體史書和其他主要史料往往出自王侯將相、士大夫官僚之手，他們本身即是傳統政治親歷者、創造者、書寫者，他們的個人經驗當然是無可替代的。現代學術發展起來以後，社會分工更為細緻，儘管很多學者曾在不同程度上參與政治，但鮮少有學者像傳統史家一樣長期陪伴統治者有著豐富的政治經歷之後再從事政治史書寫工作。在歐美地區，曾處於史學主流地位的傳統政治史很快即在 1950-1960 年代被更注重研究下層階級的社會史所取代，後來在 1960-1970 年代性別史和家庭史開始發軔，1970-1980 年代出現新文化史、動物史等等，這些史學新潮的興起也與去殖民主義、去性別中心主義、去人類中心主義的政治運動分不開。[20]

　　不過，儘管傳統政治史遭遇挑戰，政治史從未退出舞臺，反而以各種變形重新調整，成為引起學界的關注。[21] 正如李里峰指出的，1970-1980 年代出現了新政治史勃興局面。受到政治學的政治文化分析、社會學的身體理論與集體記憶理論、人類學的象徵分析與儀式分析、後現代主義話語理論與解構理論等影響，新政治史更強調普通民眾的政治參與行為及其對歷

向〉，《中國史研究》，2009年第4期，第69-80頁。

[20] Natalie Zemon Davis, "Decentering History: Local Stories and Cultural Crossings in a Global World," *History and Theory*, vol. 50, no. 2 (2011), pp. 188-202；關於制度史與社會史、女性史區別的一個簡要的評論見Sharif Gemie, "Institutional History, Social History, Women's History: A Comment on Patrick Harrigan's 'Women Teachers and the Schooling of Girls in France'," *French Historical Studies*, 22: 4 (1999), pp. 613-623.

[21] 李劍鳴，〈美國政治史的衰落與復興〉，《史學集刊》，2013年第6期，第25-46頁。

史的影響，也更強調政治制度實際運作過程（而非對制度演變的靜態描述與分析），以及更受矚目的政治文化，主要涉及到語言、心態、記憶、空間、建築、儀式、節日、身體、服飾、音樂、影響、紀念物、象徵物等等傳統政治史不太重視的研究對象。[22] 相關的研究，已經在中文學界出現了不少，但是目前使用術語較為混亂，缺乏合理和準確的定義，學界應該就此進行討論從而達成共識，在共識中進行對話。

　　理論上說，如果重新定義政治和政治史，則一切歷史都是政治史。政治乃眾人之事，眾人理解、認識、接受、挑戰、構建和消解權力的事，都是政治。性別史即是對性別政治（gender politics）的研究，主要涉及性別權力的構建和消解；而動物史是動物政治研究，主要涉及人與動物之間的權力關係（power relations）及其社會影響。政治史不應只關注朝廷對民眾的控制和管理，也應該研究民眾如何看待朝廷，認識朝廷的行政和司法權力，以及理解朝廷的象徵性權力。[23]

結語

　　以上所論皆以中國的中國中古史如何走向世界之中國中古史為主旨，蓋因考慮到中國的中國中古史學界不應將學術影響局限在一些具體問題的解決上，而應思考中國的中古史研究如何對中國史有貢獻、對世界史有借鑒、對歷史學有啟發。實際上中國學術界已經有一些學者對此做出很多努

---

[22] 李里峰，〈新政治史的視野與方法〉，《福建論壇》2009年第6期，第80-88頁。有一篇很好的關於民眾參與政治的歷史學述評見Steven Fielding, "Looking for the 'New Political History'," *Journal of Contemporary History*, 42: 3 (2007), pp. 515-524；以及Ronald P. Formisano, "The New Political History and the Election of 1840," *Journal of Interdisciplinary History*, 23: 4 (1993), pp. 661-682.

[23] 侯旭東已指出北朝銘文可反映村民對朝廷的看法，見《北朝村民的生活世界：朝廷、州縣與村里》，北京：商務印書館，2005年；王笛的近現代成都史三部曲（《街頭文化：成都公共空間、下層民眾與地方政治，1870～1930》、《茶館：成都的小商業、日常文化與公共政治，1900-1950》、《茶館：成都公共生活的衰落與復興，1950-2000》）也以廣闊恢弘且細緻入微的社會畫面揭示城市民眾之間的權力關係。

力，本章只是進一步總結和強調這些值得進一步努力的方向。中國中古史亦需注意多語種史料和多語種二手文獻，因為中國當時存在一個多語言、多族群和多宗教的複雜社會，可與拜占庭、阿拉伯以及其他中世紀社會進行比較研究。而中國的中古史要想走向世界，本章提出在研究取向上可從時間、空間、典範三方面著手，即走出朝代史、走出中國史、走出陳寅恪的傳統框架，思考、提出、討論一些跨越時間、空間的帶有前瞻性的共通性議題，從多學科、多角度、多層面考察中古史，建立中古史的新典範。

銘謝

本書主要利用中文和西文史料講述 1946-1956 年間中國史學走上世界舞臺與蘇聯史學和歐美史學展開對話的故事，著重分析了四次國際學術大會上中國學者與歐美學者的史學交流，揭示了中國史學在史學理論與方法乃至學術形式上走向世界的曲折歷程。這一研究得到許多的師友和讀者支持，應該銘記於此。

本書之寫作因緣要追溯到 18 年前。2002 年暑假，我和當時在波恩大學進修的北大師弟党寶海結伴到荷蘭、比利時遊歷，專門走訪了萊頓大學漢學院。隨後我和寶海在布魯塞爾握別，我南下到巴黎，在張廣達先生引導下參觀了法蘭西學院中國研究所和遠東學院。雖然彼時尚未注意到 1955 年萊頓青年漢學家會議和 1956 年巴黎青年漢學家會議，但在準備行程中獲得了不少有關兩地漢學的資訊。本書完成之際，很感念當年寶海和張先生在歐洲的照應。

2017 年應師弟范鑫教授邀請到哥廷根大學參加他和夏德明組織的全球史會議，並最終將論文發表在由王晴佳教授特約主編的英國《全球思想史》（*Global Intellectual History*）會議論文專號上。在維也納大學訪學的黃肖昱讀後將其譯為中文，發表在北京外國語大學李雪濤教授主編的《全球史》第二輯，形成本書第五章的雛形。2018 年又很榮幸參加范教授在復旦大學中華文明國際研究中心組織的會議，寫出了本書第一章的基本框架。後來此文在業師榮新江教授建議下發表在北大《國際漢學研究通訊》。2018 年也得到（北京）清華大學人文學院萬俊人、侯旭東教授的協助得以查閱部分清華檔案。仲偉民和桑海先生為第六章的初版在《清華大學學報》上發表提供了許多幫助。上海師範大學熟悉歐美史學史的陳恆教授督促我將一些文章結集成書，並希望在他主持的光啟文庫中刊出。王奇生教授邀請我在北大中華人民共和國史研究中心以本書主要內容為基礎做了一次報告。山東大學曾振宇教授亦安排我演講一次。我想在此感謝這些學者和學術單位的鼓勵和支持。

　　2018 年我在馬普學會柏林科技史研究所（MPIWG）做暑期研究期間，汲喆教授邀請我到法國國立東方語言學院（INALCO）作報告，再次有機會走訪一些巴黎學術單位。而張幸博士陪同我到萊比錫大學探訪圖書館、檔案館、東亞研究所、南亞研究所和一些重要故居。萊比錫大學檔案館 Josefine Thiele 女士協助我獲得相關檔案。有關 1955 年萊比錫東亞學會議的論文，後來以英文發表於 *Historical Reflections/Réflexions Historiques* 2022 年第 2 期。2020 年雪黎大學中國中心柯惟（Olivier Krischer）博士邀請我為《澳洲亞洲人文學會會刊》（*Journal of the Society for Asian Humanities*）出版 60 週年、紀念薩伊德《東方主義》出版 40 週年專號撰文。這些文章逐漸成為本書主要內容的一部分。很感謝這些學者的信任、理解和支持。

　　我要特別感謝山東大學《文史哲》王學典、范學輝、孫齊教授提供機會發表本書第二章、第四章、第六章第一節。對文章的編輯過程，三位都提出了很多重要建議。不意 2019 年秋，范教授遽歸道山，令人扼腕嘆息。本書也是對他的一個小小紀念。

　　最後，我要特別感謝秀威編輯團隊的不懈努力，使得本書出版成為現實。

參考文獻

阿夫基耶夫著、日知譯：〈古代東方史序論〉，《歷史教學》，1954 年 8 月號，第 6-12 頁。

艾仁民（Christopher Isett）撰，陳晰譯、蔣樹勇校：〈社會史以及關於清史和世界史大分流論辯之反思〉，張海惠等編《北美中國學》，北京：中華書局，2010 年，260-267 頁。

Amin, Samir. *Eurocentrism: Modernity, Religion, and Democracy. A Critique of Eurocentrism and Culturalism.* Translated by Russell Moore and James Membrez. New York: Monthly Review Press, 2009.

Anderson, David G. & Dmitry V. Arzyutov. "The Construction of Soviet Ethnography and The Peoples of Siberia." *History and Anthropology,* 27: 2 (2016), pp.183-209.

荒川惣兵衛（Arakawa Sōbē）：《外來語學序說：モダン語研究》，名古屋：荒川出版，1932 年。

——《日本語となった英語：1931 年に於ける我国外来語の総記録》，東京：研究社，1931 年。

阿斯塔菲耶夫：〈蘇聯關於東方史學的研究〉，羅元錚譯，《科學通報》，1955 年第 6 期，第 62-67 頁。

Aymard, Maurice. "Étienne Balazs et Fernand Braudel." *Actualité d'Étienne Balazs (1905-1963). Témoignages et réflexions pour un centenaire,* Textes réunis par Pierre-Étienne Will et Isabelle Ang (Paris: Collège de France, Institut des Hautes Études Chinoises, 2010), pp.37-65.

北大歷史系編：《翦伯贊學術紀念文集》，北京：北京大學出版社，1986 年。

北京大學資訊管理系、（臺北）胡適紀念館編：《胡適王重民先生往來書信集》，北京：國家圖書館出版社，2009 年。

Balazs, Etienne. 白樂日 "Une carte des centres commerciaux de la Chine à la fin du XIe siècle." *Annales. Économies, Sociétés, Civilisations,* 12: 4 (1957), pp. 587-593.

—— "Project Provisoire d'un Manuel de l'Historio des Song." *VII Conference of Junior Sinologues,* School of Oriental Studies, Durham (Aug. 28-Sept. 2, 1954), pp.12-15.

—— "Tradition et révolution en Chine." *Politique étrangère,* 3 (1954), pp.291-308.

包偉民主編：《宋代制度史研究百年》，北京：商務印書館，2004 年。

Beckwith, Christopher I. *The Tibetan Empire in Central Asia: A History of the Struggle for Great Power Among Tibetan, Turks, Arabs and Chinese During the Early Middle Ages*. Princeton, Princeton University Press, 1987.

Bingham, Woodridge. 賓板橋 "An Integrated Approach in an All-Asia Survey Course." *Association of American Colleges Bulletin*, 44 (1958), pp.408-415.

—— *The Founding of the T'ang Dynasty*. Baltimore: Waverly Press, 1941.

Boardman, Eugene ed. *Asian Studies in Liberal Education*. Washington: Association for American Colleges, 1957.

Bobot, Marie-Thérèse. "In Memoriam: Vadime Elisseeff (1918-2002)."In: *Arts asiatiques*, tome 57 (2002), pp.229-231.

Bodde, Derk. 卜德 "*Sovetskoye Kitayevedenie* (Soviet Sinology)."*Journal of Asian Studies*, 18:3 (1959), pp.428-431.

Bohlin, Birger. "Newly Visited Western Caves at Tun-Huang."*Harvard Journal of Asiatic Studies*, 1:2 (July, 1936), pp.163-166.

Boltz, Judith Magee. "In Memoriam Piet van der Loon (7 April 1920-22 May 2002)."*Journal of Chinese Religions*, 30:1 (2002), pp.v-x.

Bonfreschi, Lucia and Marzia Maccaferri. *Between Empire and Europe: Intellectuals and the Nation in Britain and France During the Cold War*. London: Routledge, 2015.

Bowersock, Glen W. "The Art of Footnote." *The American Scholar*, 53:1 (1984), pp. 54-62.

Bromberger, Edgar. "Forward." *Archives of the Chinese Art Society of America*, 1 (1945/1946), pp.9-10.

蔡仲德編：《馮友蘭先生年譜初編》，鄭州：河南人民出版社，1994 年。

Cameron, Meribeth E. "The Periodization of Chinese History." *Pacific Historical Review*, 15:2 (June，1946), pp.171-177.

柴方國：〈關於《德意志意識形態》編排方式的考慮〉，《郭沫若史學研究》，成都：成都出版社，1990 年，第 83 頁。

Chan, F. Gilbert, Harlan W. Jencks eds. *Chinese Communist Politics: Selected Studies*. Asian Research Service, 1982.

曹伯言整理：《胡適日記全編》，合肥：安徽教育出版社，2001 年。

Chao, Yuen Ren 趙元任 *Chinese Linguist, Phonologist, Composer and Author: Oral History Transcript*. Interviewed by Rosemary Levenson, The Bancroft Library, University of California, Berkeley, 1977.

陳寶雲：《學術與國家：《史地學報》及其學人群研究》，合肥：安徽教育出版社，2010 年。

陳葆真：〈方聞教授對中國藝術史學界的貢獻〉，《漢學研究通訊》，36：1（2017 年），14-33 頁。

Chen, Da 陳達 *Emigrant Communities in South China: A Study of Overseas Migration and its Influence on Standards of Living and Social Change.* New York: Institute for Pacific Relations, 1940.

陳峰：〈錯位的「新史學」：何炳松學術路向辨析〉，《文史哲》2020 年第 4 期，第 129-136 頁。

Chen, Huaiyu 陳懷宇，〈二十世紀上半葉中國史學腳註傳統之演進〉，《清華大學學報》，2022 年第 6 期，93-110 頁。

—— "A Failed Attempt to Create an International Community of Communist East Asian Studies in 1955." *Historical Reflections/Réflexions Historiques,* 48:2 (2022), pp.39-58.

—— "The Rise of the "Asian History" in Mainland China in the 1950s: A Global Perspective." *Global Intellectual History* 7:2 (2022), pp.282-302. 黃肖昱譯〈五十年代亞洲史在中國大陸的興起：一個全球視野〉，北京外國語大學《全球史與中國》第二輯，2022 年，127-148 頁。

——〈中國史學現代腳註成立史論：以《歷史研究》和《文史哲》為中心〉，《文史哲》，2022 年第 2 期，145-153 頁。

—— "Orientalisms in China." Special Issue "What's in a Name." *Journal of the Society for Asian Humanities,* 52 (2020-2021), pp.141-146.

——〈中國中古史：從中國走向世界〉，《歷史研究》，2020 年第 4 期，13-21 頁。

—— "Honoring the Dead: The Buddhist Reinvention of Portrait Eulogies in Early Medieval China." In: Mu-chou Poo and H. A. Drake eds., *Old Society, New Belief: Religious Transformation of China and Rome, ca. 1st-6th Centuries* (Oxford: Oxford University Press, 2017), pp.91-105.

——〈國際中國社會史大論戰：以 1956 年中國歷史分期討論為中心〉，《文史哲》2017 年第 1 期，41-69 頁。

——〈從清華到東海：麻倫與中國的不解之緣〉，《新學衡》第 3 輯，2017 年，124-160 頁。

——〈沃爾科特與中國〉，《全球史與中國》第 1 輯，2017 年，35-69 頁。

——〈亂世洋師中國緣：麥克爾羅伊的生平與志業〉，《中國學術》第 36 輯，2016 年，317-377 頁。

——〈譚唐傳奇：一個全球化時代的個體生命〉，《國際漢學研究通訊》第 12 輯，2016 年，229-287 頁。

——〈冷戰下中西史家的首次接觸：1955 年萊頓漢學會議試探〉，《文史哲》2015 年第 1 期，69-84 頁。

——〈1928 年紐約中國學會議及其啟示〉，《世界歷史評論》第 3 輯，2015 年，175-210 頁。

——〈《柳如是別傳》之前的錢謙益研究〉，《文匯報》學人週刊，2014 年 7 月 21 日。

——〈評《腳注趣史》腳注的研究旨趣〉載《新京報》書評週刊 2014 年 6 月 14 日。

——《在西方發現陳寅恪：中國近代人文學的東方學與西學背景》，北京：北京師範大學出版社，2013 年。

陳寅恪：《隋唐制度淵源略論稿》，北京：三聯書店，2001 年。

——《金明館叢稿二編》，上海：上海古籍出版社，1980 年。

陳玉龍：〈對加強我國歷史研究工作的三點建議〉，《科學通報》1954 年 1 月號，第 80-81 頁。

Ch'en, Yüan 陳垣 "The Ch'ieh Yun and Its Hsien-Pi Authorship." Translated by Ying Ts'ien-li 英千里，*Monumenta Serica*, 1: 2 (1935), pp. 245-252.

劉夢溪主編：《中國現代學術經典：陳垣卷》，石家莊：河北教育出版社，1996 年。

陳智超編：《陳垣來往書信集》，北京：三聯書店，2010 年。

Cheng, Te-kun 鄭德坤 *Prehistoric China*. Cambridge: Heffer, 1959.

Chesneaux, Jean 謝諾 "La Chine contemporaine: État des travaux." *Revue française de science politique*, 8:2 (1958), pp.384-411.

—— "Les Travaux d'Histoire Moderne et Contemporaine en Chine Populaire." *Revue Historique*, 21:2 (1956), pp.274-282.

—— "L'histoire de la Chine aux XIXe et XXe siècles." *Annales. Économies, Sociétés, Civilisations*, 10:1 (1955), pp.95-98.

Chiang, Yung-chen 江勇振 *Social Engineering and the Social Sciences in China, 1919-1949*. New York: Cambridge University Press, 2001.

Clubb, O. Edmund. "Soviet Oriental Studies and the Asian Revolution." *Pacific Affairs*, 31:4 (1958), pp.380-389.

"Collection of Chinese Paintings on Exhibition in McCormick Hall." *Princeton Herald*, 7:18 (7 March, 1930).

Croizier, Ralph C. *China's Cultural Legacy and Communism*. New York: Praeger Publishers, 1970.

崔廷厚著、許東燦譯：〈朝鮮語語彙構成の發達について〉，《朝鮮學術通報》4-2，1967 年，103-106 頁。

Cumings, Bruce. "Boundary Displacement: Area Studies and International Studies during and after the Cold War." *Bulletin of Concerned Asian Scholars*, 29:1 (1997), pp.6-26.

Davenport, Caillan. "Imperial Ideology and Commemorative Culture in the Eastern Roman Empire, 284-450 CE," In: Danijel Dzino and Ken Parry eds., *Byzantium, Its Neighbours and Its Cultures* (Leiden: Brill, 2014), pp.45-70.

Davis, Natalie Zemon. "Decentering History: Local Stories and Cultural Crossings in a Global World." *History and Theory*, 50:2 (2011), pp.188-202.

"Der XII Deutsche Orientalistentag Bonn 1952." *Zeitschrift der Deutschen Morgenländischen Gesellschaft*, 102:2 (1952), p.11.

"Der XIII Deutsche Orientalistentag Hamburg, 1955." *Zeitschrift der Deutschen Morgenländischen Gesellschaft*, 105:2 (1955), pp.24-84.

DeWald, Ernest T., Wen Fong, and Rensselaer W. Lee. "George Rowley 1892-1962." *Art Journal,* 22:1 (1962), p.48.

Dirlik, Arif. "Social Formations in Representations of the Past: The Case of 'Feudalism' in Twentieth-Century Chinese Historiography." *Review* (Fernand Braudel Center) 19:3, "Social Science Concepts" (Summer, 1996), pp.227-267.

—— *"Chinese History and the Question of Orientalism." History and Theory,* 35:4 (1996), pp.96-118.

—— *Revolution and History: The Origins of Marxist Historiography in China, 1919-1937.* Berkeley: University of California Press, 1989.

董甯文主編：《多彩的旅程——紀念趙瑞蕻專輯》，自印本：江蘇新華印刷廠，2001 年。

"Du Bois S. Morris to Marry." *The New York Observer*, October 6, 1910.

"Du Bois Morris Chinese Paintings." *Princeton University Weekly Bulletin,* 15:35 (June, 1926), 12.

杜曼：〈蘇聯的中國學科學中心〉，《科學通報》，1958 年第 9 期第 2 號，62 頁；郭福英譯自《蘇聯科學院通報》1957 年 11 月號。

Dworkin, Dennis L. *Cultural Marxism in Postwar Britain: History, the New Left, and the Origins of Cultural Studies.* Durham, NC: Duke University Press, 1997.

Erkes, Eduard. *Gelber Fluß und Große Mauer. Reise durch Chinas Vergangenheit und Gegenwart.* Leipzig: Verlag F. A. Brockhaus, 1958.

Ecke, Gustav 艾鍔鳳. "Structural Features of the Stone-Built T'ing-Pagoda: A Preliminary Study." *Monumenta Serica,* 1:2 (1935), pp.253-276.

Edgerton, Franklin. "Nouns of The a-Declension in Buddhist Hybrid Sanskrit." *Harvard Journal of Asiatic Studies,* 1:1 (April, 1936), pp.65-83.

Edmunds, Clifford G. "Bureaucracy, Historiography, and Ideology in Communist China: The Case of Chien Po-tsan, 1949-1958." *M.A. Thesis.* University of Chicago, 1968.

Enteen, George M. "Marxists versus Non-Marxists: Soviet Historiography in the 1920s." *Slavic Review,* 35:1 (Mar., 1976), pp.91-110.

Fairbank, John King 費正清. *Chinabound: A Fifty-Year Memoir.* New York: Harper and Row, 1982. 《費正清對華回憶錄》，陸惠勤等譯，上海：知識出版社，1991 年；2013 年中信出版社又刊出新譯《費正清中國回憶錄》。

方豪：《方豪六十自定稿補編》，臺北：學生書局，1969 年。

Fedorenko, Vladimir. *Central Asia: From Ethnic to Civic Nationalism.* Washington, DC: The Rethink Institute, 2012.

馮友蘭：《馮友蘭全集》，鄭州：河南人民出版社，2001 年。

Feuerwerker, Albert. 費維愷 "China's History in Marxian Dress." *The American Historical Review,* 66:2 (1961), pp.347-353.

Finsterbusch, Käte. "In Memoriam: Eduard Erkes 23. Juli 1891-2. April 1958." *Artibus Asiae,* 21:2 (1958), pp.166-170.

Fielding, Steven. "Looking for the 'New Political History'." *Journal of Contemporary History,* 42:3 (2007), pp.515-524.

Fogel, Joshua A. 傅佛果 trans. *Just a Scholar: The Memoirs of Zhou Yiliang (1913-2001).* Leiden: Brill, 2013.

Fong, Wen. 方聞 "George Rowley 1893-1962." *Artibus Asiae,* 25:2/3 (1962), pp.195-196.

Forman, Paul. "Behind Quantum Electronics: National Security as a Basis for Physical Research in the United States, 1940-1960." *Historical Studies in the Physical and Biological Sciences,* 19 (1987), pp.149-229.

Formisano, Ronald P. "The New Political History and the Election of 1840." *Journal of Interdisciplinary History,* 23:4 (1993), pp.661-682.

Franke, Herbert 傅海波 . *Beitrage zur Kulturgeschichte Chinas unter der Mongolenherrschaft. Das Shan-ku sin-hua des Yang Yu.* Wiesbaden: Franz Steiner, 1956. Frederick W. Mote 牟復禮，Review in *Journal of Asian Studies,* 17:1 (1957), pp.118-125.

Franke, Wolfgang. 傅吾康 *Im Banne Chinas. Autobiographie eines Sinologen 1950-1998.* Bochum: Projektverlag, 1999.《為中國著迷：一位漢學家的自傳》，歐陽甦譯，李雪濤、蘇偉妮校，傅復生校，北京：社會科學文獻出版社，2013 年。

—— *Im Banne Chinas. Autobiographie eines Sinologen 1912-1950.* Bochum: Projektverlag, 1995.

Frenkiel, Émilie. "Reform in China: Sluggish or Dynamic? An Interview with Lucien Bianco." *Books and Ideas,* 11 October 2013. URL: http://www.booksandideas.net/Reform-in-China-Sluggish-or.htm.

Fried, Albert. *McCarthyism, The Great American Red Scare: A Documentary History.* Oxford: Oxford University Press, 1997.

Fried, Richard M. *Nightmare in Red: The McCarthy Era in Perspective.* Oxford: Oxford University Press, 1990.

Friese, Heinz. *Das Dienstleistungs-System der Ming-Zeit (1368-1644),* Mitteilungen der Gesellschaft für Natur- und Volkerkunde Ostasiens (OAG), Bd. XXXVA, Hamburg: Gesellschaft für Naturund Völkerkunde Ostasiens e.V.; Wiesbaden: Kommissionsverlag Otto Harrassowitz etc., 1959 (D. C. Twitchett's review in *Bulletin of the School of Oriental and African Studies,* 25:1 (February 1962), pp.185-186).

Gabrieli, Francesco. "Apology for Orientalism." In: A. L. Macfie edit., *Orientalism: A Reader* (New York: NYU Press, 2000), pp.80-85.

Gale, James Scarth. *Korean-English Dictionary.* Yokohama, Shangahai: Kelly & Walsh, 1897.

Gayle, Curtis Anderson. *Marxist History and Postwar Japanese Nationalism.* London and New York: Routledge, 2003.

Geiger, Roger L. *Research and Relevant Knowledge: American Research Universities since World War II.* New York: Oxford University Press, 1993.

Gemie, Sharif. "Institutional History, Social History, Women's History: A Comment on Patrick Harrigan's 'Women Teachers and the Schooling of Girls in France'." *French Historical Studies,* 22:4 (1999), pp.613-623.

Ghosh, Arunabh. 郭旭光 "Before 1962: The Case for 1950s China-India History." *Journal of Asian Studies,* 76:3 (2017), pp.697-727.

Grafton, Anthony. *The Footnote: A Curious History.* Cambridge, MA: Harvard University Press, 1997. 張弢、王春來譯《腳注趣史》，北京大學出版社，2014 年。

顧鈞：《美國第一批留學生在北京》，鄭州：大象出版社，2015 年。

Gubbins, John Harington. *A Dictionary of Chinese-Japanese Words in the Japanese Language.* London: Trübner & Company, 1889.

郭沫若：《郭沫若集外序跋集》，成都：四川人民出版社，1983 年。

——〈開展歷史研究，迎接文化建設高潮：為《歷史研究》發刊而作〉，《歷史研究》1954 年第 1 期，第 1-4 頁。

哈格爾：〈1954 年德國統一社會黨的新方針與科學機關的任務〉，《科學通報》1954 年 4 月號，64-68 頁。

Hägerdal, Hans. "The Orientalism Debate and the Chinese Wall: An Essay on Said and Sinology." *Itinerario,* 21:3 (1997), pp.19-40.

Handel, Gottfried und Gerhild Schwendler, hrg. *Chronik der Karl-Marx-Universität Leipzig, 1945-1959: aus Anlass der 550-Jahr-Feier der Karl-Marx-Universität* (Leipzig: Verlag Enzyklopädie, 1959.

Hasenmueller, Christine. "Panofsky, Iconography, and Semiotics." *The Journal of Aesthetics and Art Criticism,* 36: 3, Critical Interpretation (Spring, 1978), pp.289-301.

何炳棣：《讀史閱世六十年》，桂林：廣西師範大學出版社，2009 年。

Hecht, David. *Storytelling and Science: Rewriting Oppenheimer in the Nuclear Age.* Amherst: University of Massachusetts Press, 2015.

——"The Atomic Hero: Robert Oppenheimer and the Making of Scientific Icons in the early Cold War." *Technology and Culture,* 49 (October, 2008), pp.943-966.

Heijdra, Martin 何義壯 "The East Asian Library and the Gest Collection at Princeton University." Zhou Xinping ed., *Collecting Asia: East Asian Libraries in North America, 1868-2008* (Ann Arbor: Association for Asian Studies, 2010, pp.120-135.

何義壯：〈普林斯頓大學東亞圖書館與葛思德文庫〉，周欣平等編《東學西漸：北美著名東亞圖書館 1868-2008》，高等教育出版社，2012 年，第 119-132 頁。

——〈普林斯頓大學中文善本編目之歷史〉；美國普林斯頓大學東亞圖書館編《普林斯頓大學圖書館藏中文善本書目》，北京：國家圖書館出版社，2017 年。

何志華：〈研思精微、學術典範：劉殿爵教授生平概述〉，《中國文化研究所學報》第 51 卷，2010 年，8-11 頁。

Heng, Geraldine. "The Global Middle Ages: An Experiment in Collaborative Humanities, or Imagining the World, 500-1500 C.E." *English Language Notes,* 47.1 (Spring / Summer 2009), pp.205-216.

Hilbert, Betsy. "Elegy for Excursus: The Descent of the Footnote." *College English,* 51:4 (1989), pp.400-404.

Hodges, Donald Clark. "The Dual Character of Marxian Social Science." *Philosophy of Science,* 29:4 (Oct., 1962), pp.333-349.

Holmes, Catherine and Naomi Standen. "Defining the Global Middle Ages." AHRC Research Network AH/K001914/1, 2013-2015.

洪認清：〈20 世紀 50 年代蘇聯歷史教學理論和方法在中國的傳播〉，《史學史研究》，2015 年第 3 期，47-55 頁。

洪業：《洪業論學集》，北京：中華書局，1981 年。

堀敏一（Hori Toshikazu），《律令制と东アジア世界》，東京：汲古書院，1994 年。

侯旭東：《北朝村民的生活世界：朝廷、州縣與村里》，北京：商務印書館，2005 年。

Hsia, Nai (Xia Nai). 夏 鼐 "New Archaeological Finds in China." *Cina Supplemento* 2 (1979), pp.7-13.

—— "Our Neolithic Ancestors." *East and West,* 17:2 (July, 1956), pp.162-167.

胡禮恒編：《梨園娛老集》，香港：廣藝印書局，1908 年。

Hu, Shih 胡適 *The Development of the Logical Method in Ancient China.* Shanghai: The Oriental Book Company, 1922.

胡適紀念館編《論學談詩二十年：胡適楊聯陞往來書箚》，合肥：安徽教育出版社，2001 年，90-91 頁。

黃寬重：〈從活的制度史邁向新的政治史：綜論宋代政治史研究趨向〉，《中國史研究》，2009 年第 4 期，第 69-80 頁。

黃克武：〈晚清社會學翻譯中的思想分途——嚴復、梁啟超與章太炎所譯社會學之研究〉，《文匯報》2011 年 8 月 22 日。

黃湲婷：〈《華裔學志》：走過八十年歷史的期刊與漢學機構〉，《漢學研究通訊》34:4，2015 年，第 20-29 頁。

黃仁國：〈劉大年與陳寅恪的關聯——兼論現代中國史學的建構〉，《南京社會科學》，2018 年第 6 期，155-161 頁。

黃興濤：《「她」字的文化史：女性新代詞的發明與認同研究》，北京：北京師範大學出版社，2015 年。

Hulsewé, Anthony F. P. 何四維 "Chinese Communist Treatment of the Origins and the Foundation of the Chinese Empire." *The China Quarterly,* 23 (September 1965), pp78-105.

Hung, William. 洪業 *Tu Fu: China's Greatest Poet.* Cambridge, MA: Harvard University Press, 1952.

池田溫（Ikeda On）編，《日中律令制の诸相》，京都：東方書店，2002 年。

Iriye, Akira 入江昭 . *Global and Transnational History: The Past, Present, and Future.* Basingstoke and New York: Palgrave Macmillan, 2012.

Isaac, Joel. "The Human Sciences in Cold War America." *The Historical Journal,* 50:3 (2007), pp.725-746.

IsMEO. "Activities of the IsMEO." *East and West,* 17:1 (April, 1956), p.114.

Jachec, Nancy. *Europe's Intellectuals and the Cold War: The European Society of Culture, Post-War Politics and International Relations.* London and New York: I. B. Tauris & Co,2015.

季羨林：〈東方語文範圍內的科學研究問題〉，《科學通報》1954 年 5 月號，第 10-14 頁。

翦伯贊：〈在文字改革問題座談會第三次會議上的發言〉，1957 年 5 月 27 日發言，刊於《拼音》1957 年第 7 期；收入翦伯贊《歷史問題論叢續編》，《翦伯贊全集》卷五，石家莊：河北教育出版社，2008 年，第 444-446 頁。

——〈第九次青年漢學家會議紀要〉，《歷史研究》1956 年第 12 期，第 89 頁。

——〈記巴黎青年漢學家會議〉，《人民日報》1956 年 10 月 31 日。

姜波：〈見微知著博通中西——王仲殊先生訪談記〉，《南方文物》，2007 年第 3 期，第 17-18 頁。

蔣英豪：〈梁啟超與近代漢語新詞〉，《中國文化研究所學報》第 44 期，2004 年，第 379-403 頁。

蔣善國：《漢字學》，上海：上海教育出版社，1987 年。

Jukes, Geoffrey. *The Soviet Union in Asia.* Berkeley and Los Angeles: University of California Press, 1973.

加藤正世（Kato Masayo）：《昆蟲界：昆蟲趣味の會機關雜誌》，東京：四條書房，1933 年。

Kemper, Michael. "Propaganda for the East, Scholarship for the West: Soviet Strategies at the 1960 International Congress of Orientalists in Moscow." In: Michael Kemper and Artemy M. Kalinovsky eds., *Reassessing Orientalism Interlocking Orientologies during the Cold War* (London and New York: Routledge, 2015), pp. 170-210.

柯若樸撰、韓承樺譯：〈德國萊比錫大學漢學研究的歷史、現況與未來〉，《漢學研究通訊》36:4（2017 年），41-44 頁。

Kirby, J. Stuart. *Russian Studies of China: Progress and Problems of Soviet Sinology.* London: MacMillan, 1975.

Komatsu, Y. "The Study of Economic History in Japan." *The Economic History Review*, New Series, 14:1 (1961), pp.115-121.

Kotkin, Stepehn. "Robert Kerner and the Northeast Asia Seminar." *Acta Slavica Iaponica,* 15 (1997), pp.93-113.

Kramer, Hilton. *The Twilight of the Intellectuals: Culture and Politics in the Era of the Cold War.* Chicago: Ivan R. Dee Publisher, 1999.

クリュチェフスキー著、堀竹雄訳《露西亞史論》，興亡史論刊行會，1918 年。

Lackner, Michael 郎宓樹, Iwo Amelung, Joachim Kurtz eds., *New Terms for New Ideas: Western Knowledge and Lexical Change in Late Imperial China*. Leiden: Brill, 2001.

Lanciotti, Lionello. "Xia Nai: 1910-1985," *East and West*, 35:1/3 (September, 1985), pp.282-283.

—— "IX Conference of Junior Sinologues." *East and West*, 7:3 (October, 1956), p.262.

—— "The VI Conference of Junior Sinologues." *East and West*, 4:3 (1953), p.181.

雷聞：〈論唐代皇帝的圖像與祭祀〉，《唐研究》第九卷，2003 年，第 261-282 頁。

Leslie, Stuart. *The Cold War and American Science: The Military-Industrial-Academic Complex at MIT and Stanford*. New York: Columbia University Press, 1993.

Levenson, Joseph R. *Confucian China and its Modern Fate*. Vol. 3: The Problem of Historical Significance. Berkeley: University of California Press, 1965.

Lewis, Bernard. "Islam." In: *Orientalism and History*, ed. by Denis Sinor (London: W. Heffer and Sons Ltd., 1954; 2nd edition, Bloomington: Indiana University Press, 1970), pp.16-34.

李卉、陳星燦編：《傳薪有斯人：李濟、凌純聲、高去尋、夏鼐與張光直通信集》，北京：三聯書店，2005 年。

Li, Huaiyin. 李懷印 *Reinventing Modern China: Imagination and Authenticity in Chinese Historical Writing*. Honolulu: University of Hawai'i Press, 2013.《重構近代中國：中國歷史寫作中的想像與真實》，北京：中華書局，2013 年。

李劍鳴：〈美國政治史的衰落與復興〉，《史學集刊》，2013 年第 6 期，第 25-46 頁。

李里峰：〈新政治史的視野與方法〉，《福建論壇》2009 年第 6 期，第 80-88 頁。

Li, Shiqiao 李士橋 "Writing a Modern Chinese Architectural History: Liang Sicheng and Liang Qichao." *Journal of Architectural Education*, 56:1 (Sep., 2002), pp.34-45.

李雪濤：〈太虛法師 1928-1929 年的德國之行〉，《中華讀書報》，2017 年 09 月 20 日 17 版。

梁啟超：〈中國歷史研究法〉，1922 年；收入《梁啟超史學論著四種》，長沙：嶽麓書社，1985 年。

梁敏玲：〈清季民初一個粵東讀書人的歷程：以羅師揚為個案〉，《歷史人類學學刊》，2007 年第 2 期，第 62-70 頁。

梁思成：《梁思成全集》，北京：中國建築工業出版社，2001 年。

Lichtman, Robert M. *The Supreme Court and McCarthy-Era Repression: One Hundred Decisions*. Urbana, IL: University of Illinois Press, 2012.

列文著、曹娟譯〈葉乃度和萊比錫漢學〉，馬漢茂等主編《德國漢學：歷史、發展、人物與視角》，鄭州：大象出版社，2005 年，424-453 頁。

Liétard, Alfred 田德能. *Au Yun-nan: Les Lo-lo p'o. Une tribu des aborigènes de la Chine méridionale*. Münster: Aschendorffsche Verlagsbuchhandlung, Anthropos Bibliothek, 1913.

林承節：〈周一良先生是新中國亞洲史學科的開創者之一〉，《北大史學》，1993 年第 1 期，第 109-119 頁。

林純夫：〈關於中國古代史分期問題的討論〉，《科學通報》，1955 年 4 月號，第 40-43 頁。

Liu, Cary Y. 劉怡瑋 "Art History: Comparative Methodology, Pragmatism, and the Seeds of Doubt," in *A Scholarly Review of Chinese Studies in North America*, edited by Haihui Zhang et al. (Ann Arbor: Association for Asian Studies, 2013),455-466. 〈北美中國藝術史研究初探：比較方法論、實驗主義及其質疑精神之萌芽〉，張海惠主編《北美中國學：研究概述與文獻資源》，北京：中華書局，2010 年，543-556 頁。

劉大年：〈山長水又遠，佳景在前頭：對老朋友齊赫文斯基院士的祝願〉，《讀書》1998 年第 3 期，第 4-10 頁。

——〈亞洲史應該怎樣評價？〉，《歷史研究》，1965 年第 3 期，第 1-10 頁。

——〈歷史研究所第三所的研究工作〉，《科學通報》，1954 年 8 月號，41 頁。

——〈蘇聯的先進歷史科學〉，《科學通報》，1953 年第 4 期，第 20 頁。

Liu, Yang. "Images for the Temple: Imperial Patronage in the Development of Tang Daoist Art." *Artibus Asiae,* 61: 2 (2001), pp. 189-261.

劉寅生、房鑫亮編：《何炳松文集》第二卷，北京：商務印書館，1997 年。

Loehr, Max. 羅樾 "Some Fundamental Issues in the History of Chinese Painting." *Journal of Asian Studies* 23: 2 (1964), pp. 185-193.

Lund, Roger D. "The Eel of Science: Index Learning, Scriblerian Satire, and the Rise of Information Culture." *Eighteenth-Century Life,* 22: 2 (1998), pp. 18-42.

羅元諍：〈蘇聯科學院中國學研究所的研究工作〉，《哲學社會科學動態》，1958 年，第 24-26 頁。

陸揚：〈把正文給我，別管註腳——評格拉夫敦和他的《腳注趣史》〉，《清華大學學報》2014 年第 5 期，第 96-103 頁。

——〈西方唐史研究概觀〉，收入《北美中國學研究—概述》，北京：中華書局，2010 年，第 83-110 頁。

——〈花前又見燕歸遲——追憶牟復禮先生〉，《當代》第 211 期，2005 年，第 44-51 頁。

呂超：〈宮崎市定東洋史觀的形成：青壯年期的經歷及其影響〉，《國際漢學》，2017 年第 10 期，第 82-88 頁。

呂振羽：《訪歐日記》，《呂振羽全集》第 10 卷，北京：人民出版社，2014 年，424-447 頁。

——〈六年來的新中國的歷史科學〉，《呂振羽全集》第 8 卷，北京：人民出版社，2014 年，413-420 頁。

Lüders, Heinrich. *Das Würfelspiel im alten Indien.* Berlin: Weidmannsche Buchhandlung, 1907.

MacFarquhar, Roderick. 馬若德 "The 25th International Congress of Orientalists." *The China Quarterly,* 4 (1960), pp.114-118.

Mair, Victor H. "What is Geyi, After All?" in: *Philosophy and Religion in Early Medieval China*, eds. by

Alan K.L. Chan and Yuet-Keung Lo, the State University of New York Press, 2010, pp. 227-264; reprinted in *China Report*, vol. 48, no.1-2 (2012), pp.29-59.

馬克思著、日知譯：〈前資本主義生產形態〉，《文史哲》1953 年第 1 期，第 23-27 頁。

Mazower, Mark. "Changing Trends in the Historiography of Postwar Europe, East and West." *International Labor and Working-Class History*, No. 58: Wartime Economies and the Mobilization of Labor (Fall, 2000), pp.275-282.

McAuliff, Mary Sperling. *Crisis on the Left: Cold War Politics and American Liberals, 1947-1954*. Amherst: University of Massachusetts Press, 1978.

Mehnart, Gerhard. "Vom Schriftzeichen zum Chinesischen Alphabet: Ostasien-Forscher aus aller Welt trafen sich in Leipzig." *Neues Deutschland: Organ des Zentralkomitees der Sozialistischen Einheitspartei Deutschlands*, 03, 11, 1955.

Miles, Milton E. *A Different Kind of War: The Little-Known Story of the Combined Guerrilla Forces Created in China by the U.S. Navy and the Chinese During World War II*. Garden City: Doubleday, 1967.

宮崎市定：《自跋集：東洋史學七十年》，東京：岩波書店，1996 年。

——《アジア史研究》，京都：東洋研究会，1957 年。

宮田和子（Miyata Kazuko）：《英華字典の総合的研究》，東京：白帝社，2010 年。

Mote, Frederick W. 牟復禮 "Random Recollections of the Junior Sinologues Meeting, Leiden, Mid-September, 1955." In: *China and the Vocation of History in the Twentieth Century: A Personal Memoir*. Princeton: Princeton University Press, 2010, pp.185-189.

Moxey, Keith. "Perspective, Panofsky, and the Philosophy of History." *New Literary History*, 26:4, Philosophical Resonances (Autumn, 1995), pp.775-786.

慕丹、李俊升編譯，〈俄羅斯著名中國學者齊赫文斯基訪談錄〉，《國外社會科學》，2010 年第 3 期，142 頁。

Müller-Saini, Gotelind. "Teaching 'the Others' History' in Chinese Schools：The State, Cultural Asymmtries and Shifting Images of Europe (from 1900-Today)." In: Gotelind Müller-Saini ed., *Designing History in East Asian Textbooks: Identity Politics and Transnational Aspirations* (London: Routledge, 2013), p.32-59.

內藤銀藏：《內田銀藏遺稿全集》第四輯，東京同文館，1922 年。

Newman, Robert P. *Owen Lattimore and the Loss of China*. Berkeley: University of California Press, 1992.

大津透（Ōtsu Tōru）編：《律令制研究入門》，東京：名著刊行會，2011 年。

潘梓年：〈中國科學院哲學社會科學部報告〉（1955 年 6 月 2 日）《科學通報》7 月號，39-43 頁。

彭明輝：〈《史地學報》與歷史地理學的興起〉，《政治大學歷史學報》第 11 期，1994 年，第 109-142 頁。

Pokora, T. Review. Syma Cyjan, *Istoriceskie zapiski* I/II, ed. In: *Orientalistische Literaturzeitung*, 75:4 (1980), pp.392-393.

Pope, Nicholas. "Erich Haenisch." *Central Asiatic Journal*, 12:1 (1968), pp.71-78.

—— "Erich Haenisch." *The Mongolia Society Bulletin*, 5:1&2 (1966), pp.7-9.

Price, Maurice T. "Sinology and Social Study: Cooperative Research between Sinologists and Other Academic Specialists." *Pacific Affairs*, 5:12 (1932), pp.1038-1046.

—— "Social Science Materials in Far Eastern Culture." *American Journal of Sociology*, 37:5 (1932), pp.748-759.

Princeton University, *Far Eastern Culture and Society*, Princeton University Bicentennial Conferences, series 2, conference 7, Princeton University, 1947.

—— *The Future of Nuclear Science*, Princeton University Bicentennial Conferences, series 1, conference 1, 1946.

Proceedings of the 8th Conference of the Junior Sinologues. Leiden: 28th August---3rd September 1955.

Proceedings of *VII Conference of Junior Sinologues*, Durham, Aug. 28-Sept. 2, 1954.

(Proceedings of) VI Conferenza Sinologi Juniores. Roma: Istituto Italiano per il Medio ed Estremo Oriente, 1953.

(Proceedings of) V. Junior Sinologues Conference, Wahn/Köln, 8-14 September, 1952.

(Proceedings of) The Third Conference of the Junior Sinologues, London, 1950.

Proceedings of the Conference of Junior Sinologues held at Leiden, April 8-14, 1949.

Pulleyblank, Edwin G. 蒲立本 "Chinese History and World History." *Sarawak Museum Journal*, 1956; reprinted in *Essays on Tang and Pre-Tang China*. Variorum Collected Studies Series, Aldershot, Hampshire, Great Britain; Burlington, Vt.: Ashgate, 2001, pp.1-20.

Pundeff, Marin. "Bulgarian Historiography, 1942-1958." *American Historical Review*, 66:3 (Apr., 1961), pp.682-693.

仇鹿鳴：《長安與河北之間：中晚唐的政治與文化》，北京：北京師範大學出版社，2018 年。

秋水譯：〈1957 年美國史學會紐約年會概況〉，《國外社會科學文摘》1959 年第 3 期，第 34 頁。

瞿同祖、趙利棟：〈為學貴在勤奮與一絲不苟——瞿同祖先生訪談錄〉，《近代史研究》2007 年第 4 期，147-149 頁。

冉啟斌：〈「註腳」出現的時代及釋義〉，《語言科學》2008 年第 7 卷第 1 期，第 90-92 頁。

饒宗頤：〈我所認識的漢學家〉，《光明日報》，2000 年 4 月 6 日。

《人民日報》1956 年 12 月 30 日〈中外科學家接觸頻繁，今年有二十七國同我國進行學術性往來〉。

Reisner, Igor et al. *Novaia istoriia stran zarubezhnogo Vostoka (Modern History of the Countries of the*

Non-Soviet East). Vols. I and II, Moscow: Moscow University Press, 1952.

日知：〈與童書業先生論亞細亞生產方式問題〉，《文史哲》，1952 年第 2 期，第 20-22 頁。

Richter, Steffi, Philip Cart, and Martin Roth hg. *100 Jahre Ostasiatisches Institut der Universität Leipzig, 1914-2014*. Leipzig: Leipziger Universitätsverlag, 2016.

Rivett-Carnac, J. H. "Cup-Mark as an Archaic Form of Inscription." *Journal of Royal Asiatic Studies,* 35:3 (1903), pp.517-43.

榮新江：《絲綢之路與東西文化交流》，北京：北京大學出版社，2015 年。

──《中古中國與粟特文明》，北京：三聯書店，2014 年。

───《學術訓練與學術規範》，北京：北京大學出版社，2011 年。

Rothschild, N. Harry. *Emperor Wu Zhao and Her Pantheon of Devis, Divinities, and Dynastic Mothers.* New York: Columbia University Press, 2015.

Rowley, George. 羅麗 "Art and History." *Record of the Art Museum,* 19: 1, Special Number in Honor of the Director Ernest Theodore DeWald on the Occasion of His Retirement (1960), pp.76-83.

── "Art I at Princeton." *College Art Journal,* 7:3 (Spring, 1948), pp.195-198.

── *Principles of Chinese Painting*. Princeton: Princeton University Press, 1947.

── "The Morris Collection of Chinese Paintings." *Record of the Museum of Historic Art, Princeton University,* 6:1/2 (1947), pp.2-3.

Saaler, Sven, J. Victor Koschmann ed. *Pan-Asianism in Modern Japanese History: Colonialism, Regionalism and Borders*. London: Routledge, 2007.

桑兵：《晚清民國的國學研究》，北京：北京師範大學出版社，2014 年。

Schlesinger, Rudolf. "Recent Discussions on the Periodization of History." *Soviet Studies,* 4:2 (October， 1952), pp.152-169.

Schön, Michael. *Chinesisch-deutsche Transkriptionssysteme im 19. und 20. Jahrhundert Abriss der Enwicklung einschließlich wichtiger Transkriptionstabellen*. Berlin: epubli GmbH, 2013.

Schonebaum, Andrew and Tina Lu ed. *Approaches to Teaching the Story of the Stone (Dream of the Red Chamber)*. Modern Language Association of America, 2012.

Schwartz, Benjamin. *China and Other Matters*. Cambridge, MA: Harvard University Press, 1996.

── "Some Sterotypes in the Periodization of Chinese History." *Philosophical Forum,* 1:2 (1968), pp.219-230.

邵軒磊：《戰後日本之中國研究系譜》，臺北：臺大政治學系博士論文，2009 年。

沈國威：〈近代英華辭典環流：從羅存德、井上哲次郎到商務印書館〉，《思想史》7《英華字典與思想史研究》專號，2017 年，第 19-37 頁。

──《近代中日詞彙交流研究：漢字新詞的創制、容受與共用》，北京：中華書局，2010 年。

──主編《漢字文化圈諸言語の近代語彙の形成─創出と共有》，吹田：關西大學出版部，2008 年。

Shin, Gi-Wook and Daniel C. Sneider eds. *History Textbooks and the War in Asia: Divided Memories.* London: Routledge, 2011.

Silbergeld, Jerome. "Chinese Painting Studies in the West: A State-of-the-Field Article." *Journal of Asian Studies,* 46:4 (1987), pp.849-897.

Sinor, Denis ed. *Orientalism and History.* Cambridge: W. Heffer and Sons Ltd., 1954; revised edition, Bloomington: Indiana University Press, 1970.

── ed. *Proceedings of the Twenty-Third International Congress of Orientalists, Cambridge, 21st-28th August 1954*, London: The Royal Asiatic Society, 1956.

Sitton, John F. *Recent Marxian Theory: Class Formation and Social Conflict in Contemporary Capitalism.* Albany: State University of New York Press, 1996.

Spector, Ivan trans. "Organization of the Soviet Institute of Chinese Studies and Its Tasks." *Journal of Asian Studies,* 16 (1957), pp.677-678.

Ssu-Ma, Ch'ien. *The Grand Scribe's Records*, Volume V. 1: The Hereditary Houses of Pre-Han China. Trans. by William H Nienhauser et al., Bloomington: Indiana University Press, 2006.

蘇步青：《數與詩的交融》，天津：百花文藝出版社，2000 年。

〈蘇聯科學院 1955 年科學工作基本總結〉，《科學通報》，1956 年 6 月號，91 頁。

Suanders, Frances Stonor. *The Cultural Cold War: The CIA and the World of Arts and Letters.* London and New York: The New Press, 1999.

孫邦華：《身等國寶，志存輔仁：輔仁大學校長陳垣》，濟南：山東教育出版社，2004 年。

Suzuki, Daisetz Teitaro 鈴木大拙 . *A Brief History of Early Chinese Philosophy.* 2nd edition, London: Probsthain & Co., 1914.

Swearingen, R. "Asian Studies in the Soviet Union." *Journal of Asian Studies,* 17:3 (1958), pp.522-525.

Takakusu, Junjiro 高楠順次郎 . "The Abhidharma Literature of the Sarvāstivādins." *Journal of Pali Text Society,* 1904-1905 (1905), pp.67-146

── "The Name of 'Messiah' Found in a Buddhist Book; The Nestorian Missionary Adam, Presbyter, Papas of China, Translating a Buddhist Sûtra." *T'oung Pao,* 7:5 (1896), pp.589-591.

── *An Introduction to I-tsing's Record of the Buddhist Religion as Practiced in India and the Malay Archipelago.* Oxford: Printed for Private Circulation, 1896.

Takasuna, Miki. "Japan." In: David B. Baker ed., *The Oxford Handbook of the History of Psychology: Global Perspectives*, Oxford: Oxford University Press, 2012, pp. 347-365.

高田時雄（Takata Tokio）：〈清末の英語學──鄺其照とその著作〉，《東方學》第 117 輯，2009 年，第 1-19 頁。

建部遯吾（Takebe Tongo）：《普通社會學》第一卷。〈社會學序說〉，東京：金港堂，1904 年。

Tanaka, Stefan. Japan's Orient: *Rendering Pasts into History*. Berkeley: University of California Press, 1995.

T'ang, Yung-T'ung 湯用彤 . "The Editions of The *Ssŭ-shih-êrh-chang-ching*." *Harvard Journal of Asiatic Studies,* 1:1 (April, 1936), pp.147-155.

Tackett, Nicolas. *The Origins of the Chinese Nation: Song China and the Forging of an East Asian World Order.* Cambridge: Cambridge University Press, 2017.

—— *The Destruction of the Medieval Chinese Aristocracy.* Cambridge, MA: Harvard University Press, 2014.

Teyssèdre, Bernard. "ICONOLOGIE: Réflexions sur un concept d'Erwin Panofsky." *Revue Philosophique de la France et de l'Étranger,* 154 (1964), pp.321-340.

Thaden, Eduard. "Marxist Historicism and the Crises of Soviet Historiography." *Jahrbücher für Geschichte Osteuropas. Neue Folge,* 51:1 (2003), pp.16-34.

"The Leipzig Conference on Asian Studies," *People's China* (1956), p.20.

Tschen Yinkoh 陳寅恪 "The *Shun-Tsung Shih-Lu* and The *Hsu Hsuan-Kuai Lu*." *Harvard Journal of Asiatic Studies,* 3:1 (Apr., 1938), pp.9-16.

—— "Han Yü and The T'ang Novel." *Harvard Journal of Asiatic Studies,* 1:1 (April, 1936), pp.39-43. 程千帆譯成漢文，1947 年發表在《國文月刊》第 57 期；收入《陳寅恪集：講義 及雜稿》，北京：三聯書店，2002 年，第 440-444 頁。

Tromly, Benjamin. *Making the Soviet Intelligentsia: Universities and Intellectual Life under Stalin and Khrushchev.* Cambridge: Cambridge University Press, 2014.

Trottein, Serge. "L'Idée des artistes: Panofsky, Cassirer, Zuccaro et la théorie de l'art." *RACAR: revue d'art canadienne / Canadian Art Review* 37: 2, Idea in Art/ L'Idée dans l'art (2012), pp.19-26.

Tucci, Giuseppe. "À propos of the last Junior Sinologues Conference." *East and West,* 9:4 (December，1958), p.378.

內田慶市（Uchida Keiichi）：〈鄺其照の〈華英字典集成〉をめぐって〉，《關西大 學中國文學會紀要》第 19 號，1998 年，第 1-17 頁。

University of London, School of Oriental and African Studies ed. *Historical Writing on the Peoples of Asia.* Oxford: Oxford University Press, 1961-1962.

Vial, Paul. *Dictionnaire français-lolo.* Hongkong: Impr. de la Société des missions étrangères, 1909.

Vucinich, Wayne S. "Postwar Yugoslav Historiography." *Journal of Modern History,* 23:1 (March，1951), pp. 41-57.

Wallerstein, Immanuel. "The Ideological Tensions of Capitalism: Universalism versus Racism and Sexism." In: *Race, Nation, Class: Ambiguous Identities.* By Etienne Balibar and Immanuel Wallerstein, translation of Etienne Balibar by Chris Turner (London and New York: Verso, 1991), pp.29-36.

王廣生：〈日本東洋史學家宮崎市定的世界史觀〉，《國際漢學》2015 年第 4 期，第

106-110 頁。

王建偉：〈專業期刊與民國新史學——以二三十年代學術的發表行為為中心〉，《二十一世紀》2007 年二月號，2 月 25 日出版，網路版第 59 期；http://www.cuhk.edu.hk/ics/21c/media/online/0612061.pdf。

Wang, Q. Edward 王晴佳. coedited with Georg G. Iggers. *Marxist Historiographies: A Global Perspective.* London: Routledge, 2015.

—— "Encountering the World: China and Its Other(s) in Historical Narratives, 1949-89." *Journal of World History,* 14:3 (Sep., 2003), pp.327-358.

王晴佳：〈張芝聯先生與中外史學交流〉，《史學理論研究》2008 年第 4 期，131-139 頁。

王盛：《許地山評傳》，南京：南京出版社，1989 年。

王小甫：《唐、吐蕃、大食政治關係史》，北京：北京大學出版社，1992 年。

王學典：《良史的命運》，北京：三聯書店，2013 年。

——《翦伯贊學術思想評傳》，北京：北京圖書館出版社，2000 年。

王永興：〈悼念周一良先生〉，周啟銳編：《載物集：周一良先生的學術與人生》，北京：清華大學出版社，2003 年，第 9-10 頁。

Ware, James R. 魏魯南 "Wei Shou on Buddhism." *T'oung Pao,* 30:1-2 (1933), pp.100-181.

—— "The Wei Shu and the Sui Shu on Taoism." *Journal of the American Oriental Society,* 53:3 (1933), pp.215-250.

魏思齊（Zbigniew Wesolowski）主編：《有關中國學術性的對話：以〈華裔學志〉為例》，新北：輔仁大學出版社，2004 年。

Weigelin-Schwiedrzik, Susanne 魏格林 "On Shi and Lun: Toward a Typology of Historiography in the PRC." *History and Theory,* 35: 4, Theme Issue 35: Chinese Historiography in Comparative Perspective (Dec., 1996), pp.74-95.

聞宥：《四川大學歷史博物館所藏古銅鼓考：銅鼓續考》，成都：巴蜀書社，2004 年。

Wilbur, C. Martin 韋慕庭. *China in My Life: A Historian's Own History.* Armonk, NY: M. E. Sharpe Inc., 1996.

Wilford, Hugh. *The CIA, the British Left and the Cold War: Calling the Tune.* London: Frank Cass Publishers, 2003.

Wilhelm. Hellmut 衛德明. "The Reappraisal of Neo-Confucianism." *The China Quarterly,* 23 (1965), pp.122-139.

吳延民：〈民國以來國內史學界對歐洲中心論的批評〉，《史學理論研究》，2015 年第 4 期，第 116-126 頁。

吳原元：《隔絕對峙時期的美國中國學》，上海：華東師範大學出版社，2008 年。

夏鼐：《夏鼐日記》，上海：華東師範大學出版社，2011 年。

夏楊：〈第 12 屆青年中國學家國際會議〉，《歷史研究》1960 年第 4 期，第 97-98 頁，據蘇聯《東方學問題》1959 年第 6 期摘譯。

謝和耐著、耿升譯：《五至十世紀中國佛教經濟概況》，蘭州：甘肅人民出版社，1987年；
　　2004年中譯本改名為《中國5-10世紀的寺院經濟》，上海：上海古籍出版社重印。
新聞出版署政策法規司編：《中華人民共和國現行新文出版法規彙編，1949-1990》，
　　北京：人民出版社，1991年。
山岡謹七（Yamaoka Kinshichi）：《造本と印刷：出版技術読本》，東京：印刷學會出
　　版部，1949年。
嚴復：《群學肄言》（斯賓塞著，嚴譯名著叢刊之一），北京：商務印書館，1981年。
閻明：《一門學科與一個時代：社會學在中國》，北京：清華大學出版社，2004年，
　　11-16頁。
姚雅欣、田芊：〈清華大學藝術史研究探源──從籌設藝術系到組建文物館〉，《哈
　　爾濱工業大學學報》（社科版）2006年第4期，18-24頁。
Yaresh, Leo. "The Peasant Wars in Soviet Historiography." *American Slavic and East European Review,*
　　16:3 (Oct., 1957), pp.241-259.
葉逸徽：〈各國科學家來我國作友誼的訪問〉，《科學通報》，1954年11月號，第5期，
　　第49-51頁。
尹達：〈必須把史學革命進行〉，《歷史研究》1966年第1期，第1-10頁。
Yokoi, Katsuhiko. "The Colombo Plan and Industrialization in India." Shigeru Akita, Gerold
　　Krozewski, Shoichi Watanabe eds., *The Transformation of the International Order of Asia:*
　　Decolonization, the Cold War, and the Colombo Plan (London: Routledge, 2014), pp.50-71.
余英時：《方聞的藝術史研究》，2016.12.10，見 http://www.tanchinese.com/
　　feature/24540/。
──《陳寅恪晚年詩文釋證》，臺北：東大圖書出版公司，1998年增訂新版。
余元盦譯：〈蘇維埃東方史家的迫切任務〉，《科學通報》，1950年第1期，第232-
　　235頁。
Zerby, Chuck. *The Devil's Details: A History of Footnotes.* New York: Touchstone Books/Simon &
　　Schuster, 2002.
張傳璽編著：《翦伯贊傳》，北京：北京大學出版社，1996年。
張廣達：〈內藤湖南的唐宋變革說及其影響〉，《唐研究》11卷，2005年，第5-71頁。
張廣智主編：《二十世紀中外史學交流》，北京：北京師範大學出版社，2007年。
張鎧：〈美國中國史研究專業隊伍的形成及其史學成就──第一次世界大戰至第二次
　　世界大戰〉，《中國史研究動態》1995年第7期，2-10頁。
章開沅口述、彭劍整理：《章開沅口述自傳》，北京：北京師範大學出版社，2015年。
張朋園：《郭廷以、費正清、韋慕庭：臺灣與美國學術交流個案初探》，臺北：中央
　　研究院近代史研究所，2009年。
張顯菊：〈劉大年論著目錄〉，《近代史研究》1995年第5期，56-66頁。
張越：〈新中國史學的初建：郭沫若與中國馬克思主義史學主導地位的確立〉，《史

學理論研究》，2020 年第 2 期，61-73 頁。

——〈《歷史研究》的創辦及相關史實辨析〉，《淮陰師範學院學報》，2020 年第 1 期，
　　第 29-33 頁。

張芝聯：《我的學術道路》，北京：三聯書店，2007 年。

——《二十年來演講錄》，2007 年。

——〈「歷史分期問題」的討論在巴黎：記第九次青年漢學家會議〉，《光明日報》
　　1956 年 10 月 30 日。

——〈介紹第九屆國際青年漢學家年會上的論文〉，《北京大學學報》1957 年第 1 期，
　　109-112 頁。

趙慶雲：〈中國科學院 1950 年率先成立近代史研究所考析〉，《清華大學學報》，
　　2018 年第 2 期，第 155-165 頁。

鄭天挺：《清史探微》，北京：北京大學出版社，2011 年。

鄭振鐸：《中國新文學大系：散文二集》，上海：良友圖書公司，1935 年。

鍾魯齋：《教育之科學研究法》，上海：商務印書館，1935 年。

周清澍：〈回憶周一良師〉，《文史知識》，2008 年第 7 期，第 116-125 頁。

周秋光：《劉大年傳》，長沙：嶽麓書社，2009 年。

周佚松、杜汝淼編：《許地山研究集》，南京：南京大學出版社，1989 年。

周一良：《郊叟曝言》，北京：新世界出版社，2001 年。

——《周一良集‧雜論與雜記》，瀋陽：遼寧教育出版社，1998 年。

——《畢竟是書生》，北京：十月文藝出版社，1998 年。

——《周一良學術論著自選集》，北京：首都師範大學出版社，1995 年。

——〈記巴黎的青年漢學家年會〉，《文匯報》1956 年 10 月 12 日。

——〈我國歷史學家參加在荷蘭萊登舉行的青年「漢學」家年會〉，《歷史研究》
　　1956 年第 2 期，第 49 頁。

——《中朝人民的友誼關係與文化交流》，北京：開明書店，1951 年。

竺可楨：《竺可楨全集》，上海：上海科技教育出版社，2007 年。

——《竺可楨日記》第三冊，1952 年 5 月 14 日，北京：人民出版社，1984 年。

朱杰勤：《朱杰勤文集：世界史》，桂林：廣西師範大學出版社，2011 年。

朱有瓛主編：《中國近代學制史料》，上海：華東師範大學出版社，1983 年。

朱玉麒：〈古斯塔夫哈隆與劍橋漢學〉，《國際漢學研究通訊》第 3 期，北京：北京
　　大學出版社，2011 年，第 261-310 頁。

朱政惠：《呂振羽學術思想評傳》，北京：北京圖書館出版社，2000 年。

朱政惠、李江濤：〈20 世紀中外史學交流回顧〉，《史林》2004 年第 5 期，22-34 頁。

拆新：〈綜合大學文史教學大綱審定會簡況〉，《歷史研究》，1956 年，第 9 期，第
　　102-103 頁。

Zürcher, Erik 許理和 . *The Buddhist Conquest of China*. 3rd edition, Leiden: Brill, 2007.

Zurndorfer, Harriet T. 宋漢理 "Not Bound to China: Étienne Balazs, Fernand Braudel and the Politics of the Study of ChineseHistory in Post-War FranceAuthor." *Past & Present,* 185 (2004), pp.189-221.

史地傳記類　PC1093　重看冷戰01

從普林斯頓到萊頓：
中國史學走向世界

作　　者 / 陳懷宇
責任編輯 / 鄭伊庭
圖文排版 / 黃莉珊
封面設計 / 吳咏潔

發 行 人 / 宋政坤
法律顧問 / 毛國樑　律師
出版發行 / 秀威資訊科技股份有限公司
　　　　　114台北市內湖區瑞光路76巷65號1樓
　　　　　電話：+886-2-2796-3638　傳真：+886-2-2796-1377
　　　　　http://www.showwe.com.tw
劃撥帳號 / 19563868　戶名：秀威資訊科技股份有限公司
　　　　　讀者服務信箱：service@showwe.com.tw
展售門市 / 國家書店（松江門市）
　　　　　104台北市中山區松江路209號1樓
　　　　　電話：+886-2-2518-0207　傳真：+886-2-2518-0778
網路訂購 / 秀威網路書店：https://store.showwe.tw
　　　　　國家網路書店：https://www.govbooks.com.tw

2024年1月　BOD一版
定價：420元
版權所有　翻印必究
本書如有缺頁、破損或裝訂錯誤，請寄回更換

Copyright©2024 by Showwe Information Co., Ltd.
Printed in Taiwan
All Rights Reserved

讀者回函卡

國家圖書館出版品預行編目

從普林斯頓到萊頓：中國史學走向世界 / 陳懷宇
著. -- 一版. -- 臺北市 : 秀威資訊科技股份有限
公司, 2024.1
　　面 ；　公分. -- (史地傳記類)
BOD版
ISBN 978-626-7187-73-9(平裝)

1.CST: 史學史 2.CST: 全球化 3.CST: 中國

601.92　　　　　　　　　　　　　112002711